KB006210

RENAISSANCE'S WORKERS

RENAI
SSANCE'S
WORKERS

르네상스 워커스

르네상스 워커스

초판 발행 2023년 8월 1일

지은이 신인철 **펴낸이** 이성용 **책디자인** 책돼지

펴낸곳 빈티지하우스 **주소** 서울시 마포구 성산로 154 4층 407호(성산동, 충영빌딩)

전화 02-355-2696 **팩스** 02-6442-2696 **이메일** vintagehouse_book@naver.com

등록 제 2017-000161호 (2017년 6월 15일) **ISBN** 979-11-89249-76-2 03320

- 이 책 내용의 전부 또는 일부를 사용하려면 반드시 저작권자와 빈티지하우스의 서면동의를 받아야 합니다.
- 빈티지하우스는 독자 여러분의 투고를 기다리고 있습니다. 책으로 펴내고 싶은 원고나 제안을 이메일(vintagehouse_book@naver.com)으로 보내주세요.
- 파손된 책은 구입하신 서점에서 교환해 드리며 책값은 뒤표지에 있습니다.

르네상스 워커스

페스트 이후,
르네상스를 꽃피운 사람들에게 배우는
일의 지혜

코로나 이후,
우리는 어떻게
일을 해야 하는가?

신인철 지음

빈티지하우스
VINTAGE HOUSE

사랑하는 아내 최유성과 딸 신율교

서울과 창원의 두 부모님들,

그리고 우리보다 먼저, 우리와 마찬가지로

엄혹했던 시기를 겪으면서도

찬란한 '인간의 시대'를 만들어 낸

르네상스의 선배님들께 감사하며…….

Praefatio[1]

평행이론

Theoria parallela[2]

이탈리아의 비극적인 사나이

1349년 12월의 어느 날, 이탈리아 토스카나 지역의 한 농촌 마을 어귀.

한 사내가 시신들을 부여잡고 울부짖고 있었다.

"모든 것이 끝났어……

모든 것이 끝났어……"

1 '머리말'이라는 뜻의 라틴어.

2 '평행이론'이라는 뜻의 라틴어.

시신들은 그의 양손으로 차마 다 안지 못할 만큼 여러 구였다. 불과 몇 달 전까지 집안일을 헌신적으로 도왔던 큰딸, 자신을 도와 소작농들을 부리고 농장을 관리했던 듬직한 큰아들, 늘 애교가 넘쳤던 쌍둥이 딸들 그리고 그런 가족들을 위해 음식을 만들고 사랑으로 따뜻한 가정을 꾸려나갔던 사랑스러운 아내……. 그들 모두가 단 며칠 만에 싸늘한 시신이 되어 그의 품 안에 안겨 있었다. 이제 그에게 남은 가족이라고는 저 멀리서 묵묵히 구덩이를 파고 있는 아들 하나뿐이었다.

시원찮은 농기구로 잘 파지지 않는 땅을 파느라 흙투성이가 되어 나이를 가늠하기 어려운 모습이었지만, 그래 봐야 이제 열 살을 갓 넘긴 어린아이였다. 불과 얼마 전까지만 하더라도 부모에게 응석을 부리고 누이들과 장난치며 놀던 아이였지만, 단 며칠 사이에 부쩍 어른스러워진 듯했다. 땅을 다 파고 난 막내는 그의 곁으로 다가와 잠자코 서 있었다. 아무런 말이 없었다. 바로 눈앞에 엄마와 형 그리고 누나들의 시신을 둔 열한 살 어린아이라고는 믿기 어려울 정도였다. 아니, 어쩌면 어린 나이에 너무나 큰 일을 당해서 현실을 받아들이지 못하는 상태인 듯싶기도 했다.

지난 몇 년은 유럽, 특히 토스카나 사람들에게 지옥과도 같은 시절이었다. 1345년 여름, 피렌체를 관통하여 토스카나 지역을 휘감아 흘러나가는 아르노강이 범람했다. 흐름이 완만하고 적정한 수량을 유지했던 이전까지의 아르노강을 기억하는 토스카나 사람들에게 홍수는 무척이나 낯선 일이었다. 흉작이 들었고, 창고에 쌓아 놓았던 수확물도 못 쓰게 되어 버렸다. '어쩌다 한 번 있는 일'이라 생각하며 힘든 시기를 넘겼다. 그런데 이듬해 또다시 강이 넘쳤다. 이번에는 더 크게……. 이재민이 속출했고, 먹을 것이 부족해서 동네마다 굶어 죽는 사람들이 생겨났다. 살아남은 사람들도 건강상태가 엉망이었다. 면역력이 크게 떨어져서 거리에는 기침을 하며 피를 토하는 사람들이 무리 지어 다닐 정도였다.

홍수 피해를 겨우 수습했을 무렵, 이번에는 '괴질병'이 사람들 사이에서 퍼지고 있다는 소문이 돌았다. 어떤 사람은 "삽시간에 온몸이 풍선처럼 부풀어 오르다가 죽어 버리더라"라고 전했고, 또 다른 사람은 "내가 본 사람은 단 사흘 만에 온몸에서 피를 흘리다가 새카맣게 타 죽었다"라고 이야기하기도 했다. 어찌 됐든 걸리면 매우 짧은 시간 내에 고통스러워하다가 약도 제대로 써보지 못하고 죽게 되는 무서운 병임에는 틀림이 없었다.

1348년 늦봄부터 돌기 시작한 괴질병에 대한 소문은 이내 전 토스카나 지방으로 퍼져 나갔고, 동네마다 죽은 이들의 장례 행렬이 끊이지 않았다. 그리고 며칠 전 사내의 가족 중 큰딸이 먼저 쓰러지더니 단 며칠 만에 아내, 쌍둥이 두 딸 그리고 건강해서 전혀 걱정하지 않았던 큰아들마저 연달아 쓰러져버렸다. 손쓸 새도 없이 모두 숨을 거두고 만 것이었다.

알레산드로D'Alessandro라는 성씨의 이 사내는 겨우 몸을 추스르고 일어났다. 아내, 아들, 딸의 얼굴을 차마 쳐다보지도 못하고 막내의 도움을 받아 시신들을 구덩이에 밀어 넣었다. 어린 아들이 판 터라 구덩이의 깊이가 그리 깊지 못했음에도 불구하고 새카만 낯빛의 시신들은 금방 흙과 뒤범벅이 되어 잘 눈에 띄지도 않았다. 얕게 흙을 덮었다. 그리고 그 위에 아내가 그토록 좋아했던 수선화를 꺾어 얹었다.

사람의 심사가 참 간사했다.

방금 전까지 세상이 무너져 내린 것 같은 기분에 사로잡혔었는데, 몇 줌 흙으로나마 시선을 가리니 순간 다른 생각을 하게 되었다.

'살아야 한다'

막내의 얼굴에 묻어 있던 흙이 두 줄기 눈물에 씻겨 내려가자 아직 앳된 아이의 얼굴이 그대로 드러났다. '엄마 잃은 저 어린아이와 함께 어떻게든 다시 살아야 한다'는 생각이 들자, 이제껏 주저앉아 울부짖던 자신의 행동이 철없는 사치로 느껴졌다. 그는 조촐한 장례식을 마친 뒤 살아남은 유일한 혈육인 막내아들의 손을 잡고 이삿짐을 쌌다. 가족을 모두 잃은 집에서 하루도 더 머물고 싶지 않았던 것도 있었지만, 살기 위해선 뭐라도 해야 했기 때문이다.

대한민국의 비극적인 사나이

2022년이 시작되고 며칠이 지난 날 새벽, 대한민국 서울 마포에 사는 김경환(가명)[3]씨는 조용히 집을 나섰다. 차 트렁크에는 빈 가방 세 개가 실려 있었다. 일명 '이민 가방'이라 불리는 바퀴 달린 대형 가방이었다. 그의 차가 도착한 곳은 한 빌딩의 지하 주차장, 그 빌딩에는 얼마 전까지 자신이 경영하던 회사의 사무실이 입주해 있었다. 엘리베이터를 타고 사무실에 올라갔지만 불 꺼진 사무실에는 인기척이 없었다. 아직 출근하지 않은 것이 아니었다. 아무도 출근하지 않을 것이었다. 그의 회사는 오늘부로 폐업 신고를 할 예정이었다. 그 전에 개인 짐들을 빼기 위해 새벽같이 집을 나선 것이었다. 아직 가족에게는 이야기하지 않았다. 아내는 회사 사정이 심상치 않다는 것을 몇 달 전부터 짐작하고 있는 듯했으나 내색은 하지 않았고, 두

3 개인 신분이 드러나지 않도록 이름을 포함해 신상과 관련된 내용 역시 맥락을 크게 해치지 않는 범위 내에서 일부 각색을 하였다.

딸과 아들은 아예 모르는 듯했다. 아니, 몰라야 했다. 특히, 재수생인 큰딸과 외고 진학 준비를 하는 중3 아들은…….

그의 회사는 기업체에 사내 교육 강사를 섭외해주고 각종 이벤트를 진행하는 업체였다. 한때는 손에 꼽히는 그룹 계열사 두 곳의 강사 섭외와 굵직한 행사 진행을 대행해 주면서 승승장구하기도 했다. 그러나 2020년 전 세계에 들이닥친 바이러스성 괴질병이 그에게는 핵폭탄이 되고 쓰나미가 되어 사정없이 쓸어가 버렸다. 교육과 행사가 한두 개씩 취소될 때만 해도 '이러다 말겠지' 싶었다. 뉴스에서도 본격적인 더위가 시작되면 바이러스가 소멸될 것이라 예상했다. 그러나 특정 도시와 종교단체를 중심으로 확산세가 심각해지더니 이내 본격적인 취소와 연기의 도미노가 이어졌다. 회사를 지탱하기 위해 다른 분야로도 진출했지만, 자리를 잡기도 전에 재택근무가 일상이 되고 격리가 생활이 되면서 그 또한 실패하고 말았다. 자금줄이 말랐고, 직원들 상당수를 내보냈지만 반전의 순간은 결코 오지 않았다.

사업이 바닥을 칠 무렵 어머니를 모신 요양병원에서도 괴질병 환자가 발생했다. 코호트 격리[4]가 시작되었고 외부인 면회가 전

---

4 코호트란 '같은 형질을 지니는 집단'으로, '코호트 격리'라 함은 감염 확산을 막기 위해 동일 감염 질환의 환자, 의료진들을 일정 병동에 모아 격리하는 것을 뜻한다.

면 중지되었다. 가뜩이나 사업이 어려워지면서 자주 찾아뵙지 못하던 터였다. 그렇게 못 찾아뵌 지 한 달이 넘었을 때, 결국 어머니도 괴질병에 걸렸다는 소식이 전해졌다. 가뜩이나 기저질환이 있었기에 병세는 급격하게 악화되었고, 괴질병 치료와 상관없이 어머니는 중환자실로 옮겨지고 말았다. 그 모든 것이 얼굴 한번 보지 못하고 이뤄졌다.

그는 이민 가방에 개인 물품을 집어넣었다. 사무실 비품은 중고 사무용품 처리업자에게 헐값에 넘겼기에 건드릴 것이 없었다. 챙길 것은 바쁠 때 사무실에서 먹고 자며 일하느라 가져다 놓았던 각종 옷가지와 신발이 대부분이었다. 차곡차곡 가방에 담는데 눈물이 툭 하고 쏟아졌다. 왜 자신에게만 이런 일이 일어나는지 알 수 없었다. TV에서는 자영업자들이 영업제한, 집합금지령으로 줄폐업을 하고 있다는 뉴스가 쏟아졌지만, 그게 자신의 일이 될 줄은 몰랐다.

매일 새벽 5시에 일어나 사무실로 향하고 별다른 약속이 없더라도 저녁 10시 이전에는 집에 들어가지 못하는 생활을 수십 년간 해왔다. 무리하지 않고 허튼짓하지 않으면 갑부까지는 모르겠지만 적어도 망하지는 않으리라는 굳은 믿음이 있었다. 그 믿음은 적어도 2019년 연말까지는 유효했다. 자신의 잘못이 아닌, 그리고 전혀 예측하거나 대비할 수도 없는 일로 인해 자신의 삶이 막다른 골목까지

몰릴 것이라고는 꿈에도 생각해 보지 못했다. 눈물을 흘리며 마지막 짐들을 가방에 넣고 있는데 휴대전화 벨이 울렸다. 아내였다. 혹시라도 눈치챘나 싶어 눈물을 훔치며 아무렇지 않은 듯 전화를 받았다. 그러나 수화기 건너편 아내의 목소리는 이미 모든 것을 알고 있다는 듯 축 처져 있었다.

"출근한다는 말도 안 하고……사무실이야?

……

병원으로 가봐야 할 것 같아.

어머니……돌아가셨대"

김경환 씨는 사실 내 대학 선배이자 절친한 형님이다. 그리고 이 이야기는 돌아가신 어머니의 상갓집에서 소주잔을 앞에 두고 선배에게 직접 들은 이야기다. 이날 보았던 선배의 모습과 들었던 이야기를 아마도 나는 죽을 때까지 절대로 잊지 못할 것 같다. 그런데 이런 모습을 보았던 이들, 이런 이야기를 들었던 이들이 나뿐만은 아닐 것이다. 2020년대의 초반 몇 년간 우리 곁에는 수많은 알레산드로와 김경환이 존재했으니 말이다.

We will find a way. We always have[5]

여기까지 이야기를 들으면 아마도 많은 이들이 불길한 결말을 예상할지 모르겠다. 그러나 알레산드로와 김경환은 '인간이었다'. 그리고 이 말이 모든 것을 설명해 준다.

알레산드로는 살아남은 유일한 혈육인 아들을 데리고 피렌체로 갔다. 많은 이들이 전염병을 피해 인적이 드문 시골로 피난을 간 것과는 정반대의 동선이었다. 그리고 텅 빈 도시에서 자신이 살 방도를 찾기 시작했다. 몰락했다고는 하지만 그래도 명색이 귀족 신분이었기에 평상시 같으면 아무 일에나 뛰어들지 못할 터였지만, 상황이 상황인지라 이것저것 가릴 여유가 없었다. 어머니의 장례를 마친 김경환 씨 역시 알레산드로처럼 삶의 터전을 옮기지는 않았지만, 자신의 모든 것이자 정체성이었던 회사의 폐업 신고를 한 뒤 새로운 사업에 뛰어들었다. 대학에서 교육학을 전공해 석사학위까지 딴 뒤 평생을 몸담아 왔던 분야가 기업교육 분야였던 지라 다른 일에는 이렇다 할 경험도 인맥도 지식도 없었지만, 찬밥 더운밥 가릴 처지가 아니었다.

그런데 놀라운 것은 시체가 쌓여 있고 다 죽어가는 도시일 것

---

5 2014년 개봉해 전 세계적으로 인기를 끈 영화 〈인터스텔라〉의 메인 캐치프레이즈로 한국말로 '우리는 답을 찾을 것이다, 늘 그랬듯이' 정도로 번역된다.

만 같았던 피렌체가 실제로 가서 보니 알레산드로가 생각했던 것과는 전혀 다른 모습과 분위기였다는 것이다. 물론, 두 집 건너 한 집마다 초상집일 정도로 많은 피해를 입기는 했지만, 그만큼 새롭게 도시로 유입된 사람들이 있었다. 문 닫은 줄만 알았던 술집마다 사람들이 북적였고, 그들은 시를 읊고 노래를 부르고 그림을 그렸다. 썰렁해진 거리에는 새로운 조각상들이 세워지고 있었다. 조각상의 주인공은 전과 다르게, 숭배하던 신이 아니라 적으로부터 사람들을 지켜낸 장군, 도시를 재건한 시장, 삶의 아름다움을 노래한 위대한 시인들이었다.

김경환 씨가 주변의 도움을 받아 사무실을 연 성수동 역시 그의 생각과는 전혀 달랐다. 괴질병이 창궐한 이후 호텔, 레스토랑 등에서 직장을 잃은 이들이 새롭게 식당을 열고 있었고, 해외여행 송출업을 그만둔 이들은 기존의 해외 네트워크를 활용해 직수입 브랜드, 직구 액세서리를 취급하는 업체를 창업하고 있었다. 동네의 인기에 편승해 그럴듯한 인테리어로 승부하던 가게들이 문을 닫고 나간 자리에 그동안 비싼 임대료 탓에 제대로 사업을 시작하지 못했던 젊은 실력자들이 자신들의 가게를 열고 있었다.

이후 성수동의 김경환 씨는 새롭게 도전한 사업에서 제법 큰 성공을 거뒀다. 새로 창업한 지 불과 8개월 만의 일이었다. 기존의 사업모델과는 전혀 다른 방식으로 접근했고, 사무실 임대, 직원 고용, 거래계약 등 모든 것을 자신이 알던 방식이 아닌 전혀 새로운 방식으로 진행해야 했다. 이전 같았으면 위험을 감수하면서까지 변하려 하지 않았을 것이고, 감히 변해야겠다는 필요성도 느끼지 못했을 일이었다. 그러나 이번에는 그래야 했다.

피렌체의 알레산드로는 재혼을 하며 가정을 다시 꾸렸고, 고향 인맥들의 도움을 받아 다시 한번 집안을 일으키게 된다. 사업적으로도 큰 성공을 거뒀고 고향에 영토를 마련해 가문의 기틀을 다시금 다지게 되었다. 특히, 홀로 살아남은 막내아들은 아버지가 일군 터전 위에 더 큰 성공을 일궈내 그의 가문을 명실상부한 지역 내 유력 가문으로 성장시켰다. 아버지가 새롭게 결혼하며 이룬 가정을 지켜주기 위해 분가를 해 유럽 내 다른 지역으로 뻗어 나간 막내아들의 후손들은 이후 아메리카 대륙으로 이주해 갔다. 그리고 그곳에서 새롭게 명문가를 일궜는데, 그 후손 중 한 사람은 미국 최초의 여성 하원 의장[6]이 되었다.

14세기 피렌체의 알레산드로와 21세기 성수동의 김경환, 말 그대로 그들은 인간이었고 인간이었기에 답을 찾은 것이다. 늘 그랬

6 미국의 제52대 연방 하원의장 낸시 펠로시의 결혼 전 풀 네임은 낸시 패트리샤 달레산드로(Nancy Patricia D'Alesandro)였다.

듯이…….

지금부터 우리는 14세기 말부터 17세기 중엽의 사람들을 만나기 위한 여정을 떠날 것이다. 지난 몇 년간 김경환 씨를 비롯한 우리 모두에게 닥친 어려움을 극복하기 위해 수백 년 전 지금의 우리보다 훨씬 더 열악한 상황을 겪었던 사람들을 만나보려 한다. 그리고 그들을 만나 질문을 던져보려 한다.

"어떻게 그 힘든 시기를 이겨내셨습니까?"

이런 질문?

아니다.

우리가 그들에게 묻고 싶은 것은 괴질병으로 인한 환난의 시기가 끝난 뒤에 그들이 보여준 모습에 대한 질문이다. 괴질병으로 인해 거의 모든 것이 초토화된 뒤 어떻게 자괴감에 빠지지 않고 다시 한번 일어설 힘을 얻었는지, 사람으로 인해, 사람 사이에서 퍼져 나가는 질병을 겪었음에도 어떻게 사람에 대한 관심과 애정을 잃지 않고 오히려 더 큰 관심과 애정을 갖게 되었는지, 그리고 새로운 부활의 단초를 인간에 대한 탐구가 이뤄진 최초의 시기(그리스·로마 시절)에서 찾을 생각을 했는지, 찾은 단초들을 그냥 활용하지 않고 어떻게 한 차원 더 높은 경지로 재탄생시킬 수 있었는지, 그에 대한 질문을 던지고 해답을 구해 보고자 한다.

지금부터 우리는 우리에게 그 질문에 대한 답을 해줄 이들을 편의상 이렇게 부르고자 한다.

'르네상스 워커스Renaissance Workers'

목차

III. Tertia Fabula

르네상스 워커스는 어떻게 일을 시켜왔는가?

RENAISSANCE'S WORKERS

I.

Prima Fabula[7]

참, 인간적인 고통
더, 인간적인 르네상스

7 '첫번째 이야기'라는 뜻의 라틴어.

Umana cosa è aver compassione agli afflitti.

괴로움에 빠진 사람들을 보고

연민을 느끼는 것은 인간적인 것이다.

- 조반니 보카치오[8] -

8 르네상스가 태동하던 무렵 활동했던 이탈리아의 소설가이자 시인으로 우리에게는 《데카메론》의 작가로 널리 알려졌다.

어느 사이에

너무나 흔해진 그 단어,

史上初有

2020년이 우리에게 깨우쳐 준 것

모두가 알지만 생소한 그 단어

내게는 친한 개그맨 선배가 한 분 있다. 모 라디오 방송의 아침 프로그램을 함께 하며 친분을 나누게 된 사이인데, 그 흔한 '국민'이라는 수식어가 붙을 정도의 인기스타는 아니지만, 그래도 사람들이 선배의 얼굴을 보면 "아! 저 사람"할 정도쯤은 되는 유명 개그맨이다.

어느 날인가……청파동 숙대 앞에서 돼지껍데기를 앞에 두고 소주를 마시는데, 그 선배가 한숨을 쉬며 푸념을 하는 것이었다.

"아, 대박을 치거나, 광고모델 좀 하려면
유행어 한두 개는 있어야 하는데 말이야……"

실제로 선배는 활동 경력에 비해 놀라울 정도로, 유행어가 단 하나도 없는 개그맨으로 유명했다. 젠틀한 외모에 고품격 언어유희를 구사하는 개그 스타일 때문이기도 했지만, 끊임없이 노력을 하는데도 쉽게 유행어를 만들어내지 못하는 듯했다. 유행어라는 것이 귀에 쏙 들어온다고 되는 것도 아니고, 많은 사람이 여러 번 반복해서 사용한다고 되는 것도 아니며, 동시대를 함께 살아가는 사람들의 공통된 정서를 자극해야 하고, 그런 자극이 지속적 반복적으로 계속되어야 하니 쉬운 일은 아니다.

그런데 이런 이야기가 무색하게 불과 몇 해 전, 단시간 내에 엄청난 유행어가 된 단어가 있다. 그것도 특정 세대나 지역에 국한되지 않고 한 나라를 넘어 전 세계적으로 널리 유행한……. 다들 예상했을 듯싶은데, 2020년대의 첫 몇 년간 세계 최고의 유행어였던 '팬데믹'이 바로 그 주인공이다.

2020년대 초반, 전 세계의 거의 모든 사람들은 누가 시키지도 않았음에도 불구하고 팬데믹이라는 단어를 입에 달고 살기 시작했다. 한국의 서울에서, 미국의 뉴욕에서, 브라질의 리우데자네이루에서, 탄자니아의 다르에스살람에서. 남녀노소를 막론하고 사람들은 팬데믹을 입에 올렸다. 사실, 이 단어의 구성과 뜻을 보면 이러한 유행이 당연하다는 생각이 들지만, 그렇다고는 하더라도 비정상적인 유행이었던 것에는 틀림이 없다. 전 세계 대부분의 사람들이 어느 날 갑자기 이 단어를 들먹이고, 사용하고, 퍼트렸으니까…….

팬Pan, 그리스어 발음으로 판은 영어의 올All이나 한자의 범汎과 비슷한 뜻으로 '대부분', '모든 것'을 의미하는 한정사 단어다. 소싯적에 《그리스 로마 신화》를 읽어 보았거나, 유럽 여행을 다녀온 사람들이라면 다들 알다시피 신화 속에 등장하는 거의 '모든' 신들을 모신 신전을 판테온Pantheon이라고 하는데, 그때의 판이 바로 이것이다. 영어로 만병통치약을 파나세아Panacea라고 하는데 이때의 판 역시 같은 의미다.

뒤에 붙은 데믹demic이라는 단어 역시 그리스어에서 파생된 단어다. 데믹은 '사람(인구)' 또는 '(사람이 사는) 지역, 국가'라는 남성형 단어 데모스demos에서 유래했다. 이 데믹이 판과 결합하면서 팬데믹은 지역 질병, 풍토병을 넘어서 전 세계 대다수의 지역이나 국가로 전염병이 확산된 현상을 일컫는 단어로 쓰이게 되었다.

이처럼 단어를 나눠서 살펴보면 별 뜻 아니지만, 과거에는 전염병을 연구하는 학자나 일부 보건정책 전문가들만 사용했을 이 단어를 어느 때부터인가 전 세계 도처에서, 남녀노소 가릴 것 없이 입에 올리게 되었다. 그리고 그 단어로부터 촉발된 다양한 현상은 우리 생활의 모든 부분에 걸쳐 영향을 미치게 되었다. 그리고 언젠가부터 또 다른 단어가 하나 더 우리 주변에 등장했다.

'엔데믹'

팬데믹이 끝난 이후를 의미하는 이 단어는 이제는 기억 속의 단어로 점차 사라져가는 팬데믹이라는 단어가 차지했던 자리를 대신해서 심심치 않게 우리들의 입에서 입으로 옮겨 다니게 되었다. 그런데 과연 끝난 것일까? 확실하게 끝난 것이 맞을까? 팬데믹은 우리가 사는 이곳에서 완전하게 사라져 버렸고, 이제 우리는 엔데믹 상황을 맞이해 그에 적응해 나가야 할까? 그건 아닌 것 같다.

그럼 어떻게 하면 좋을까? 우리는 지난 기간 어떠한 변화를 겪었고, 그 변화는 우리를 어떻게 바꿔 놓았을까? 우리는 그런 변화에 대해 어떻게 대응하면 좋을까? 다시 모든 것이 원래의 삶으로 돌아갈 것이니 되돌아갈 준비를 해야 하는 것일까? 아니면 이미 변화는 우리의 일상이 되었으니 그에 적응해 잘 살아갈 준비를 해야 하는 것일까?

쉽게 답이 나올 질문들이 아니니, 잠시 다른 이야기를 하며 머리를 식혀 보자.

예년만큼의 인기는 없지만, 그래도 매년 연말연초가 되면 언론에서는 경쟁적으로 '올해의 사자성어'를 쏟아낸다. 지난해에 벌어진 일들을 함축적으로 표현하거나, 다가올 새해에 벌어질 현상들을 예측한 사자성어는 그럴듯한 풀이까지 곁들여져 사람들의 이목을 집중시키고는 한다. 그중에서도 가장 많은 사람에게 인정받는 것이 〈교수신문〉이라는 매체에서 발표하는 '올해의 사자성어'다.

'교수'라는 단어가 대한민국 사회에서 갖는 지나칠 정도로 높은 위상과 신뢰에 수십 년간 '매년 발표'라는 꾸준함까지 더해지면서 매년 발표 즉시 큰 화제를 불러모으고 있다. 2001년 연말 즈음에 처음으로 발표된 것으로 알고 있는데, 당시 2001년을 상징하는 사자성어로 발표된 것은 《후한서後漢書》에 나오는 '오리무중五里霧中'이라는 한자어였다. '전후 사정을 분간할 수 없어 일이 앞으로 어떤 방향, 어떤 모습으로 전개가 될지 알 수 없는 답답한 상황'을 말할 때 사용되는 조금은 부정적인 사자성어인데, 실제로 2001년은 우리나라가 1997년 말에 있었던 'IMF 구제금융 신청'이라는 초유의 위기상황을 겨우 벗어나 경제적으로 안정을 찾던 시기이기도 했지만, 같은 해 9월 11일 뉴욕 세계무역센터를 포함한 여러 곳에서 동시다발적으로 일어난 테러와 그에 대한 미국의 응징 차원에서 시작된 아프가니스탄 전쟁의 발발 등으로 인해 세계정세가 한 치 앞도 예측하기 힘든 상황으로 빠져들던 시기였다. 말 그대로 '오리무중'이라는 사자성어가 딱 들어맞는 한 해였다.

그렇다면 지난 2020년 우리 사회를 가장 잘 표현한 사자성어는 무엇일까? 물론 〈교수신문〉을 비롯한 기타 매체에서 선정한 사자성어는 따로 있었지만, 지난 2020년을 상징할 만한 사자성어를 물으면 아마 많은 이들이 큰 이견 없이 '사상초유史上初有'라고 답할 것이다. '인류가 살아온 역사 속에서史上', '처음으로 있는 일初有'을 의미하는 이 사자성어를 2020년 초부터 우리는 뉴스에서, SNS에서, 시중의 사람들 사이에 떠도는 말들 속에서 입에 달고 살아야 했으니까.

'사상초유'로 유치원부터 대학교까지 거의 모든 교육기관이 문을 닫았고 학생들은 집에서 수업을 들어야 했다. '사상초유'로 수많은 기업이 직원들을 집으로 돌려보내 재택근무를 하도록 했다. '사상초유'로 고향의 부모님들이 도시로 나가서 사는 자녀들에게 명절에 고향을 방문하지 말도록 부탁하는 현수막을 내걸기도 했으며, 평일에도 긴 줄을 세워 손님들을 기다리게 했던 콧대 높던 맛집들이 '사상초유'로 손님들을 찾아 배달 영업에 매달려야 했다. 이외에도 코로나가 우리 주위를 휩쓸었던 2020년대의 첫 몇 년간 우리는, '사상초유'라는 단어 외에는 설명하기 힘든 여러 가지 일들을 겪어야만 했다. 그러나 다시 생각해 보면, 2020년대의 첫 몇 년간 우리에게 닥쳤던 팬데믹 상황, 그리고 그로 인해 겪어야 했던 일들이 과연 우리 인류가 역사상 처음으로 맞닥뜨린 상황인가 하고 냉정하게 생각해 보면 꼭 그렇지만도 않을 것 같다.

인류 역사상 팬데믹이라 할 만한 대형 질병에 대해 이야기하면 흔히들 사람들은 유럽에 페스트Pest가 발병했던 시기를 첫손에 꼽는 경우가 많다. 비교적 가까운 시기이기도 하고, 역사 기록이 소상하게 잘 남아있기도 하며, 르네상스라는 인류 역사상 빼놓을 수 없는 문명의 진보가 뒤이어 일어나는 시기이기도 하기 때문이다. 그러나 이전에도 인류는 여러 차례 문명의 소멸 혹은 그 정도까지는 아니더라도 웬만한 전쟁이나 자연재해 이상으로 극심한 전염병 사태를 겪었다.

그중 가장 오래된 것은 모세의 인솔에 따라 '젖과 꿀이 흐르는 땅'을 찾아 이집트를 탈출한 이스라엘인들로 인해 퍼진 가나안 땅의 전염병 사태다. 잦은 범람을 하던 나일강 유역은 예로부터 곡창지대에 인구밀집 지역이었기에 수시로 전염병이 발병했다. 큰비가 내려 홍수가 휩쓸고 지나가면 여지없이 각종 전염병이 돌았다. 그러나 수천 년간 그 땅에 살아온 이집트인들에게는 면역이 형성되어 있었기에 어느 정도 유행을 하다가 시간이 지나면 잠잠해지고는 했다.

17세기 페스트 전문 의사들의 복장. 호흡기 감염을 대비하기 위해 약초를 넣은 마스크를 쓰고 다녔다. 괴기한 복장 때문에 페스트를 몰고 다니는 괴물로 오해를 받곤 했다.

그러나 가나안 지역의 사람들은 상황이 달랐다. 면역이 형성돼 있지 않은 상태에서 이집트를 탈출한 이스라엘인들이 옮긴 이집트 전염병과 풍토병에 의해 가나안 땅은 말 그대로 초토화가 되고 말았다. 그때 가나안 땅이 겪었던 혼란과 괴로움이 어찌나 컸던지 당시의 모습은 《구약성경》의 신명기 등에 상세하게 묘사되어 있다.

그 다음으로 우리가 익히 알고 있는 페스트다.

페스트가 창궐하던 시기 유럽의 서쪽 편에서는 다른 질병이 사람들 사이를 파고들며 세상에 대한 공격을 준비하고 있었다. 한번 걸리면 고열과 함께 극심한 발진이 일어나 목숨을 잃게 되고 다행히 목숨을 건져도 평생을 흉터가 진 피부로 살아야 하는 천연두라는 무시무시한 질병이었다. 그러나 정작 이 질병의 무서움을 제대로 맛본 것은 대서양 건너편의 신대륙 주민들이었다. 15세기 말 콜럼버스가 아메리카 대륙에 도착한 이래 스페인, 포르투갈, 영국의 수많은 탐험가와 군인 등이 남북 아메리카 대륙에 발을 디뎠다. 이들을 통해 유럽의 풍토병이었던 천연두가 아메리카 대륙에 전파되었다. 물론, 당시 유럽에서도 영유아 사망률을 높이는 주범으로 꼽혔던 천연두였지만 그래도 건강한 성인들에게는 그렇게 치명적인 질병이 아니었다. 그러나 천연두에 대한 면역력이 전혀 없었던 아메리카 원주민들에게는 무자비한 죽음의 사자 노릇을 톡톡히 했다. 특히, 중남미 도시 지역에서는 원주민의 절반 가까운 숫자가 천연두로 인해 사망했고, 인구 구조 자체가 붕괴되면서 정복자들에게 제대로 힘 한번 써보지 못하고 굴복할 수밖에 없었다.

이후로 다시 한번 인류를 절망에 빠트렸던 팬데믹 상황은 19세기 무렵 인도에서 시작되었다. 처음에는 물이나 음식을 잘못 먹은 사람들이 흔하게 걸리는 배앓이 정도로 여겨졌던 병이 사람들의 목숨을 빼앗기 시작했고, 이내 마을을 초토화시켰다. 콜레라라고 불린 이 병은 탈수 증세와 더불어 극심한 설사가 주된 증상이었다. 하수처리시설이 변변치 않았던 당시, 환자의 오물은 식수원을 금방 오염시켰고 오염된 식수가 흐르는 수로를 따라 콜레라는 삽시간에 다른 지역, 이웃 나라로 퍼져 나갔다. 기존의 다른 전염병들이 팬데믹이라고는 하지만 특정한 대륙에서만 유행하다가 소멸된 반면, 콜레라는 인도에서 시작되어 동남아시아로 전염되었다가 극동아시아로 북상했고 이후로는 유럽, 북미, 아프리카 등으로 삽시간에 퍼져 나갔다. 그럴 수 있었던 데에는 당시 과학기술이 급속도로 발달하면서 자동차, 기차, 증기선 등의 새로운 교통수단이 등장했고, 그를 이용한 장거리 여행이 가능해지면서 콜레라균은 기존의 전염 속도와는 비교할 수 없을 정도로 빠르고 넓게 감염 범위를 넓혀 나갈 수 있었다.

조선 순조 시절이었던 우리나라도 당연히 이 무렵 콜레라 팬데믹을 빗겨날 수는 없었다. 조선왕조《순조실록純祖實錄》에는 '신사년 괴질辛巳年 怪疾'이라 하여 순조 21년인 1821년 가을 무렵 '콜레라가 북부 지방을 중심으로 득세하기 시작해 수많은 백성이 시름시름 앓다가 목숨을 잃었다'라고 기록되어 있다. 당시 추산으로 1백만 명이 사망한 것으로 알려져 있는데, 질병의 참혹함을 강조하기 위해 다소 과장한 숫자라 치더라도 분명 엄청난 피해를 입은 것만은 틀림이 없다. 조선 시대 인구수를 기록한 자료를 보면 1820년대까지 7백만 명 중반대로 보고되던 인구가 순조 대를 지나 1830년대 헌종 대에 이르러 늘어나기는커녕 갑자기 6백만 명대로 훅 줄어든 기록을 보더라도 이때 조선이 콜레라로 얼마나 고생을 했는지 짐작할 수 있다.

그 뒤, 우리에게 찾아온 팬데믹은 지난 코로나 초창기부터 언론에 지속적으로 등장했던 몇 차례의 인플루엔자 창궐 사태다. 시작은 '러시아 독감'으로도 불리는 1889년의 인플루엔자다. 걸리면 고열로 시달리다가 호흡기 증상이 심해져 폐렴으로 목숨을 잃게 되는 질병이었고 고령층 사망률이 높게 나타났다는 측면에서 여러모로 코로나 바이러스와 곧잘 비교되곤 하는 인플루엔자였다. 처음 등장 이후 세 차례의 겨울 동안 러시아를 포함해 유럽과 일부 아시아 사람들을 괴롭혔다.

이후 1918년에는 스페인 독감이 등장해 역시 약 3년에 걸쳐 서유럽 사람들의 목숨을 빼앗았고, 1968년에는 홍콩 독감이 창궐했다. 그리고 2019년 말 중국 우한에서 시작된 코로나……. 물론, 그 사이사이에 조류 독감, 사스SARS라고 불리는 중증 급성 호흡기 증후군, 메르스MERS라고 불리는 중동 호흡기 증후군 등의 질병이 유행했지만, 다행히 팬데믹까지는 이르지 못했다.

환란의 평행이론

이 외에도 인류의 보편타당한 삶, 안정적인 일상을 저해하는 요인들을 찾아보면 꽤 여러 가지가 있다. 수많은 혁명과 전쟁, 경제위기와 또 다른 형태의 대규모 사회 혼란. 그런데 이런 모든 환란에는 한가지 공통점이 있다. 그것은 무엇일까?

발생하는 모습을 달리하고, 피해 규모는 조금씩 다르지만 어찌 되었든 끊이지 않고 주기적으로 우리에게 닥친다는 점이다. 앞서 예를 든 팬데믹 상황도 그러하지만, 전쟁 역시 인류 역사상 한 번도 사라진 적 없이 꾸준히 발생해 왔다. 주기를 달리하고, 양상과 범위 및 그로 인한 피해 규모만 조금씩 달리했을 뿐 전쟁은 늘 우리 주변을 맴돌았다.

20세기를 대표하는 문명사학자 윌 듀런트의 역작 《역사의 교훈》에 담긴 내용을 인용하여 설명하자면, 문헌 등에 기록된 인류의 3,421년 역사 중 '전쟁war'이라는 단어가 등장하지 않은 해는 단 268년에 불과하다고 한다. 전체 역사에 비교해 보자면 고작 7.8퍼센트에 불과한 기간만 전쟁이 없었던 셈이다. 그마저도 역사 문헌 등에 전쟁이라는 단어가 기록되지 않았다는 이야기지 전쟁으로 기록이 유실되었을 수도 있고, 역사책에 기록될 만한 규모는 아니지만 지역적으로 국지적인 분쟁이 일어났을 수도 있으니 실제로는 전쟁이 아예 없었던 해는 없었다고 해도 무리는 아니다.

실제로 미국의 한 대학교에서 연구 조사한 기록에 따르면 1800년대 초부터 2010년까지 지구에서는 늘 2개 이상의 전쟁이 벌어지고 있었고, 그나마 1942년과 1943년에만 단 한 개의 전쟁만 벌어지고 있었는데, 이 전쟁이 인류 역사상 최악의 전쟁, 최대 규모의 피해를 입힌 전쟁이라 평가받는 제2차 세계대전이었으니 하나 마나 한 전쟁 숫자 세기다.

경제위기 역시 마찬가지였다. 많은 이들이 대규모 경제위기라고 하면 아마도 '검은 화요일'로 알려진 월스트리트 증시 대폭락 사태로부터 시작된 1929년 '대공황'을 떠올릴 것이다. 이듬해 은행들이 줄줄이 파산했고 보유하고 있던 주식이 휴지쪼가리가 되어 버리고, 전도유망한 자산가에서 삽시간에 빚쟁이로 전락해 버린 주식투자자들은 길거리로 나 앉거나 스스로 목숨을 끊기도 했다. 시장은 붕괴했고 우량했던 기업들이 하루아침에 파산해 버렸다. 사회적 안전망이 붕괴되었고 가난한 이들, 병약한 이들은 생명에 위협을 느낄 정도로 극심한 가난이 전 세계를 덮쳤다. 그 뒤로도 여러 차례 대규모 경기침체가 있었지만, 그중 강력했던 것은 우리나라에서는 'IMF'라는 이름으로 더 잘 알려진 1997년의 아시아 금융위기 그리고 미국의 서브프라임 모기지론 사태와 리먼 브라더스 파산으로 대표되는 2008년도의 금융위기였다.

그런데 사실 이런 금융위기 역시 고대부터 쭉 발생해 왔었다. 다만, 우리나라가 세계 무대에 등장하기 이전이라 우리와는 큰 연관이 없었고, 과거의 세계는 지금처럼 서로가 서로와 연결되어 있지 않아 위기의 원점으로부터 거리가 멀어지면 멀어질수록 체감하기가 쉽지 않았기에 우리들이 잘 모르는 것일 뿐, 최근의 경제위기와 비교해 봐도 전혀 손색이 없을 정도로 크고 치명적인 경제위기는 숱하게 발생해 왔다.

이처럼 사상초유의 일들이 밥 먹듯이 빈번하게 일어났던 지난 시기. 그러나 그때도 우리 인간들은 그저 가만히 손을 놓고 있지는 않았다. '만나지 말 것Untact'을 강요받던 시기에도 '만나지 않고도 만난 것처럼Ontact' 많은 것들을 해내기 위해 온갖 노력을 다 퍼부었다. 같은 공간에서 함께 일하고 보고하고 회의하는 일이 힘들어지자 '화상회의' 시스템을 도입해 금방 적응했다. 비대면 수업도 불편해하기는 했지만 열심히 참여했고, 각종 콘서트, 운동경기도 나름의 방식으로 즐길 수 있도록 진행되었다. 심지어 온라인 화상회의나 SNS 등을 활용해 각자의 집에서 따로 술과 밥을 먹으면서도 함께 하는 것처럼 이야기를 나누고 건배사를 외쳤던 '랜선 회식', 방역 때문에 식당에 함께 입장할 수 있는 인원이 제한되자 그에 맞춰서 인원을 나눠서 들어가 다시 어울렸던 '쪼개기 회식' 등 기상천외한 시도들도 이어졌다.

그런데 여기서 한 가지 의문이 생긴다. 도대체 왜, 우리 인간은 서로가 서로와 연결되기 위해 그토록 애를 쓰는 것일까?

선(線)이 있고 없음에 지배당해 온 인류

Contact를 넓히기 위한 인류의 노력

문명의 발전 단계를 구분한 학설은 여러 가지가 있다. 생물학적 진화 단계에 따른 분류도 있고, 경제구조의 성숙 정도에 따른 분류도 있다. 하지만 가장 많이 알려진 분류는 사용하는 도구에 따른 분류로, 흔히 구석기 시대니 청동기 시대니 하는 분류가 되겠다.

최근에는 산업화의 정도와 산업화에 주로 사용되는 원동력과 도구에 따른 분류를 많이 사용한다. 인간의 노동력에 의존했던 농경사회부터 시작하여 석탄을 사용한 증기기관으로 생산력의 폭발적인 증가를 가져온 1차 산업혁명, 전기 에너지를 활용하여 전구, 전기 모터 등을 사용한 2차 산업혁명, 컴퓨터라는 도구의 발명과 활용으로 정보통신 사회를 구축한 3차 산업혁명이 있다. 마지막으로 아직 완성된 상태도 아니고 그 실체에 대해 여러 가지 주장이 있지만, 인공지능, 빅데이터, 사물인터넷, 로봇 등을 기반으로 한 4차 산업혁명이 있다. 4차 산업혁명이 완성되면 정보통신 기술과 생산 기술의 융합 발전을 통해 우리가 일하는 방식과 생산성은 근원적인 변화가 생길 것이라고 한다.

하지만 나는 이 책에서 조금 다른 관점에서 인류 문명의 발전 단계를 살펴보고 싶다. 바로 '콘택트Contact', 즉 접촉이라는 관점에서 문명의 발전을 살펴보는 것이다.

인류 문명의 역사는 가히 콘택트를 형성하고 넓히기 위한 노력의 집합체였다. 물론 대다수의 사람들은 자신이 태어난 땅에서 죽을 때까지 살아갔지만, 일부의 사람들은 자신이 사는 세상 너머 새로운 땅, 새로운 종족, 새로운 문명이 있을 것이라는 믿음과 희망을 가지고 외부 세상과 연결되기 위해 안간힘을 썼다. 그리고 일부는 그 결실을 보게 된다. 그 소문은 더 많은 사람들에게 믿음과 희망을 심어주었고, 사람들은 새로운 세상과 새로운 세상에 있다는 보물을 찾기 위해 자신의 목숨을 걸고 풍랑이 몰아치는 희망봉으로, 해적이 득

실대는 말레이 해협으로 배를 몰았다.

땅에서도 마찬가지였다. 알렉산드로스, 카이사르, 칭기즈칸, 광개토대왕 등 수많은 영웅호걸들이 말을 몰고 병사를 이끌고 미지의 세계로 원정을 떠났다. 물론, 땅을 차지하고 그 땅의 재화를 독차지하겠다는 생각이었겠지만, 그 저변에는 새로운 세상과 접촉해 보겠다는 의지가 강하게 작용했다. 콘택트에 대한 의지 덕분에 대항해 시대와 원정의 시대가 열렸고, 산업혁명이 시작될 때까지 수천 년간 계속 이어져 내려왔다.

Contact하지만 Contact하지 않기 위한 노력

직접적인 접촉을 최대한 늘리기 위한 노력이 어느 정도 한계에 다다를 무렵, 인간들은 무슨 생각인지 이번에는 접촉하지 않기 위해 노력을 쏟아붓기 시작했다. 이른바 콘택트하지만 콘택트하지 않는 혹은 콘택트하지 않지만 콘택트하기 위해 자신이 보유한 모든 노력을 기울였다.

과거에는 접촉이 있어야만 소통이 가능했고, 소통을 해야만 원하는 것을 이룰 수 있었다. 무엇을 만들기 위해서는 그것을 만들 수 있는 사람을 직접 찾아가 대화를 나누고 부탁을 해야만 했다. 황금을 구하거나 향신료를 구할 때도 마찬가지였다. 직접 가서 접촉해서 구해야 했다.

그런데 어느 날부터 사람들이 편지라는 것을 쓰기 시작했다. 우편이 서로에게 소식을 전해주는 존재로 급부상했다. 누군가는 "편지 역시 우편물, 편지지 등을 매개체로 서로 접촉하는 것이 아닌가"라고 반문할지 모른다. 맞는 말씀이다. 그러나 대면 접촉을 통해 직접적으로 소통하고 교역하는 것과 비교했을 때, 직접적인 접촉은 줄이면서도 경제적, 사회적 이득을 취하려는 노력의 시발점으로 보고자 한다.

'편지'라는 발명품이 촉발시킨 비대면 콘택트의 역사는 더디게 발전과 변화의 모습을 보이다가 근대에 들어와서 획기적인 진화를 하게 된다.

그 시작은 1844년 미국 워싱턴 DC에 있던 대법원 건물에서 시작되었다. 촉망받는 화가였던 한 사내는 사랑하는 아내를 코네티컷 뉴헤이븐에 있는 자신의 집에 두고 홀로 워싱턴 DC에 머무르며 작업을 했다. 어느 날 지인이 말을 타고 달려와 그에게 아버지의 편지를 전했는데, 편지에는 그의 아내가 아프다는 내용이 적혀 있었다. 그는 서둘러 고향으로 달려갔지만 이미 아내는 죽어서 장례식까지 치른 뒤였다. 임종은커녕 아내의 얼굴조차 보지 못했다는 죄책감에 휩싸인 그는 그토록 좋아하던 그림조차 포기하고 '어떻게 하면 멀리 떨어져 있는 사람에게 곧바로 소식을 전할 수 있을까'라는 문제를 해결하기 위해 고민에 빠져들었다.

결국, 그는 특별하게 고안된 기계의 양쪽을 전선으로 연결하여 약한 전기를 끊었다가 잇는 방식으로 신호를 보내는 방법을 개발한다. 또한, 끊고 이어지는 두 가지 신호를 조합하여 특정 단어나 숫자를 표현하는 부호도 함께 고안했다.

그는 1844년 미국 연방 대법원 건물에서 메릴랜드 볼티모어에 위치한 철도창고 간에 선을 깔고 기기를 연결하여, 인류 역사상 최초로 콘택트하고 싶은 두 대상이 얼굴을 마주하지 않고도 '실시간'으로 정보를 주고받는 실험에 성공한다. 그의 이름은 새뮤얼 모스, 우리에게 익숙한 '모스 부호'의 창시자였다. 그리고 이날 그가 실험에 성공한 기기는 인류 최초의 유선 통신기였던 모스 수신기였다.

새뮤얼 모스가 첫 신호탄을 올리자 이후로는 눈부신 속도로 콘택트하면서 콘택트하지 않는 시대가 펼쳐진다. 1858년에는 미국 뉴펀들랜드와 바다 건너 아일랜드를 연결하는 대서양 횡단 전신케이블이 구축되었고, 두 대륙 사이에 유선 통신망이 연결된다.

1876년에는 알렉산더 그레이엄 벨이 특수한 송수화 장비를 개발하여 통신선만 연결되면 떨어진 지역에서도 직접 목소리로 대

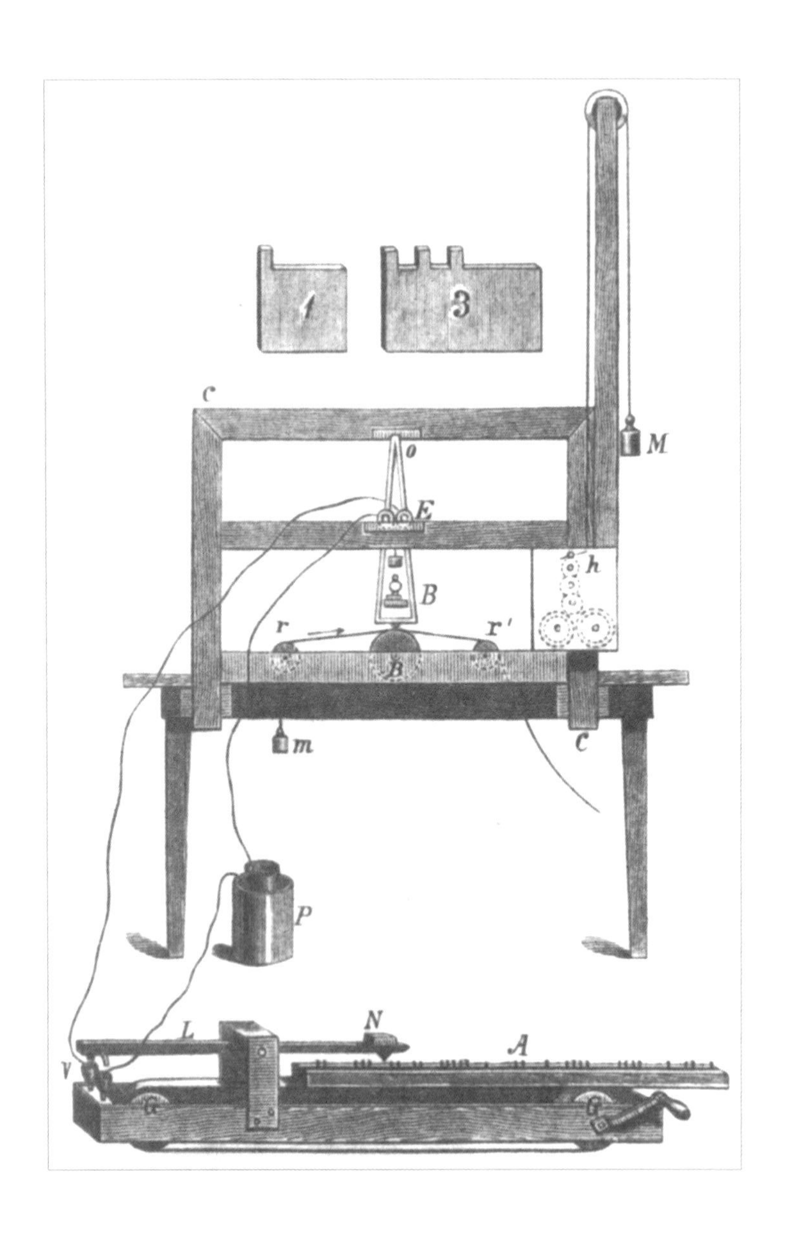

초기 무선 전신기 모델. 점과 선으로 이뤄진 모스부호와 전신 기술의 등장으로 얼굴을 맞대지 않고 실시간으로 정보를 주고받게 되었다.

화를 주고받을 수 있는 기술을 상용화한다. 물론, 같은 시기 수많은 기술자가 비슷한 실험에 성공하지만, 가장 성공적으로 실험을 완수한 사람은 벨이었다. 그는 최초의 전화회사 '벨 텔레폰 컴퍼니'를 설립해 본격적인 전화의 시대를 열었다.

이로써 인류는 직접적인 콘택트를 하지 않고도 콘택트가 가능한 세상을 이룩했다.

다시 Contact를 넓히기 위한 노력

이후 인류는 콘택트하지 않고도 콘택트가 가능한 세상을 유선이 아닌 무선으로까지 확장해 나간다. 유선은 어찌 되었든 연결하고자 하는 두 대상을 통신선을 통해 직접 연결하는 형태였다. 정보 소통을 위해서는 통신선을 연결해야 했기 때문에 중간에 장애물이 있으면 어려움이 발생하는 등 확장성에 문제가 있었다. 유선 통신에 만족한 인류는 이제 직접 선을 연결하지 않고도 콘택트가 가능한 세상을 꿈꾸게 된다.

그 꿈을 1901년 어느 추운 겨울 이탈리아의 발명가 한 사람이 실현시켜 주었다. 볼로냐 출신의 전기 기술자 굴리엘모 마르코니는 오랜 연구 끝에 캐나다 뉴펀들랜드 세인트존스와 영국 콘월 폴듀 사이의 무선 통신 실험에 성공한다. 물론, 그전까지 짧은 거리에서의 실험은 여러 사람에 의해 수차례 성공한 바 있었지만, 실제로 상용화할 수 있을 정도로 원거리에서 진행한 무선 통신 실험으로는 세계 최초였다. 두 지역 사이에는 대서양이 위치하여 거리는 무려 3,600 킬로미터에 달했다.

이로써 인류는 바다 건너편 혹은 대륙 너머에 있는 사람과 좀 더 자유롭게 소통을 할 수 있게 되었고, 직접 접촉하는 것처럼 필요한 것들을 쉽게 구할 수 있게 되었다.

콘택트라는 목적을 두고 발전한 인류의 역사는 현대에 이르기까지 콘택트를 활성화하고, 그 질을 높이기 위한 노력의 역사였다.

인터넷의 개발과 함께 이제까지 음성 정보 정도를 주고받던 것이 그림과 움직이는 영상까지 자유롭게 주고받을 수 있게 되었다. 멀리 떨어져 있어도 그 모습을 영상으로 생생하게 볼 수 있는 시대가 되었기에 '이제 사람들은 실제로 콘택트하지 않게 될 것이다', '콘택트하더라도 예전만은 못할 것이다'라는 생각이 팽배해졌다.

그러나 예상은 크게 빗나갔다. 이제는 직접 콘택트하지 않아도 모든 것을 알 수 있고, 모든 것을 알릴 수 있는 시대가 되었지만, 사람들은 여전히 서로서로 직접적인 콘택트를 즐겼다.

전화로 해도 될 이야기를 굳이 카페에서 만나 얼굴을 마주 보며 직접 전달했고, 인터넷 게시판에 올려놓으면 모두가 알 수 있는 내용을 전달하기 위해 수백 명이 모이는 워크샵이나 컨퍼런스를 개최하였다. 집에서 편안하게 볼 수 있음에도 사람들은 로마 검투사 경기장과 흡사하게 생긴, 심지어 몇몇은 '오클랜드 콜로세움'이니 '알리안츠 아레나'니 해서 실제 로마시대 경기장의 이름 그대로 가져다 쓴 경기장에 모여 응원을 하며 경기를 즐겼다.

온라인에서 다양한 활동을 즐길 수 있는 여러 가지 SNS가 등장하고, 가상세계를 기반으로 한 소통 및 공유 서비스가 등장했지만, 사람들은 그를 활용해 실제로의 만남을 추구했다. 이른바 콘택트리스Contactless한 삶을 도와주는 도구를 실제 콘택트를 하는데 사용한 것이다.

그리고 우리는 콘택트에 있어 새로운 전기를 맞이하게 되었다.

인생은 한 번이지만, 역사는 반복된다

스위스 한적한 마을에서 시작된 혁명

새로운 전기는 뜻밖에도 서구 문명사회에서 '변화'와 가장 거리가 멀어 보이는 스위스의 한적한 시골 마을에서 시작되었다. 수십 년 전부터 매년 1월이면 인구 1만 명의 스위스 시골 마을은 전 세계인의 이목을 끌고 있다. 독일 태생의 스위스 경제학자 클라우스 슈밥이 창립한 '세계 경제 포럼'이 매년 이곳 다보스에서 열리기 때문이다. 1971년 급속도로 성장하는 미국 경제계에 예속될 지경에 이른 유럽의 현실에 위협을 느껴 시작한 학습모임이었던 '유럽 경영 포럼'이

스위스의 휴양도시 다보스 전경. 다보스 포럼이 개최되는 인구 1만 명의 작은 도시 다보스는 매년 초 전 세계인들이 주목하는 도시로 변모한다.

큰 인기를 끌면서 전 세계적인 행사로 성장한 것이다.

우리에게 '다보스 포럼The Davos Forum'으로 더 친숙한 이 행사는 세계 각국의 정부 지도자 및 글로벌 기업의 수뇌부가 모여 정보를 공유하고 서로 협업할 방안을 찾는 등 활발한 활동을 벌이는 것으로 유명하다. 때문에 음모론자들은 이 포럼을 두고 '세계를 지배하려는 엘리트들의 비밀 회합'이라며 끊임없는 의심의 눈초리로 바라보고 있다. 비단 그들뿐만 아니라 '세계화'에 반대하는 사회운동가들의 주된 공격 대상이기도 하다.

2016년 다보스 포럼에서는 전 세계를 뒤흔든 키워드 하나가 등장했다. 그것은 바로 '제4차 산업혁명'이었다. 우리는 지난 1차 산업혁명부터 3차 산업혁명까지 산업혁명의 역사를 교과서를 통해 배웠다. 그리고 끝이었다. 더 이상 극적인 변화를 느낄 수 있는 산업혁명은 없을 것이라 생각했다. 그러나 다보스 포럼 창시자인 클라우스 슈밥이 2016년 포럼에서 제4차 산업혁명을 포럼의 주요한 아젠다로 제시하면서, 이 단어는 삽시간에 전 세계로 퍼져나가게 된다.

각국의 정부는 제4차 산업혁명을 대비해야 한다고 난리를 쳤고, 학교에서는 제4차 산업혁명에 걸맞은 인재를 길러내겠다며 내용을 알 수도 없는 온갖 커리큘럼을 가져다가 교육과정을 개발했다. 심지어 고깃집에서도 '4차 산업혁명 기술을 활용해 숙성시킨' 따위의 홍보 문구를 사용할 정도로 어의없는 광풍이었다.

수년이 지났지만 아직까지도 '제4차 산업혁명'의 본질에 대해서는 여러 가지 말이 많다. 애매하다는 사람도 있고, 아예 본질이 없는 말장난에 불과하다고 폄훼하는 전문가도 여럿이다. 그러나 분명한 것은 제4차 산업혁명의 실체가 있건 없건 간에, 그런 화두가 나온 2016년 무렵을 기점으로 우리 세상이 또다시 엄청나게 변화하기 시작했다는 것이다.

그것은 인류 역사상 최고조로 모든 것이 다시 연결된 세상의 시작이었다.

극단적인 Contact가 이뤄진 세상

유비쿼터스Ubiquitous라는 단어가 있다. '언제 어디서나 존재한다'라는 뜻의 라틴어로 사용자가 시간이나 장소에 구애받지 않고, 원하는 시간과 원하는 장소에서 자유롭게 컴퓨터에 접속할 수 있는 컴퓨팅 환경을 의미하는 말이다.

1991년 제록스의 팔로알토 연구소에서 근무하던 마크 와이저가 자신의 논문에서 처음으로 이 단어를 사용했을 때만 해도 컴퓨터가 가전제품 또는 기계 취급을 받던 시절이라 언제 어디서나 컴퓨터에 접속한다는 것이 어떤 의미인지 개념조차 잡지 못하는 사람이 대다수였다. 그러나 불과 20년도 채 지나지 않아 우리는 거의 완벽한 유비쿼터스 환경에서 살아가게 되었다.

이제까지 컴퓨터는 사무실, 연구실 등과 같은 특정한 위치에 존재하고 사용자가 컴퓨터를 사용하기 위해서는 시간에 맞춰 그 공간에 찾아가야 했다. 하지만 이제는 아무 때나 손안의 스마트폰을 비롯하여 태블릿, 노트북을 이용하여 어디서나 컴퓨터를 사용할 수 있게 되었다. 또한, 클라우드 컴퓨팅 기술이 눈부시게 발전하면서 과거에는 제한적인 작업만 가능했던 개인 컴퓨터로 거의 무제한적인 작업이 가능하게 되었다.

덕분에 인류는 역사상 최고 수준으로 서로 '컨택트'해서 상호작용을 주고받으며 밀접하게 살아가게 되었다. 서울에서 잠들기 위해 침대에 누운 사람이 스마트폰으로 뉴욕에서 한창 출근하는 사람의 남긴 SNS를 읽고 쇼핑 리스트를 변경하는 시대, 팔레스타인 자치지구에 사는 청년이 폴란드에 사는 이름도 모르는 유대인 여성이 쓴 글에 감동해서 자신의 진로를 변경하는 시대, 엘살바도르 대통령이 자신의 정책을 뒤집고 대량의 비트코인을 매도했다는 뉴스를 읽은 홍콩의 투자자가 가치 하락을 우려해 보유한 가상화폐를 매각하는 시대. 우리는 그런 시대를 살게 되었다.

그리고 그런 시대가 앞으로 영원히 계속될 것이라 생각했다.

이 모든 과정에서 볼 수 있듯이, 우리 인간은 본성적으로 다른 누군가와 혹은 다른 세상과 콘택트하고 싶어 하는 존재이다. 더 나아가 콘택트하지 않으면 살 수 없는 존재이거나, 콘택트하기 위해 살아가는 존재다. 다만 직접적인 대면 접촉부터 편지, 유무선 통신, 인터넷, 유비쿼터스까지 콘택트하는 방식과 도구를 고민하고 연구했을 뿐이다.

인간의 본성이 위협받는 시대,
우리는 지난 한순간에 다시 집중하게 되었다

그러나 놀라울 정도로 그 모든 콘택트가 한순간에 딱하고 끊기는 상황이 벌어지고 말았다. 관광객으로 바글거리던 파리 에펠탑 주변이, 베네치아 리알토 다리 위가, 도쿄 아사쿠사 앞 상점가가 텅텅 비는 시간이 시작되었다.

일주일에 다섯 번, 그 큰 에어버스 380에 사람들을 가득 싣고 서울과 뉴욕을 오가던 비행기가 여기저기 좌석을 다 못 채우고 이륙하는 횟수가 늘더니, 네 편, 세 편, 두 편으로 줄어들었고 이내 정기노선 운항을 멈추는 초유의 일이 벌어졌다.

다른 인사말보다 즐겨 사용하던 "언제 밥 한번 먹자", "조만간 술이나 한잔 합시다"와 같은 인사말이 직장인들의 입에서 사라진지가 오래되었다. 마치 모스나 마르코니 시절에 어떻게든 사람을 직접 만나지 않아도 콘택트는 이어가고 싶어 했던 사람들처럼, 갑자기 들이닥친 사상초유의 변화 앞에서 어떻게 살아가야 할지를 두고 우왕좌왕하기 시작했다.

그런 시간이 3년 이상 지속되면서, 많은 사람들이 재택근무, 원격 오피스 등을 활용하고 온라인을 통한 업무지시와 보고, 화상회의 시스템을 활용한 회의와 교육 등에 빠르게 적응하고 익숙해졌다. 하지만 이것은 그저 살아남기 위한 몸부림이었을 뿐, 단절로 인한 충격과 혼동, 마음의 상처와 상실감, 어찌해야 할지 모르는 데서 오는 스트레스와 앞으로 어떻게 살아가야 할지에 대한 고민 등은 여러 가지 문제로 나타나고 있다.

그런데 이런 사상초유의 일을 겪으며 어떤 사람들은 이러한 일이 역사상 처음으로 일어나는 진정한 사상초유가 아닐지도 모른다는 생각을 하게 되었다. 콘택트라는 인간의 본성이 심각하게 공격을 받았던 시기, 그리고 그 시기를 극복하고 새로운 세계를 만들어 가야 하는 시기가 어쩌면 과거에도 있었고, 그때를 살아갔던 사람들로부터 무언가 교훈을 얻을 수 있을지도 모른다는 생각을 하게 되었다.

그 시기는 과연 언제였을까?

RENAI
SSANCE'S
WORKERS

왜 다시, 르네상스를 이야기하는가?

이런 난리,
처음은 아니었다

우크라이나에서 다시 시작된 데자뷔

우크라이나에서 전쟁이 터졌다. 새삼스럽게 무슨 이야기냐고? 내가 지금부터 이야기하려는 전쟁은 2022년 4월 러시아군의 전격적인 침공으로 시작된 전쟁이 아니다. 지금부터 수백 년 전, 1347년에 벌어진 전쟁에 대한 이야기다. 칭기즈칸이 건국한 몽골제국은 파죽지세로 서진하여 유럽 각지를 점령해 나갔다. 몽골제국은 4개의 칸국을 형성했는데, 그중 하나인 킵차크 칸국은 칭기즈칸의 장남인 주치와 그의 차남이자 칭기즈칸의 '진정한 계승자'로 명성이 높았던 바

투가 세운 나라답게 독립 초기부터 넘치는 정복욕을 감추지 않았다. 이는 주변 유럽 국가는 물론 형제의 나라였던 일 칸국과도 끊임없는 분쟁을 하게 되는 원인이 되었다.

그런 킵차크 칸국이 특히나 탐을 내던 영토가 있었다. 21세기 우크라이나와 러시아 간 끊임없는 영토 분쟁의 원인이 된 곳이자, 아름다운 이름과 달리 평화로운 시기보다 전쟁에 휘말렸던 시기가 더 길었다는 분쟁의 땅 '크림반도'가 바로 그 주인공이다.

크림반도는 경상남도와 경상북도를 합친 것보다 조금 작은 면적에 과거에는 포도 농사와 어업 등으로 먹고 살던 한적한 마을에 지나지 않았다. 그러나 불행의 시작은 이 땅이 모두가 탐을 낼만큼 요충지이자 교통의 요지에 자리 잡고 있었다는 점이다.

유라시아 대륙을 지배하는 세력이 흑해와 지중해의 바닷길을 통해 서유럽과 아프리카로 나아가기 위해서 필요한 항구가 이곳 크림반도에 위치하고 있었다. 특히, 추운 날씨로 인해 대부분의 항구가 겨울이면 꽁꽁 얼어붙는 러시아로서는 크림반도의 부동항은 탐을 내지 않을 수 없는 대상이었다.

반대로 서유럽이나 아프리카의 세력들이 이곳을 차지한다면 유라시아, 더 나아가 아시아 전역으로 뻗어 나갈 수 있는 전진기지를 얻게 되는 셈이었다. 나아가 크림반도를 차지하면 러시아와 중앙아시아 세력의 바닷길을 막고 상대의 턱 아래에 칼을 겨눈 상황이 되기 때문에 이들 역시 이곳을 늘 호시탐탐 노려왔다.

때문에 크림반도는 주변 정세의 변화에 따라 늘 전화戰禍에 휩싸여야 했다. 지금도 크림반도는 국제적으로 우크라이나의 영토로 공인되고 있음에도 러시아가 무단으로 점령하여 실효적인 지배를 주장하고 있으며, 그로 인해 늘 산발적인 전투와 테러가 발생하는 세계에서 가장 위험한 지역 중 하나다.

1347년 킵차크 칸국 역시 크림반도를 차지하기 위해 대규모 공세에 나섰고, 당시 크림반도를 실질적으로 지배하고 있던 제노바 공화국이 세운 식민도시이자 크림반도로 들어오는 물자의 대부분을 처리하던 무역항이 있던 항구도시 카파(지금의 페오도시야)를 침공하게 되었다.

그러나 그들은 몰랐다. 자신의 삶과 터전을 지키기 위해 목숨을 건 방어에 나선 카파의 시민들도, 맹렬한 기세로 성벽을 기어오르던 킵차크 칸국의 용맹한 병사들도, 이때의 전쟁이 인류 문명의 대전환을 가져오는 역사적인 전쟁이 될 것이라는 것을……그들 중 누구도 알지 못했을 것이다.

그때 카파의 성벽 아래서는 무슨 일이 일어났던 것일까?

인류 역사상 가장 잔인한 무기의 등장

전쟁이 처음 시작되었을 때만 하더라도 이 전쟁이 오래갈 것이라고 생각한 사람은 없었다. 몽골제국이 4개로 분리되어 만들어진 칸 국의 하나이니 당연히 기존 제국의 강력한 힘에는 못 미쳤지만, 킵차크 칸국은 당시 중앙아시아와 러시아 지역을 상당 부분 차지하던 강성한 나라였다. 유럽 대륙을 휘저으며 공포를 심어주었던 칭기즈칸과 그의 용맹스러운 맹장들은 이제 죽고 없었지만, 그들에게서 싸우는 방법을 제대로 익힌 장수와 병사들이 셀 수 없이 많았다. 제아무리 카파가 제노바의 식민도시로 강성한 공화국의 전폭적인 지원을 받고 있다고 해도, 칸국의 군사가 제대로 공격을 퍼부으면 며칠 안 가 성문을 열고 항복할 것임을 의심하는 사람은 없었다.

그러나 전황은 묘하게 흘러갔다.

생각보다 킵차크 칸국의 공격은 무뎠고, 카파를 지키는 시민들의 방어태세는 탄탄했다. 대규모 무역항이었던 카파는 식량과 식수를 포함한 물자가 늘 풍부했고, 시민들은 성문을 단단히 걸어 잠근 채 버티기에 들어갔다. 여전히 칸국의 주요 전략은 기마병을 활용한 기동 전술이었지만 성벽을 공략하는 데는 그다지 도움이 되지 못했다. 시간은 흘러갔고 전황은 교착상태에 빠져들어 갔다.

더욱이 칸국의 군대를 괴롭혔던 것이 하나 더 있었다. 그것은 병사들 사이에서 급속도로 퍼지기 시작한 알 수 없는 질병이었다. 병사들은 대부분 초원 출신의 유목민이었는데, 이른 봄부터 이들 사이에 '들쥐로부터 옮았다'라는 소문의 괴질병이 돌기 시작했다. 한창 카파와 공성전을 벌이던 무렵에는 제대로 된 공격 진형을 꾸리기 힘들 정도로 많은 병사들이 병에 걸리거나 심한 경우 목숨을 잃을 정도였다.

상황이 이렇다 보니 칸국의 지휘관들은 후퇴하는 것을 심각하게 고민하기 시작했다. 과거부터 군대에서 후퇴는 치욕이었고 그를 결정한 지휘관은 목숨을 부지하지 못하는 것이 일반적이었지만, 우리가 상상하는 것과 달리 몽골제국에서는 전황이 불리할 때 후퇴한 장수와 병사들을 처벌하지 않았다. 실제로 칭기즈칸조차도 전쟁터를 누비던 부하들에게 내린 지시가 "승리하건 후퇴하건 일단 살아남아라"였다.

후퇴 여부를 고심하던 칸국의 지휘관들은 마지막 공성전을 한 번 더 해보고 철수를 결정하기로 했다. 그 공격에서는 이전까지 공성전에서 사용하지 않았던 무기가 하나 등장했는데, 이후의 역사를 거쳐 오늘날까지 수많은 역사학자가 '인류 역사상 가장 잔인한 무기'로 평가하는 공격용 무기였다. 겉모습은 일반적인 투석기와 같았지만, 설정한 사정거리와 투석기에 실려 성벽으로 날리는 '물체'

가 특별했다. 그것도 무척이나…….

일반적으로 투석기는 병사들이 지키고 있는 성벽의 상단을 겨냥한다. 성벽의 중간을 겨냥해도 큰 충격을 주기 어렵고, 성벽 안쪽을 겨냥해도 민간인들에게 피해를 줄 뿐 전황을 크게 바꾸지 못하기 때문이다. 투석기로 돌을 날려 성벽의 윗부분을 파괴하거나, 성벽을 지키는 병사들을 공격하고 성벽을 타고 올라가 백병전을 하는 것이 일반적인 전술이었다. 그러나 마지막 공성전에서 투입된 투석기는 그 특별한 '물체'를 성벽의 아주 먼 뒤쪽으로 보내도록 설정되어 있었다.

잔인하고 슬픈 이야기 하나 없는 전쟁터가 이 세상 어디에도 없겠지만, 이날의 전쟁은 그 잔인하고 슬픈 정도가 이해하고 감내할 수준을 훌쩍 벗어난 양상으로 흘러갔다. 킵차크 칸국의 군대가 투석기에 실어 카파의 성벽 안쪽으로 던져 보낸 것은 돌덩어리가 아닌 인간, 정확히는 인간의 시체였다. 지휘관들은 병영 내에서 하루가 멀다 하고 발생하던 괴질병에 걸려 죽은 병사들의 시체를 투석기에 올려 성벽 안쪽으로 날려댔다. 돌덩어리와 같은 파괴력은 없었지만, 적에게 공포를 심어주기에 충분했다. 하지만 전황을 바꿀 정도는 아니었다. 아마도 칸국의 지휘관들은 이 공격을 통해 대단한 반전의 기회를 만들겠다는 기대보다는 그동안 자신들을 괴롭혔던 카파의 시민들에게 마지막 '꼬장' 한번 부리고 간다는 생각에 시도했던 공격이었던 듯하다. 이 끔찍한 공세를 끝으로 킵차크 칸국은 카파 그리고 크림반도에서 후퇴한다.

그런데 별다른 소득 없이 끝난 것 같은 이 공격이 실제로는 카파와 제노바 공화국은 물론 유럽에 대한 가장 강력한 그리고 치명적인 공격이 되었다.

사소하게 시작된 대재앙

중앙아시아 스텝 기후에 주로 서식하는 들쥐, 두더지, 토끼 등은 각종 질병의 매개체 역할을 한다. 건조하고 척박한 스텝 기후에서 작은 들짐승의 털 속만큼 병균들이 기생하기 좋은 곳을 쉽게 찾기 힘들었고, 당연히 털 속에는 쥐벼룩 등이 들끓었다. 쥐벼룩을 숙주로 각종 질병이 창궐했는데, 킵차크 한국의 병사들을 괴롭혔던 괴질병 역시 그중 하나였다.

다행히도 유목민들은 광활한 들판 이곳저곳에 떨어져서 거주했고, 하루 대부분의 시간을 말 위에서 생활했기에 질병에 걸릴 일이 많지 않았다. 하지만 전쟁터에서는 달랐다. 들판에서 숙영을 하기에 쥐벼룩에 물릴 일도 많았고, 대규모 병력이 밀집한 채 장시간을 함께 했기에 삽시간에 질병이 퍼져나가기도 쉬웠다.

이때 킵차크 칸국 병사들을 쓰러뜨렸던 알 수 없는 괴질병의 이름은 흑사병黑死病이었다. 영어로는 블랙 데스Black Death 또는 대역병이라는 뜻의 그레이트 플레이그Great Plague라고 불리며, 그보다는 질병의 원인이 된 박테리아균의 이름 예르시니아 페스티스Yersinia Pestis에서 유래한 페스트라는 이름으로 더 자주 불리게 되는 질병이었다.

비록 킵차크 칸국의 군대는 물러갔지만, 카파는 더 큰 위기와 혼란에 빠져들었다. 투석기로 날려진 시신에는 페스트균이 득실댔다. 시신 운반과 청소 업무를 담당했던 관리들 사이에서, 사망한 킵차크 칸국의 병사와 똑같은 증세가 퍼지기 시작했다. 발열, 두통, 오한, 근육통에 시달리다가 호흡곤란과 출혈 등을 거쳐 조직이 검게 괴사하며 목숨까지 잃는 사망자가 삽시간에 폭증하기 시작했다.

여기까지만 하더라도 페스트는 대역병까지는 아니고, 카파라는 지역에 들이닥친 재앙 정도로 끝날 수 있었다. 그러나 또 하나의 사건을 통해 페스트는 중세시대 인류의 삶 전반을 뒤흔들고 더 나아가 역사의 물꼬를 바꾼 팬데믹으로 발전하게 된다.

카파에 정체 모를 괴질병이 한창 창궐하던 시기, 인근 해역에 머물다가 떠난 12척의 상선이 이탈리아 남부 시칠리아의 메시나항에 도착했다. 평소라면 상선이 싣고 온 물품을 구입하기 위한 상인들로 북적였어야 하는 항구였지만, 이때만큼은 달랐다. 상선에는 지중해를 건너온 물품보다도 많은 선원들의 시신이 실려 있었기 때문이다. 검은 부종과 고름으로 새카맣게 타들어간 채 고통스러운 표정으로 죽어간 모습이 카파에 창궐한 질병으로 사망한 시신과 같은 질병으로 죽은 이들이 틀림없었다. 배에는 소수의 선원들만 살아있었다. 그들 중 상당수도 이미 병에 걸려 죽어가고 있었기에, 사람들은 선원들에게 메시나를 떠나줄 것을 요청했다.

인간적으로 너무 매몰찬 것이 아니냐고 생각할 수도 있지만, 자신들이 살기 위해서라도 어쩔 수 없었다. 이 배는 다시 어딘가로 떠날 수밖에 없었고, 어딘가 자신들을 받아줄 항구를 찾아 이곳저곳을 배회할 수밖에 없었다. 이후 이 상선이 들렀다 쫓겨난 남유럽 곳곳에서 괴질병이 창궐했고, 이 상선들은 별명이 아닌 실제로 남유럽 지역에 페스트를 퍼뜨리는 '죽음의 상선'이 되어 버렸다. 나중에 바다 한복판에서 발견된 배 안에는 생존자가 단 한 사람도 없었고, 이후 수많은 창작물에 단골로 등장하는 '유령선'의 모티브가 되었다.

불행한 것은 자신들이 살기 위해 병든 이를 외면하고, 그토록 야멸차게 굴었던 메시나 주민마저도 감염을 피해갈 수 없었다는 점이다. 결국, 시칠리아섬 전체가 페스트의 가장 큰 피해를 입은 지역 중 한 곳이 되고 말았다.

가뜩이나 부실한 영양 상태와 위생 상태, 부족한 보건 인프라, 질병에 대한 사람들의 인식 부족과 맞물려 유럽에서 퍼지기 시작한 페스트는 그야말로 파죽지세로 감염지역을 넓혀 나갔다. 1340년대 약 2천 5백만 명의 유럽인이 목숨을 잃었고, 이후 감염지역이 서부 유럽과 북부 유럽으로 확대되면서 최소 7천 5백만 명에서 많게는 2억 명 이상의 유럽인이 목숨을 잃었다고 추정한다. 당시 유럽 전체 인구의 40퍼센트가 넘는 숫자의 사람들이 사망했음을 보여주는 참혹한 결과다.

이는 페스트라는 병 자체도 치명적이었지만, 특정 계층을 제외한 일반인들의 영양 상태가 좋지 않아 제대로 된 면역력이나 회복력을 기대하기 힘들었기 때문이다. 또한, 열악한 상하수도로 인해 위생 상태가 최악이었던 탓에 페스트가 확산되기에 용이한 환경이었고, 당시의 의료기술이나 시스템으로는 대처하기도 어려웠다.

한집 건너 한집마다 초상을 치를 정도로 피해가 급증했다. 감염을 피해 집안에서 '재택근무' 아닌 칩거하는 사람, 아예 사람을 피해 한적한 시골로 '한달살기' 아닌 도피를 하는 사람들이 늘면서 도시는 텅 비었고, 때문에 거주 기능이 마비되는 도시들이 급증했다. 경제는 극도로 침체되고, 도시와 마을은 황폐화되었으며, 사회 구조가 붕괴 직전의 상황에 직면하자 사람들은 염세주의적 성향이 짙어졌다. 특정 계층을 중심으로는 불확실한 미래 대신 현실의 확실한 행복을 추구하는 쾌락주의도 만연하게 되었다.

불안이 깊어지면서 타인에 대한 배척과 혐오도 극에 달했다. 마치 지난 코로나 팬데믹 시기, 미국과 유럽 등에서 아시아인을 향한 혐오와 린치가 빈번했던 것처럼 아무런 상관없는 유대인에게 욕설을 퍼붓고 오물을 씌운 채 폭행을 하거나 심지어 목숨을 빼앗는 행위가 빈발했다. 그러나 그런 가운데에서도 변화의 기운이 조금씩 샘솟고 있었다.

페스트가 창궐하기 전 유럽은 전형적인 봉건사회였다. 왕을 중심으로 왕에게 충성을 서약한 영주들이 자신들의 영지에서 왕을 대신하여 권력을 행사했고, 종교 역시 교황을 중심으로 주교들이 각 교구에서 영향력을 행사했다. 덕분에 일반인들은 육체적으로는 왕과 영주에게 정신적으로는 교황과 주교에게 얽매여서 평생을 아무런 발전도 없이 노동력과 경제력을 제공하며 살아야 하는 신세였다. 사회적 역동성은 거의 바닥 수준으로 떨어졌고, '개인적인 노력에 의한 신분 상승', '창의적 발상을 기반으로 한 혁신적인 신기술 발견', '종교적 제약을 벗어난 문화예술의 탄생' 등은 꿈도 꾸지 못할 엄혹한 시기가 계속 이어지고 있었다.

그러한 어둠이 극에 달했던 시기에 유럽 사회 전역에 페스트가 창궐했다. 인류 역사상 가장 어두웠던 그 밤에도 여지없이 새벽은 찾아왔다. 단단하게 고착된 중세 봉건사회가 조금씩 균열 가기 시작했고, 저 멀리 어딘가부터 약한 빛을 비추며 새벽이 다가오고 있음을 예측할 수 있을 만한 모습들이 감지되기 시작했다.

혁명은,
어떻게 시작되었을까?

고요한 교회에 쌓이기 시작한 폭탄

13세기 초, 유럽에서 교황의 권력은 정점에 다다랐다. 종교는 물론 정치, 경제, 사회의 모든 측면에서 거의 절대자로서 막대한 권력을 휘둘렀다. 그러나 달도 차면 기우는 법. 능력 있는 관료를 중용하여 나라의 기틀을 다지고, 행정력과 군사력을 갖춘 군주들이 교황의 권력에 도전하기 시작했다. 나날이 강성해지는 국가의 야심만만한 군주들은 사사건건 가르치려 들고 잘난 체하는 교회를 눈엣가시로 보기 시작했다. 그럼에도 교회를 대놓고 무시하거나 공격하지는 못했다. 당시만 해도 교회가 쌓은 전통적인 권위와 막대한 부를 무시할 수 없었기 때문이다.

그런데 프랑스의 왕 필리프 4세는 달랐다. 그는 대놓고 교회를 공격하기 시작했다. 당시 그의 뛰어난 통솔력을 소문으로 듣고 부하가 되고자 찾는 기사와 병사들이 날마다 수백에 이르렀고, 출중한 외모와 함께 부패한 귀족들을 척결하고 민생을 보살피는 모습으로 백성들로부터 큰 인기를 얻고 있었다. 군사력과 군중의 지지, 이 모두를 등에 업은 필리프 4세는 자신의 백성을 괴롭히던 교회에 대한 비난을 퍼부었다. 과도한 헌금을 강요하고 재물을 착취해 자신의 곳간을 채우던 일부 성직자는 아예 무력을 동원해 감금하고 재산을 빼앗았다. 대놓고 비난과 공격을 받았음에도 명분과 군사력을 갖고 있던 필리프 4세에게 교회는 속수무책이었다.

여기까지가 프랑스 정사에 기록된 내용이고, 속사정을 살펴보면 필리프 4세에게는 그럴 수밖에 없었던 절박한 사정이 있었다. 그를 따르는 병사들이 많아지고 세력이 점점 커지다 보니, 그들의 불만을 잠재우고 먹고살게 해줄 영토를 마련하기 위해 전쟁은 필수적이었다. 전쟁을 치르기 위해서는 거액의 군비가 필요했지만, 오랜 원정 생활 탓에 필리프 4세는 말이 왕이지 돈이 한 푼도 없는 빈털터리였다. 자연스럽게 당시 유일하게 돈이 넘쳐나던 교회가 눈에 들어왔고, 교회를 공격할 수밖에 없었다. 말 그대로 '뚜 우 흐-리앙[9]'인 상황에서 일을 저지른 것이었다.

그는 삼부회를 소집해 교회에 대한 과세를 추진했고, 교회가 자신을 파문시키려 하자 오히려 교회의 수장을 이단으로 몰아붙이며 프랑스에서 교회가 보유한 재산을 내놓으라며 협박성 지시를 내린다.

고령의 교황 보니파시오 8세는 어떻게 해서든 필리프 4세로부터 프랑스 교회를 보호하고 교황의 권위를 보여줘야 했다. 신앙심 깊은 영주와 백성들을 규합하여 반란을 일으키도록 획책했지만, 필리프 4세는 자신의 심복이었던 재상 기욤에게 지시해 교황을 기소하도록 하고 반격을 준비했다. 일단 법적인 명분을 마련한 필리프 4세는 한 성질하기로 유명한 영주 시아라 콜론나를 보내 교황을 감금하도록 한다. 그때까지도 상황 판단이 잘되지 않았던 보니파시오 8세는 자신을 잡으러 온 콜론나 일당에게 호통을 치며,

"차라리 나를 죽여라! 아니지, 내 너희를 당장 파문시키겠노라!
너희는 이제 더 이상 기사도, 귀족도 아니다!"

9 tout ou rien. '이판사판'과 비슷한 뜻으로 쓰이는 프랑스어.

라고 난리를 쳤지만 콜론나는 콧방귀를 끼며 오히려 손에 끼고 있던 장갑으로 보니파시오 8세의 뺨을 갈겨 버렸다. 다른 병사들도 교황의 곁을 지키던 사제와 시종들을 마구 때리기 시작했다. 이때의 기록을 보면 고상하게 몇 대 쥐어박은 것이 아니라, 집단 구타를 가했다고 나와 있다. 이날의 폭행 사건이 얼마나 충격적이었는지 서양에서는 이 폭행 사건을 '아나니의 싸대기'라는 별칭으로 부를 정도였다.

이 같은 치욕을 겪은 보니파시오 8세는 수치심과 분노에 몸서리치며 시름시름 앓다가 얼마 못 가 숨을 거두고 만다. 뒤를 이어 즉위한 베네딕토 11세는 전임자와 달리 적대적인 편은 아니었으나 (사실, 그 꼴을 보고 교황이 되었는데 적대적이기는 쉽지 않았을 것이다. 아무튼) 얼마 지나지 않아 알 수 없는 질병으로 선종한다.

두 교황의 선종 소식을 들은 필리프 4세는 애도를 표하기는 커녕 이때다 싶어 프랑스인 사제 베르트랑 드 고를 교황으로 추대해 버렸다. 교황이 된 베르트랑 아니 클레멘스 5세에게 필리프 4세는 교황청을 기존의 로마에서 신성로마제국의 아비뇽 지역으로 옮길 것을 제안했다.

말이 신성로마제국이지 아비뇽은 강 하나만 건너면 프랑스 땅이었고, 마을 주민 대다수가 프랑스어를 썼으며, 경제, 외교, 국방 등 거의 모든 면에서 거의 프랑스 땅이라 해도 손색이 없는 지역이

아나니 사건을 묘사한 알퐁스 드 누빌의 그림. 시아라 콘론나에게 뺨을 맞은 교황 보니파시오 8세는 충격으로 한 달 만에 사망한다.

었다. 그런 땅으로 교황청을 통째로 옮겨오라 한 것이었다. 말은 제안이라고 하지만, 듣는 교황으로서는 말 그대로 속국 또는 볼모임을 인정하고 받아들이라는 선전포고에 가까운 명령이었다.

하지만 클레멘스 5세는 자신을 교황으로 세웠고, 현재 지켜주고 있는 필리프 4세에게 전적으로 의지할 수밖에 없었기에 아비뇽으로 교황청을 이전하게 되었다. 결국, 필리프 4세는 교황을 자신의 손아귀에 두고 교회의 재산을 마음대로 주무를 수 있게 되었다. 후세의 사람들은 이 사건을 '아비뇽 유수'라고 부르며 왕권이 교황의 권위를 제압한 역사적 사건으로 평가하고 있다.

이후로도 교회에 대한 세속 권력의 도전과 공격은 끊이지 않았다. 그렇다고 교회가 가만히 당하고만 있었던 것도 아니다. 다양한 방법으로 군주들의 힘을 빼앗거나 군주들끼리 서로 다퉈 세력이 약화되도록 획책하는 등 여러 가지 시도를 했다. 그러나 뒤이어 종교개혁의 바람까지 불어 닥치면서, 교회 특히 교황의 힘과 권위는 떨어질 대로 떨어지게 되었다.

당시 사람들은 몰랐겠지만, 이렇게 후세 역사가들이 중세시대라고 일컬었던 시대가 저물고 새로운 시대를 맞이할 에너지가 폭발적으로 응축되고 있었다.

정치와 종교, 구체적으로는 국왕으로 대표되는 세속 권력과 교황으로 대표되는 교회 권력 간의 대립이 촉발시킨 변화의 에너지에 휘발유를 끼얹은 것은 앞서 이야기한 페스트의 창궐이었다.

페스트의 유행으로 많은 사람이 죽어나가자 사람들은 생명의 소중함에 대해 관심을 갖기 시작했다. 더불어 수많은 사람(더구나 내 주위의 가족과 친구들)이 목숨을 잃어가는 과정에서 그들을 지켜주지 못한 신에 대한 깊은 회의를 품게 되었다. 갓 태어난 딸이 거친 숨을 내쉬며 생명이 사그라질 때, 친한 벗의 피부가 새카맣게 타들어 가 형체도 제대로 알아보기 힘든 시신이 되었을 때, 아내가 불과 며칠 사이 뼈만 남은 앙상한 모습으로 살려달라고 애원할 때, 그렇게 애타게 신을 찾고, 그의 이름을 부르며 '우리를 구원해 달라' 애원했건만 아무런 대답을 들을 수 없었던 사람들은 성직자들이 입에 달고 살았던 '신의 뜻'에 대해 회의를 갖게 되었다.

이는 곧 신을 중심으로 한 신본주의神本主義에서 인간을 중심으로 한 인본주의人本主義로 우리의 관심과 생각, 행동들이 변화하게 되었음을 의미했다.

그 시작은 이탈리아의 시인이자 정치가였던 페트라르카Francesco Petrarca였다. 물론 페트라르카 이전에도 수많은 이들이 변화의 물꼬를 트고 있었고, 각처에서 변화의 움직임이 감지되고 있었다. 하지만 구체적이면서도 가장 큰 영향력을 미친 변화의 시작은 단연 페트라르카로부터였다.

1304년 이탈리아 피렌체 근교의 아레초에서 태어난 그는 세계 최초의 대학이자 당대 최고의 지성이 모여있던 볼로냐 대학에서 수학했다. 전공한 과목은 법학이었다. 우리나라에서 법학을 공부하기 위해서는 반드시 한자를 익혀야 하는 것처럼, 이탈리아에서는 법학을 공부하기 위해 반드시 라틴어에 능통해야 했다. 토스카나 지방 출신으로 라틴어 실력이 형편없었던 그는 자신의 라틴어 실력을 늘리기 위해 라틴어로 된 책을 닥치는 대로 읽기 시작했다. 처음에는 읽기조차 힘들었던 라틴어 실력은 어느새 읽고, 쓰고, 말할 수 있게 되었고, 불과 몇 년 만에 그는 학교에서, 아니 볼로냐에서, 어쩌면 이탈리아에서 라틴어를 가장 잘 구사하는 사람 중 한 사람이 되었다.

페트라르카의 라틴어 실력과 라틴어로 쓰인 책에 대한 관심은 그가 '새로운 문예사조'의 시작에 크게 기여하는데 중요한 자양분이 되었다.

(당연히) 법률가의 길을 선택한 다른 동기와 다르게 대학을 졸업할 무렵 페트라르카가 선택한 직업은 문학가였다. 그는 로마시절부터 이어져 내려온 라틴어 문학을 기반으로 다양한 문학작품을

남겼다. 그중 대표작이 카르타고의 명장 한니발을 물리치고 로마를 구해낸 영웅 스키피오 아프리카누스의 일대기를 담은 《아프리카》였다. 이 작품으로 큰 명성을 얻게 된 그는 다양한 작품을 연이어 발표하였는데, 그의 작품은 '신에 대한 찬미', '신에 대한 숭배'만을 허용하였던 중세 문학에 익숙했던 사람들에게 일대 충격을 선사하는 것이었다.

이후 그는 관심을 뜻밖의 분야로 넓혀 나갔다. 당시만 해도 '하층민의 언어', '천박한 속어'로 멸시받던 이탈리아어를 사용해 《칸초니에레Canzoniere》라는 서정시집을 펼쳐낸 것이었다. 이 시집은 출간과 동시에 이탈리아 민중들의 큰 사랑을 받은 것은 물론, 문학과 예술을 포함한 세상의 모든 것이 신을 중심으로 돌아가던 시기에 인간 중심으로 다시 돌아가자고 외치는 일종의 선언문 역할을 하게 된다.

1374년 눈을 감을 때까지 페트라르카는 피렌체를 중심으로 수많은 이탈리아 지식인들과 교류하며 그들에게 큰 영감을 전했다. 그리고 그로부터 영감을 받은 수많은 예술가들이 자신의 분야에서 새로운 시대를 준비하기 시작했다.

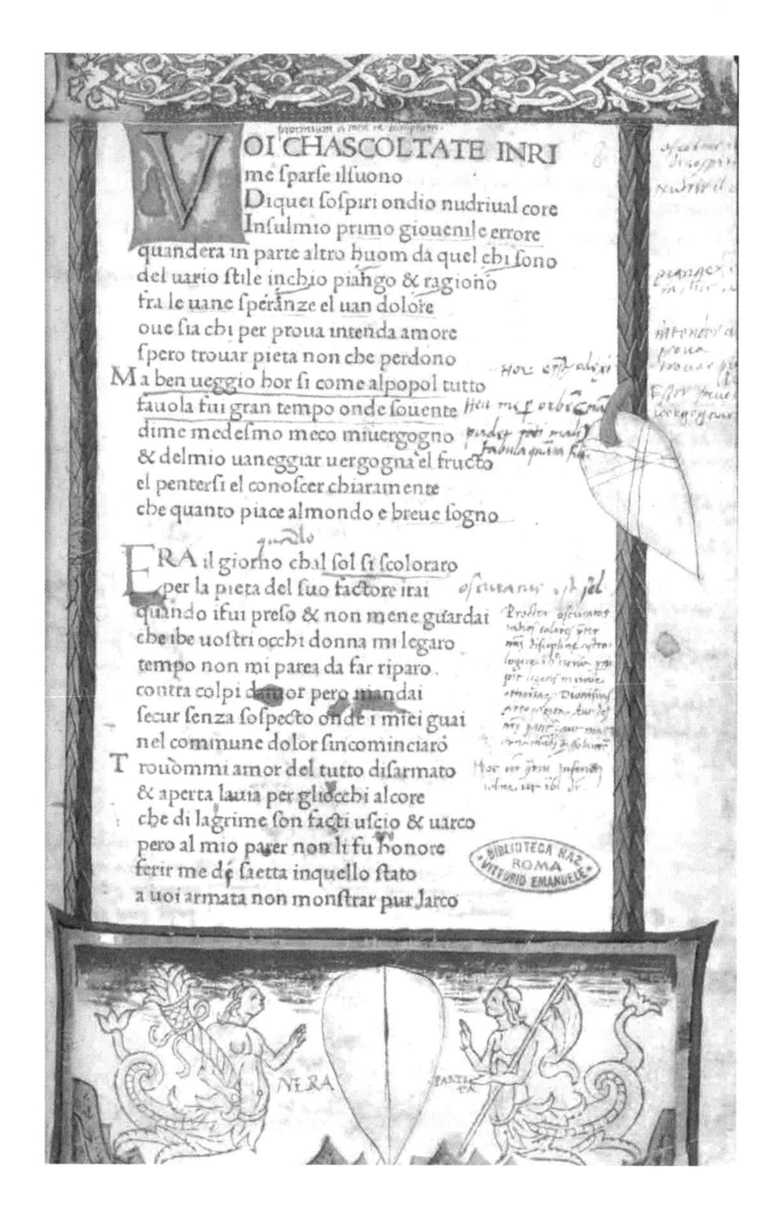

VOI CHASCOLTATE INRI
me sparse ilsuono
Diquei sospiri ondio nudriual core
Insulmio primo giouenile errore
quandera in parte altro huom da quel chi sono
del uario stile inchio piango & ragiono
fra le uane speranze el uan dolore
oue sia chi per proua intenda amore
spero trouar pieta non che perdono
Ma ben ueggio hor si come alpopol tutto
fauola fui gran tempo onde souente
dime medesmo meco miuergogno
& delmio uaneggiar uergogna el fructo
el pentersi el conoscer chiaramente
che quanto piace almondo e breue sogno

ERA il giorno chal sol si scoloraro
per la pieta del suo factore irai
quando ifui preso & non mene guardai
che ibe uostri occhi donna mi legaro
tempo non mi parea da far riparo
contra colpi damor pero mandai
secur senza sospecto onde i miei guai
nel commune dolor sincominciaro
Trouommi amor del tutto disarmato
& aperta lauia per gliocchi al core
che di lagrime son facti uscio & uarco
pero al mio parer non li fu honore
ferir me de saetta inquello stato
a uoi armata non monstrar pur larco

BIBLIOTECA NAZ. ROMA VITTORIO EMANUELE

1470년 인쇄된 칸초니에레. 페트라르카의 원고를 연구한 학자들은 이 시들이 40년에 걸쳐 쓰여졌다고 추론하고 있다.

피렌체와 베네치아는 지리적으로나 경제적으로 동로마제국의 수도였던 비잔티움(현재의 이스탄불)과 가까웠다. 395년 로마제국이 분열된 이후, 로마를 중심으로 한 서로마제국은 수도를 그대로 물려받은 정통성을 갖고 있었음에도 불구하고 세력이 형편없이 쪼그라들어 버렸다. 허약했던 경제는 수많은 내전으로 엉망이 되었고 국방력을 유지할 방도가 없었다. 로마제국보다 훨씬 넓은 영토를 차지하고 있던 서로마제국은 부실한 국방력이라는 약점을 극복하지 못하고 476년에 일찌감치 멸망한다. 온갖 이민족이 서로마 지역을 휘젓고 다녔고, 새로 건국한 나라들은 로마의 유산을 보존하기는커녕 부수고, 희롱하고, 마음대로 처분하기에 급급했다.

반면, 동로마 지역은 달랐다. 영토의 곳곳이 비옥한 곡창지대였고, 지중해와 에게해로 진출할 수 있는 천혜의 항구들도 여럿 있었다. 동으로는 아시아로 남으로는 아프리카로 얼마든지 뻗어나갈 수 있는 지리적 이점도 갖고 있었다. 이러한 이점을 기반으로 한 경제적 부흥과 안정적인 국방력으로 동로마제국은 서로마제국이 멸망한 이후로도 오랫동안 로마제국의 명맥을 이어나간다.

특히, 11세기 말에서 12세기 말로 이어지는 시기에는 연이어 등장하는 세 사람의 현명한 군주 알렉시오스 1세, 요안니스 2세, 마누일 1세는 적들의 위협을 막아내며 영토를 더 넓혀 나갔고, 국정을 탄탄하고 안정적으로 이끌어 나갔다. '콤니노스 왕조의 삼현제'라는 별칭으로 불리는 이들 세 황제의 시기를 거치며 동로마제국은 황금기를 맞이한다.

황금기를 누리던 동로마제국은 로마제국의 문화를 원형 그대로 보존하며, 그 토대 위에서 계속하여 자신들의 문화를 발전시켜 나갔다. 또한, 이슬람 문화와도 '어쩔 수 없이' 교류를 하면서, 문화적 풍성함은 이전과 비교할 수 없는 수준으로 발전해 나갔다. 그렇게 그들은 비잔틴 문화라는 찬란한 문화사조까지 만들어낼 수 있었다.

이런 사정으로 동로마제국과 교류가 빈번했던 피렌체와 베네치아에서는 과거 찬란했던 로마제국의 문화에 대한 향수가 크게 생길 수밖에 없었다. 한번 물꼬가 트이기 시작하자 피렌체를 중심으로 한 지역의 예술가와 신학자들은 동로마 지역을 샅샅이 훑으며 로마제국의 문화유산들을 수집하고 배우고 익히기 시작했다. 특히, 페트라르카나 단테와 같은 인물들의 활약이 두드러졌다. 다른 사람들과 달리 그들의 본업은 정치가이자 외교관이었다. 자신의 직무를 수행하기 위해 비잔티움에 자주 드나들어야 했고, 동로마제국의 관료들과 친분이 있었기에 일반인들이 쉽게 접하기 힘든 로마시대의 자료들을 보다 쉽게 손에 넣을 수 있었다.

그들은 비잔티움을 방문할 때마다 키케로, 세네카, 루크레티우스와 같은 로마시대 위대한 학자들이 집필한 시집, 역사서, 철학서 등을 닥치는 대로 긁어모으고, 그로부터 새로운 문장을 수집하고 신이 아닌 인간을 중심으로 하는 생각의 전환을 연습하게 되었다. 그리고 그들로부터 영향을 받은 사람들 역시 비슷한 작업을 시작해 나갔다.

그렇게 '르네상스Renaissace'라고 불리게 되는 새로운 문예사조이자 사회적 변화의 싹이 움트기 시작했다.

인간을 잃어가던 시대에
인간이 날린 멋진 반격

재활용된 재활용, 르네상스

사실 우리가 '르네상스'라고 일컫는 시기를 살아간 사람들은 자신들이 그 대단한 시기를 만들고 살아갔다는 것을 모르고 눈을 감았을 것이다. 왜냐하면 '르네상스'라는 말 자체가 그때로부터 한참이 지난 1800년대 중반이 되어서 나오기 시작하기 때문이다.

쥘 미슐레라는 사람이 있었다. 1800년대 7월 왕정 시기부터 프랑스 제2제국 시기로 이어지는 시대에 주로 활동했던 프랑스의 역사학자다. 그는 어떤 영문인지 모르지만 독실한 가톨릭 집안에서 태어났음에도 불구하고 열렬한 반교회주의자였다. 교회의 모든 권위를 부정하며 "지식과 이념은 (종교처럼) 영원히 변치 않는 진리가 있다거나, 절대적인 선과 악으로 판단해서는 안 되고, 그러한 지식과 이념이 탄생할 수밖에 없었던 역사적 배경과 사회적 환경을 함께 고려해서 판단해야 한다"라고 주장했다. 때문에 신이라는 불멸한 존재, 절대선이라는 가치를 받아들여야 하는 교회는 그의 주된 공격 대상이 될 수밖에 없었다.

그런 그의 관심은 어쩌면 당연하게도 인간이 신으로부터 가장 자유로웠던 시기라고 여겨지는 15세기에서 18세기까지의 유럽이었다. 그는 타락한 교회를 비판하기 위해 '신이 모든 것의 중심'이었던 사고체계에서 벗어나 '인간 스스로 인간을 모든 것의 중심'으로 여기는 시대로 변화해야 하는 필요성과 당위성을 입증할 만한 과거의 기록물을 수집하는 작업에 몰두했다.

그 작업이 어느 정도 진행되었을 무렵, 그는 놀라운 결과를 눈앞에 두게 되었다. 그 결과는 기록들의 대부분이 '특정 시기' 피렌체를 중심으로, 피렌체 사람들에 의해 쓰이고 만들어진 것이라는 점이었다. 그는 피렌체를 중심으로 한 사람들의 이야기에 더욱 관심을 쏟기 시작했다.

그런 관심의 결실을 모아 그는 평생의 역작이자, 그의 이름을 후세에 널리 알려준 걸작 《프랑스사》를 집필할 수 있었다. 전 17권으로 구성된 이 책의 제7권에 그는 16세기 무렵 프랑스 전역에서 펼쳐진 대대적인 변화의 바람을 생생하게 담았는데, 제7권에 붙인 부제가 바로 '르네상스'였다. 쥘 미슐레는 16세기를 자신이 태어난 18세기 계몽주의 시대를 뛰어넘는 '빛의 세기'라고 규정했다. 그러면서 이 시기에 고대 그리스와 로마의 찬란했던 문화가 다시 부활했다고 설명하며 '다시Re'라는 뜻의 접두사와 '탄생Naissance'이라는 뜻의 단어를 합쳐 '르네상스Renaissance'라고 그 시기를 명명했다.

해당 시기를 지칭하는 용어 중에서 가장 유명한 표현으로 '르네상스'라는 단어를 사용하기는 하지만, 사실 이 표현의 원조는 르네상스 시기 피렌체의 건축가이자 화가였으며 미술사학자였던 조르조 바사리다. 그는 자신의 책에서 미켈란젤로의 생애와 작품 세계를 설명하면서,

"그의 작품은 그리스와 로마의 재림이다!"

라고 찬사를 아끼지 않았다. 이때 '재림'이라는 뜻으로 쓴 단어가 '리나시타Rinascita'인데, 이탈리아어인 이 단어를 프랑스어로 번역하면 '르네상스'가 된다. 르네상스 시기의 이탈리아, 특히 피렌체를 집중

적으로 연구한 쥘 미슐레가 바사리의 명저를 안 읽어봤을 리가 만무하고, 그렇다면 결국 '르네상스'라는 말 자체도 르네상스 시기에 피렌체에 존재했던 '리나시타'의 부활 또는 재활용이었을 것이라는 사실이 참 아이러니하다.

르네상스가 우리에게 가져다준 선물

뜨내기 장사치나 사기꾼이 사람들을 현혹시키기 위해 흔하게 쓰는 수사법이 과장법 혹은 허황된 비교법이다. 수많은 광고에서, 홈쇼핑의 쇼호스트의 입에서 수없이 언급되는 "사상 최초", "단군 이래 최대", "대한민국 누구도 보지 못했던" 등의 표현들이 바로 그것이다. 이런 말로 홍보하는 사람들에게는 미안하지만, 현대의 일반적인 소비자들은 그런 수사법을 쓰는 제품이나 서비스는 구매의 대상에서 제외하거나 유머 또는 비웃음의 대상으로 삼고, 심한 경우에는 혐오하는 수준으로 싫어하기도 한다. 그러나 눈에 보이지도 않는 바이러스 하나로 촉발된 세계적인 팬데믹 상황과 이후로 펼쳐지고 있는 다양한 상황과 모습들을 겪으며 우리는 자신도 모르게 '사상초유', '전대미문' 등의 단어를 너무나도 쉽게 입에 올리고 있다.

문제는 말로만 그러는 것이 아니라, 실제로도 모든 일을 마치 처음 겪는 것처럼 당황하거나 어쩔 줄 몰라 하고 있다는 점이다. 더 나아가 앞으로 세상이 어떻게 변할지에 대해 두려워하거나 필요 이상으로 공포스러워하는 분위기가 감지되고 있다.

그 결과, 미래를 포함해 무언가를 예측해 주거나 어떠한 상황과 경향에 대해 단정 지어 판단해 주는 것(사람)들이 각광받게 되었다. 칼 융의 심리학적 연구결과를 바탕으로 만들어졌다고 하나 그 근거와 정확성, 만든 이들의 전문성에 대해서 수많은 의문을 받아왔던 MBTI가 다시금 인기를 넘어 열풍을 불러일으키고 있고, 사이비와 유사할 정도로 폄훼되었던 점술가, 무속인들이 '스승' 칭호까지 들어가며 선지자 대우를 받고 있는 모습이 이를 방증한다.

또한, 모든 변수를 극복하고 어떠한 상황에서도 승리하는 강자, 어떠한 어려움도 다 이겨내는 히어로 등 '강력한 힘'에 대한 믿음과 애착 역시 과거에 비해 강해졌다. 인간계를 뛰어넘는 강력한 힘으로 범죄자를 응징하는 형사를 주인공으로 한 〈범죄도시〉와 영웅보다는 악인에 가깝지만 어떠한 상황에서도 위축되지 않는 카리스마를 보여주는 〈카지노〉의 주인공 차무식과 같은 캐릭터에 열광하는 우리의 모습이, 이전보다 훨씬 더 예측하기 힘든 세상을 살아가는 우리들의 집단적인 심리 상태를 잘 보여주는 사례가 되겠다.

이럴 때 또 다시, 우리는 르네상스 시기에 주목하려고 한다.

르네상스는 이미 14세기 중후반 무렵에 시작되어 수백 년간 위대한 인물들을 배출하며 찬란한 성과를 만들어냈지만, 염치 불고하고 다시 한번 지금 이 시대로 불러오고자 한다.

페스트의 광풍이 대륙을 휩쓸고 간 뒤, 가족과 동료 등 사랑했던 사람들을 잃고 지역 공동체가 무너지고 경제적 기반조차 망가져 버려 모두가 갈피를 잡지 못하던 시기. 그래서 더 암울하고 모두가 지쳐있었던 시기. 그리스·로마의 찬란했던 문명을 탐구하여 '신이 아닌 인간'에게 필요한 것들을 찾기 시작했던 시기. 신이 원하는 것이 아닌 인간이 원하는 것에 귀를 기울이기 시작했던, 바로 그 시기에 활약했던 위대한 인물들을 다시 이 자리에 모시려고 한다.

페스트 팬데믹의 후유증을 극복하고 르네상스라는 인류 문명 최고의 시절을 만들어 낸 이들의 생생한 삶의 자취와 고민의 흔적들, 세상에 선보였던 위대한 산물들을 살펴보고자 한다. 그를 통해 지금 우리에게 공포, 두려움, 불안감이 아닌 그보다 더 필요한 것이 무엇인지를 되짚어 보고자 한다.

자, 그럼 지금부터 인류 역사의 빛이 되었던 시기였던 르네상스 시대에 일을 통해 인간의 위대함을 몸소 보여줬던 인물들, '르네상스 워커스'를 만나러 가보자.

RENAISSANCE'S WORKERS

II.
Secunda Fabula[10]

르네상스 워커스는 어떻게 일해왔는가?

10 '두 번째 이야기'라는 뜻의 라틴어.

Onde è necessario a uno principe, volendosi mantenere, imparare a potere essere non buono, et usarlo e non usare secondo la necessità.

군주는 모름지기 악을 행하는 법을 알아야하며,

그것이 언제 필요하고 언제 필요하지 않은가도 알아야 한다.

- 마키아벨리[11] -

11 피렌체를 중심으로 활동했던 르네상스 시기의 대표적인 정치가, 철학가이자 작가.

RENAI
SSANCE'S
WORKERS

운명을 만드는 것은 자기 자신이다

Faber est suae quisque fortunae

Niccolò Machiavelli (1469-1527)

사람이 먼저인가 일이 먼저인가

역사상 가장 사악한 두 남자의 만남

1502년 6월, 이 해에는 여름이 유독 일찍 피렌체를 찾아왔다. 이제 겨우 6월일 뿐인데 기온은 치솟았고, 몇 주째 한 방울의 비도 내리지 않아 도시가 타들어 가고 있었다. 석재로 지어진 관공서 건물은 더위가 더욱 극심했다. 단 몇 분만 지나도 온몸이 땀으로 흠뻑 젖을 정도였다. 그런 사무실에서 몇 시간째 창밖을 바라보며 서 있는 사내가 있었다. 피에로 소데리니, 원로 정치가인 그는 며칠 뒤 '정의의 곤팔로니에레Gonfaloniere di Giustizia'라고 불리는 피렌체의 종신 지도자

자리에 오를 인물이었다.

그는 초조한 표정으로 누군가를 간절하게 기다리고 있었다. 그가 더위를 먹고 쓰러질까 염려한 시종이 "바람이 선선히 드는 테라스에 나가 좀 쉬시던지, 그도 아니면 자리에라도 좀 앉아 계시라"고 권했지만, 그는 미동도 없었다. 가끔 멍하니 천장을 바라보는 것을 제외하면 무더운 사무실 한가운데 서서 꼼짝도 하지 않았다. 그때였다. 입구 쪽이 소란스러워지더니 두 사내가 사무실 안으로 들어섰다. 그제야 피에로 소데리니는 옅은 미소를 띠며 쓰러지듯 자리에 앉아 손님을 맞았다.

"형님, 부르셨습니까?"

피렌체의 최고 지도자를 '형님'이라고 부른 이는 친동생 프란체스코 소데리니로 피렌체의 속국이었던 볼테라의 대주교였다. 그리고 그와 동행한 인물은 피렌체의 젊은 정치인이자 직업 외교관이었다. 피에로 소데리니는 누가 들을세라 목소리를 잔뜩 낮춰 앞으로 피렌체에 벌어질 일들에 대해 이야기하기 시작했다.

강력한 정복욕을 지녔던 교황 알렉산데르 6세와 그의 아들, 그리고 프랑스 왕 루이 12세가 합종연횡을 하며 호시탐탐 이탈리아

중부지방을 노린 터라 당시 피렌체는 바람 앞의 등불과도 같은 신세였다. 피렌체를 포함한 여러 영주국을 정복해 교황이 지배하는 강력한 중앙집권 국가를 건설하겠다는 알렉산데르 6세의 야심은 그의 아들을 통해 차근차근 실행되고 있었다.

대부분의 소규모 영주국은 이미 백기를 들었고, 이제 피렌체 정도만이 겨우 독립을 유지하고 있는 형국이었다. 그런데 언젠가부터 교황의 아들이 정예 병력을 이끌고 피렌체를 침공하기 위한 준비를 하고 있다는 정보가 들어오기 시작했다. 당시 피렌체는 오랜 기간 권력을 독점했던 메디치 가문이 쇠락하고 '피렌체판 포퓰리스트'였던 지롤라모 사보나롤라가 잠시 권력을 잡았다가 몰락하면서 국력이 약해진 상태였다. 외세의 침략을 버텨낼 병력도 보급품도 바닥이 난 상태였다. 방법은 단 하나……,

"그러니까, 형님 말씀은 교황의 아들을 회유해서
우리를 침공하지 말도록 하라는 말씀이십니까?"

피에로 소데리니는 고개를 끄덕이는 것으로 대답을 대신했다. 잠시 침묵이 흐른 뒤 프란체스코 소데리니 대주교와 그를 보좌하는 젊은 외교관은 피렌체 '정의의 곤팔로니에레' 직인이 찍힌 친서를 품에 넣고 교황의 아들이 주둔하는 우르비노 공국을 향해 마차를 몰았다. 피렌체에서 우르비노까지는 마차를 타고 간다 해도 나흘은 꼬박 가야 할 거리였다. 하지만 대주교가 이끄는 외교 사절은 단 이틀 만에 우르비노 공국에 도착했다. 그들이 얼마나 조바심이 난 상태에서 서둘렀는지를 알 수 있다.

레오나르도 다빈치가 설계했다는 성벽 안쪽으로 프란체스코 디 조르조가 설계한 성당과 궁정으로 구성된 우르비노 성채가 보는 이들을 압도했다. 더군다나 어둠이 깔린 궁정 안은 공포영화에나 등장할 분위기였다. 짐을 푼 지 한참이 지났지만, 이곳 궁전의 주인에게 인사는커녕 얼굴조차 볼 수 없었다. 의도적으로 외면하고 있다는 것이 느껴졌다. 수행원들은 하나둘씩 잠에 빠져들었고, 외부에서 온 이들을 감시해야 할 궁정 호위병조차도 잠을 못 이겨 꾸벅꾸벅 졸 정도로 고요한 밤이었다. 몇몇 등불은 기름이 말라버려 불빛조차도 가물가물 사그라들고 있었다.

그때였다.

궁정의 주인이 보낸 시종이 가만히 문을 열고 들어오더니 사내에게 자신을 따라오라는 신호를 보냈다. 조심스러운 몸짓이었지만 그렇다고 공손함이 느껴지지도 않는 특이한 태도였다. 궁정의 가장 내밀한 곳에는 궁정의 주인이자 유럽에서 가장 베일에 싸인 인물이 서 있었다. 밤이 깊어 이제 새벽에 더 가까운 시간이었지만, 궁정

주인의 옷매무새와 잘 손질된 머리는 이제 막 집무를 위해 숙소를 나선 이처럼 정갈하기 이를 데가 없었다.

사내를 데리고 왔다는 보고를 받고도 궁정의 주인은 미동도 하지 않았다. 헛기침 몇 번으로 인기척을 내자 궁정의 주인은 사내에게 다가왔다. 전혀 서두르지 않은 걸음걸이였다. 일부러인지 등불은 최소한만 켜 놓아서 발소리가 한참이나 나고, 누군가 다가온 것이 느껴졌음에도 얼굴의 윤곽을 확인할 수 없었다. 그러다 갑자기 얼굴 하나가 나타났다.

하얗기보다는 창백하다는 표현이 더 맞을 듯한 투명한 피부였지만, 절대로 유약해 보이지는 않는 얼굴이었다. 아니 오히려 전쟁터에서 산전수전 다 겪은 용맹한 군인과 같은 다부짐과 거친 야성이 느껴졌다.

"반갑소"

전혀 반가운 기색이 없는 인사였음에도 사내는 몸 둘 바를 모를 황송함을 느꼈다. 그리고 이어진 긴 침묵. 불현듯 참을 수 없는 졸음과 피곤함이 밀려들었다. 그제야 사내는 깨달았다. 오랜 시간을 기다리도록 하고, 잠자리에 들어도 한참 전에 들었어야 할 시간을 택해 만남을 청한 것이 모두 책략이었다는 것을. 상대는 만남의 시간조차도 전략적으로 선택할 정도로 철두철미한 인물이었다.

막중한 본인의 사명을 다시금 떠올리며 졸음을 떨쳐낸 사내는 자세를 바로 세우고 먼 길을 달려 이곳 우르비노 공국까지 찾아온 이유를 상대에게 이야기했다. 궁정의 주인은 흐트러짐 없는, 그러나 예의는 그다지 차리지 않는 자세로 앉아 긴 손가락을 신경질적으로 탁자에 튕기며 이야기를 듣고만 있었다.

이날의 만남은 이후 여러 학자의 논문과 작가들의 작품을 통해 '인류 역사상 가장 똑똑하면서도 사악했던 두 인물의 만남'이자, '상대로부터 원하는 것을 얻고자 하는 사람이라면 어떤 자세와 태도를 취해야 하는지'를 잘 가르쳐주는 명장면으로 기록되었다.

대혼돈의 시대, 성과관리에 난리가 난 사람들

이날의 만남에 대해 이야기를 이어가기 전에 잠시 요즘 이야기를 해보자.

최근 들어서는 어떤 사람의 성향 혹은 판단 기준을 파악하기 위한 질문이 주로 "혹시 MBTI가 어떻게 되세요?"지만, 이전까지만 하더라도 "고향이 어디세요?" 또는 "혈액형이 어떻게 되세요?"가 주된 질문이었다. (물론, 이런 질문에 대한 답을 듣고 상대방을 충분히 이해할 수 있다고 믿거나, 더 나아가 처음 보는 상대방에게 이런 질문을 던지는 것 자체가 마음에 들지 않지만……) 고향이나 혈액형까지는 아니지만 '상대의 성향을 파악하는데' 제법 자주 쓰였던 질문으로 "성선설性善說과 성악설性惡說 중 어떤 것을 믿는지?"에 대한 질문도 있었다.

다들 아시다시피 '성선설'은 중국 전국시대의 유학자 맹자가 주장한 학설로 "사람은 태어날 때부터 선하게 태어나는데, 이후 삶을 살아가면서 때가 묻어 그릇된 일을 저지르기도 한다"라는 내용이다. '성악설'은 성선설과 반대로 "사람은 태어날 때 악하게 태어나기에, 교육과 교화를 통해 그런 악함이 발현되지 않도록 해야 한다"라는 내용인데, 법가 사상가인 순자荀子가 대표적으로 이러한 학설을 주장했다. 물론, 이후 고자告子의 '성무선악설性無善惡說'이나 왕충王充의 '성선악혼설性善惡混說' 등 여러 가지 다른 학설들도 파생이 되었지만, 우리는 인간의 본성에 대한 가치관을 나눌 때 '성선설'과 '성악설'을 즐겨 사용한다.

이러한 '성악설'과 '성선설' 논쟁이 경영학으로 넘어와 새로운 논쟁을 벌이기 시작했는데, 이른바 'X이론'과 'Y이론'이다. MIT 대학 교수를 거쳐 안티옥 대학의 총장을 지낸 저명한 심리학자 맥그리거는 기업 내에서 인간이 어떤 본성을 지니고 있는지를 'X이론'과 'Y이론'으로 구분하여 설명했다.

'X이론'에 따르면 보통 인간은 태어나면서부터 일을 싫어해 가능하면 일을 하지 않으려 하기에 조직의 목적을 달성하기 위해서는 그들을 강제하고 통제하며 그에 따르지 않을 경우에는 적절한 처벌까지 가해야 한다고 말한다.

반면, 'Y이론'에 따르면 인간은 더 나은 일을 하기 위해 개인적 노력을 기울이며 목표 달성을 위해 스스로 방향을 정하고 헌신의 정도를 '선택'(X이론과 Y이론에서 가장 중요한 단어가 바로 이 단어가 아닐까 싶다)하기를 즐긴다. 따라서 그들은 통제나 처벌, 위협보다는 적절한 보상과 격려로 충분히 동기부여가 가능하다는 것이다.

이러한 논쟁의 결과로 다양한 형태의 성과관리 툴이 탄생하게 되었다. 각 조직의 특성에 따라, 영위하는 사업영역에 따라, 구성원의 숫자와 조직의 규모에 따라 서로 저마다 다른 방식들이 개발되었지만, 크게는 KPI, MBO, OKR 정도가 최근 수십 년간 가장 활발하게 사용되는 성과관리 툴이지 않을까 싶다.

직장 생활을 최소 1년 이상 경험한 사람이라면 해당 툴을 사용해 목표를 수립하고, 그에 따른 피드백을 받고, 성과 평가와 보상까지 받았을 테니 많이 익숙하겠지만, 기억을 되살리는 측면에서 간단히 정리해보면 다음과 같다.

먼저, 첫 번째 KPI는 'Key Performance Indicator'의 약자로 한글로는 '핵심성과지표'로 번역되기도 하는데, 약어인 KPI가 훨씬 더 흔하고 익숙하게 사용되고 있다. KPI는 비즈니스상의 목표를 정량적으로 나타내는 지표인 KGIKey Goal Indicator를 실현하기 위한 프로세스상 반드시 달성해야 할 주요 지표들로, 해당 지표는 'SMART'라는 법칙에 따라 설정하도록 되어 있다. '구체적Specific이고', '측정 가능Measurable하며', '달성 가능Action-oriented한', '현실적Realistic인' 그리고 '기한Timely이 있는' 목표 수립 원칙의 앞글자를 따서 만든 단어인 'SMART'는 오랫동안 KPI 수립의 절대 원칙이 되어 왔다.

두 번째 MBO는 'Management By Objectives'의 약자로 한글로는 흔히 '목표에 의한 조직관리'라고 불리기도 한다. 1950년대 중반, '현대 경영학의 스승'으로 불리는 피터 드러커가 발표했고, 미국 주요 기업들이 이를 채택하면서 세계적으로 널리 알려지게 되었다. MBO는 크게 네 가지 특징이 있는데, 조직의 최종 목표에 맞춰 하위 부서 목표와 개인의 목표를 수립하게 되고, 목표를 수립할 때는 관리자와 담당자가 함께 하여야 하며, 조직의 계층이 일관된 목표의 흐름으로 연결되고, 마지막으로 개인이 목표를 달성하면 그 총합을 이루는 조직의 목표 역시 달성이 되어야 한다. 어찌 보면 당연하면서도 완벽해 보이는 이러한 방법은 IBM, HP 등의 기업에서 획기적인 성과로 이어지며 기업 내 성과관리의 비책인 듯 여겨졌다. 다만, 다른 조직에서는 그러한 작업이 제대로 이뤄지지 못하면서 몇 가지 약점을 드러내게 되었고, 이는 OKR이라는 새로운, 혹은 새롭지는 않지만 효과적인 성과관리 방식의 탄생을 가져오게 되었다.

마지막 OKR은 'Objective Key Result'의 앞글자를 따서 만든 약자로 우리말로 번역하자면 '목표와 성과 지표' 정도가 되겠다. 인텔의 최고 경영자였던 앤드류 그로브가 조직관리와 성과관리를 위해 사용한 방법론으로 알려져 있는데, 당시에는 MBO의 그늘을 완벽하게 벗어나지 못한 성과관리 툴의 취급을 받아 이름 역시 iMBO라고 불렸었다. iMBO가 제대로 체계를 잡고 MBO와 차별적인 성과관리 툴로 전 세계에 걸쳐 유명해진 것은 구글을 통해서다. 인텔 엔지니어 출신이었던 존 도어가 스타트업 수준을 못 벗어나고 있던 구글에 1,200만 달러를 투자하면서 인텔에서 배운 성과관리와 조직관리 방식인 iMBO까지 함께 전수해 주었는데 그것이 구글의 OKR로 정착이 되었다.

이처럼 성과관리의 툴은 시대의 변화에 발맞춰 보다 공정하고 체계적이며 정교한 방식으로 꾸준히 진화해 왔다. 그런데 리더나 조직, 심지어 일반 구성원조차 기존의 성과관리 방식만으로는 더 이상 성과를 제대로 관리하기 어려운 시대가 되었다고 이야기하고 있다.

너무나 어려운 그 이름, 성과관리

많은 사람이 제대로 된 성과관리가 어려워졌다고 토로하는 이유는 작게는 팬데믹이 몰고 온 변화의 영향이고, 크게는 또 다시 새로운 방식의 성과관리를 고민해야 할 정도로 세상이 한 걸음 더 변화를 향해 나아갔기 때문일 것이다.

세상의 변화는 특정한 시간에 시작되어 어느 순간에 딱 마무리되지 않는다. 장강의 물결처럼 끊기지 않고 꾸준하게 어디론가 흘러가는 흐름이다. 우리는 그 흐름이 기존과 다른 방향으로 흘러가거나, 그 흐름의 세기가 이전과 눈에 띄게 달라졌을 때 그에 주목하고 특정한 이름을 붙여줄 따름이다.

성과관리에 대한 사람들의 반응과 생각 역시 꾸준히 바뀌어 왔고, 조직은 그에 맞춰 개선 작업을 조금씩 진행해 왔다. 다만 그 작업의 속도가 미처 따라가지 못할 정도로 세상 사람들의 인식과 행동에 과격한 영향을 미친 사건이 일어나면서 많은 사람이 혼란과 어려움을 겪고 있다.

팬데믹 시기에 급속도로 확산되어 정착된 재택근무, 원격 오피스 등으로 비대면 업무 상황이 확대되었다. 얼굴을 맞대고 함께 일하며 매일 매일의 업무 성과와 태도 등을 지켜보며 성과를 관리했던 우리는 팬데믹을 기점으로 비대면 상황에서 업무를 하고 서로를 평가해야 하는 시기를 맞이했다. 비록 엔데믹을 맞이했지만 이러한 변화는 팬데믹 이전으로 완전히 되돌아가지는 않을 듯하다.

기존 방식에 의한 성과관리가 어려워진 두 번째 이유로는 동시간대 다양한 사람들의 협업으로 업무가 이뤄지게 되었기 때문이다.

이는 코로나와 무관하게 최근 수십 년간 지속적으로 강화되어 온 부분이다. 과거에는 담당자 한 사람이 한 손으로 꼽을 수 있을 정도의 일들을 처리했다. 일을 잘 처리하는지 못 처리하는지가 빤히 보였고 따라서 성과에 대한 평가도 간단했다. 그러나 이제는 세상이 바뀌었다. 세상은 복잡해졌고 기업이 제공하는 상품과 서비스에 대해 소비자들이 원하는 니즈 역시 복합적이고 다양한 요인들을 고려해야 대처가 가능한 것들이 대부분이다. 때문에 대다수의 일들이 다양한 기능을 수행하는 여러 사람이 서로 협업해야만 해결할 수 있게 되었다. 그런 상황에서 어떤 사람(들)의 일하는 방식을 관리하고 성과를 평가하는 일은 과거의 방식만으로는 어렵게 되었다.

세 번째 이유는 대부분의 업무가 관리와 평가가 어려울 정도로 복잡해졌기 때문이다.

과거 농경사회나 초기 산업사회에서는 업무의 목표 배분도 쉽고 성과 평가도 간단했다. "오늘은 여기서부터 저기까지 논밭을 관리해라", "오늘은 기계를 돌려 제품 몇 개를 생산해라"라고 말하면 될 정도로 간단한 일이었다. 그러나 단순 제조업 중심 사회를 거쳐 지식산업 시대로 접어들면서 우리가 수행하는 일들이 그리 간단하게 목표를 부여하고 평가할 수 있는 일들이 아니게 되었다.

특히, 창의력을 발휘해야 하는 일은 더 말할 나위가 없어졌다. 때문에 간단하게 목표를 부여하고 결과를 평가하는 방식으로는 더 이상 사람들이 일한 성과를 제대로 관리하기가 어렵게 되었다.

마지막 네 번째 이유로는 성과를 관리하는 평가자가 많아졌기 때문이다.

이게 무슨 말이냐 하면 과거 도제식으로 공방을 운영하던 시기에는 평가자가 소수였을 것이다. 한 사람의 장인이 자신이 데리고 일하는 도제 한 사람을 평가하면 되었을 것이다. 그러나 시대가 변하고 산업이 복잡해지면서 어떠한 일에 연관된 이들이 크게 늘어났다. 연관 부서, 인접 부서는 물론이고, 협력업체와 거래처, 고객 등 어떠한 일에 대해 그 성과를 평가하고 말을 댈 사람들이 크게 늘어났다. 그에 따라 성과관리 및 평가 방식 역시 달라질 수밖에 없어졌다.

이런 상황에 처하다 보니 많은 사람이 변화하는 환경 속에서 사람을 어떻게 관리할 것인가? 정확하게는 리더들을 중심으로 직원들의 성과를 어떻게 관리할 것인가를 두고 깊은 고민에 빠져들게 되었다. 한동안 큰 반향을 이끌며 '구성원의 성과를 관리하고 잠재력을 뽑아낼 수 있는 획기적인 툴'로 대접받았던 각종 성과관리 기법들과 관련 이론들 역시 최근 들어서는 거의 용도폐기되는 상황에 처한 것이다.

OKR, MBO, KPI 등이 아직까지 대체할 만한 툴이 없는 상황에서 그나마 근근이 명맥을 이어가고 있지만, 여러 가지 한계와 문제점을 드러내고 있고, X-Y이론만 하더라도 현대의 기업문화, 특히 MZ세대가 다수를 차지한 최근의 조직 분위기에는 더 이상 의미있는 해답을 주지 못하고 있다.

그런데……

사람을 어떻게 바라보고, 어떻게 사람들로부터 내가 원하는

(혹은 조직이 원하는) 성과를 이끌어낼 것인가에 대해 깊이 고민하게 된 우리들 사이에서 어느 때부터인가 자연스럽게 한 사람의 이름과 그가 집필한 불멸의 저서 한 권이 회자되고 있다.

'인류 역사상 가장 교활했던 사나이'라는 별명으로 불리는 르네상스 시기의 정치가이자 철학자, 작가이자 협잡꾼이었던 니콜로 마키아벨리Niccolò Machiavelli가 바로 그 주인공이다.

메디치가의 위기로 시작된 혼돈의 유년기

마키아벨리는 피렌체에서 4남매 중 셋째로 태어났다. 그의 집안은 과거에 금융업과 목축업 등으로 큰 부를 일군 부유한 집안이었지만, 한량이었던 아버지가 가산의 상당 부분을 탕진해 과거의 영광에는 못 미치는 형편이었다.

그의 아버지 베르나르도는 명석한 법률학자였지만, 법률적 지식을 활용해 정계나 관계로 진출하거나 법률가로서 사람들을 변호하는 일에 전혀 관심이 없었다. 매일 법전을 들여다보며 공부를 하거나 사람들을 만나 철학적인 대화를 나누는 것에 관심이 있을 뿐이었다. 일종의 이탈리아판 허생원인 셈이었다. 가장으로서 무능력한 모습과 학자로서의 탁월한 풍모는 그대로 마키아벨리에게 영향을 미쳤다.

마키아벨리는 유약한 아버지의 모습을 보며 강력한 부권을 가진 아버지, 든든한 바람막이가 되어주는 강인한 가장의 모습을 꿈꾸게 된 것이다. '탁월한 실력자', '강력한 권력자'를 선호하게 되는 일종의 시발점이 된 셈이었다. 반면, 다방면에 걸쳐 호기심을 갖고 학습을 게을리하지 않는 모습 역시 아버지로부터 물려받았다.

마키아벨리는 어린 시절부터 철학과 역사 공부에 몰두했고 틈만 나면 시를 지었다. 라틴어 공부에도 열심이었다. 마테오라는 신부에게 초급 라틴어를 배우고, 바티스타 다 포피라는 사람에게는 수학 과목을 배우기도 했다.

그런데 그의 인생을 송두리째 바꿔 놓는 세 가지 사건이 벌어지고 말았다. 처음은 1478년, 두 번째는 1494년 그리고 마지막은 1502년의 일이었다.

1478년 당시 교황이었던 식스투스 4세는 피렌체를 다스리는 메디치가와 끊임없이 대립했다.

눈엣가시 같은 존재였던 메디치가를 무너뜨리고자 했던 교황은 피렌체의 또 다른 유력가문이자 메디치가의 앙숙이었던 파치가Pazzi를 획책해 메디치가의 가장 로렌초를 암살하도록 사주했다. 낌새를 알아챈 로렌초는 서둘러 자리를 피해 경미한 부상을 입은 채 목숨을 구할 수 있었지만, 그의 동생 줄리아노는 목숨을 잃고 말았다. 그러나 교황과 파치가가 간과한 것이 하나 있었다.

메디치가에 대한 피렌체 시민들의 애정의 깊이였다. 존경하는 지도자가 친동생을 잃고 부상을 입은 것에 흥분한 피렌체 군중에 의해 파치가의 주동자들은 몰매를 맞아 목숨을 잃었고, 동생을 잃은 로렌초는 슬픔과 분노에 휩싸여 파치가를 피렌체에서 추방하고 재산을 몰수해버렸다. 그래도 분이 풀리지 않았던 로렌초는 교황의 뜻을 파치가에 전한 메신저로 의심받던 피사의 추기경 프렌체스코 살비아티를 교수형에 처해 버렸다.

그러자 이번에는 교황이 분노에 차, 로렌초를 포함한 피렌체 시민 전원을 파문시키고 교황과 친분이 깊었던 나폴리 왕국의 군대를 동원해 피렌체를 침공했다. 당시 나폴리군은 이탈리아 최강의 군대로 평가를 받던 강군이었다. 삽시간에 연전연패에 처한 피렌체군은 성벽 안으로 도망쳐 성문을 닫고 버티기로 일관할 수밖에 없었다.

금방이라도 나폴리군이 성벽을 넘어 쳐들어오기 직전인 상황. 무기와 식량 또한 얼마 남지 않은 상황에서 해결사로 나선 것은 역시 메디치가의 '위대한 로렌초' 로렌초 데 메디치였다.

그는 협상에 나선 상대에게 건네줄 선물도 쓸 수 있을 패도 없는 상태에서 외교 교섭에 나서 눈부신 활약을 펼쳤다.

주변국들을 설득하여 자신의 편으로 삼거나 최소한 교황의 편을 들지 않도록 했고, 나폴리의 왕에게 적정한 선에서 물러나는 것이 서로가 체면을 구기지 않고 같이 사는 길임을 넌지시 알리도록 했다. 결국, 협상장에 나선 교황의 체면을 적당히 살려주면서도 실리는 다 챙기는 놀라운 협상술을 발휘해 나폴리군은 고향으로 돌아갔고, 피렌체는 더 이상 피를 흘리지 않고 봉쇄에서 벗어날 수 있었다.

냉혹할 정도로 냉정하게 정세를 파악하고, 비열해 보일 정도로 철저한 권모술수를 발휘해, 음모에 가까운 뒷거래를 주고받아 어찌 되었든 자신의 백성을 살려낸 로렌초의 모습을 보고 마키아벨리는 큰 충격을 받게 된다. 그리고 그의 매력에 푹 빠져들게 되었다.

이것이 어린 시절 마키아벨리의 사고 형성에 큰 영향을 미쳤던, 첫 번째 '사건'이었다.

다시 찾아온 메디치가의 위기와 인생을 바꾼 만남

두 번째 사건은 앞서 언급한 대로 1494년에 벌어졌다. 이번에도 실제 주인공은 피렌체의 '일등 시민'을 자처했던 메디치가 사람들이었다.

시간이 흘러 1492년 로렌초 데 메디치는 숨을 거뒀고, 그의 아들인 피에로 데 메디치가 가문과 피렌체를 다스리고 있었다. '위대한 로렌초'로 불렸던 아버지와 달리, 그는 '불행한 피에로'라는 별명으로 불렸다. 어린 시절부터 그는 참가한 운동 시합이든, 돈을 건 내기이든 단 한 차례도 이기지 못했기 때문에 붙여진 별명이었다.

실제로도 그는 '되는 일이 하나도 없었던' 실패한 리더였다. 만인의 존경을 받던 아버지처럼 위대한 리더가 되고 싶었지만, 그가 내린 의사결정은 번번이 헛발질하는 정책이 되었고 사람들은 사사건건 아버지 로렌초와 비교하며 그의 무능을 비꼬면서 비판했다.

그가 내린 최악의 의사결정이 바로 1494년에 벌어졌다.

프랑스의 샤를 8세가 피에로에게 "남부 이탈리아의 나폴리를 정벌하려고 하니 피렌체를 포함한 토스카나 지방을 통과하도록 허락해 달라"라는 전갈을 보내온 것이었다. 임진왜란 직전 "명나라를 치기 위해 조선 땅을 지나가도록 해 달라征明假道"고 요청했던 왜군과 똑같은 책략이었다. 정상적인 사고를 하는 지도자라면 누구라도 기만전술이라 눈치챌 만한 이 요구에 '불행한 피에로'는,

"허락하겠다.
단, 사흘 내에 통과해 달라"

라는 승낙의 답신을 보내고 만다. 당연히 가문의 경쟁자들은 물론

이고 충성스러운 가신들마저도 극렬하게 반발했다. 그러자 궁지에 몰린 그는 뜬금없이 나폴리에 대한 지지를 선언하며 "피렌체는 중립국이다"라고 주장하기 시작했다.

이는 야심가였던 샤를 8세에게 좋은 빌미를 제공해주었고, 그는 온갖 트집을 잡아 피렌체를 포위한 채 피사를 정벌해 버렸다. 피사가 프랑스군에 정복되자 피렌체에서는 프랑스에 결사항전해야 한다는 여론이 들끓었지만, 피에로는 자신도 과거 나폴리군을 세치의 혀로 요리했던 아버지처럼 할 수 있다는 망상을 하게 된 듯하다.

그는 가신들과 상의도 하지 않고 샤를 8세를 찾아가 엄청난 액수의 전비 배상과 알토란 같은 요충지 여러 곳을 바치는 조건으로 굴욕적인 항복을 해버렸다. 소식을 들은 피렌체 시민들은 자존심에 큰 상처를 입었고, 집단행동에 나서 피에로를 국외로 추방했다. 이때 피렌체 시민들의 분노가 얼마나 컸던지, 피에로뿐만 아니라 메디치가 전체가 피렌체에서 쫓겨날 뻔했다.

이 사건은 마키아벨리에게 로렌초 데 메디치라는 사람을 경험했을 때와는 정반대의 측면에서 엄청난 영향을 미쳤다. 그리고 몇 년 후 그는 세 번째 큰 사건을 겪게 된다.

세 번째 사건은 사실 사건이라기보다는 '누군가'와의 만남이었다. 어느덧 나이가 들어 피렌체의 외교관으로 활동하던 마키아벨리는 특명을 받고 피렌체 동쪽 산악지역 요충지였던 우르비노를 방문하게 된다. 앞서 이야기했던 바로 '그 장면'이 벌어진 곳이다.

그가 이곳을 방문하게 된 것은 오로지 단 한 사람을 만나기 위해서였다. 교황 알렉산데르 6세의 아들이자 발렌시아의 대주교였던 그는 교황령군의 총사령관이기도 했다. 또한, 이탈리아 곳곳에 영지를 둔 영주이자 군주였으며, 치밀한 정치가이자 노회한 외교관이기도 한 인물이었다. 피렌체를 포함한 이탈리아 북부를 손아귀에 넣으려는 그를 회유하기 위해 마키아벨리는 그가 머물고 있는 산속 도시 우르비노까지 찾아가게 된 것이다.

그의 이름은 체사레 보르자Cesare Borgia. 마키아벨리가 그곳에서 만난 인물이다.

르네상스 당시 이탈리아를 포함해 유럽 각국의 역사에 언급되는 것은 물론 당대를 다룬 온갖 문학작품에도 즐겨 등장하는 그는 교황의 혼외 자식으로 태어나 온갖 압박과 견제를 뚫고 당대 최고의 권력자가 된 사람이다.

자신의 이복동생도 죽이고, 처남도 공격하는 등 냉혈한적인 모습을 보이며 최악의 악당으로 불리기도 했지만, 신출귀몰한 전략과 전술, 종잡을 수 없을 정도로 상대를 몰아붙이다가 어느새 자신의 심복으로 만드는 용인술, 위태롭게 외줄을 타다가도 온갖 실리를 다

체사레 보르자의 초상화, 알토벨로 멜로네의 그림. 마키아벨리가 이상적인 군주의 모델로 삼았지만, 역사가들에게는 좋은 평가를 받지 못하는 논쟁의 대상이다.

얻고 마는 탁월한 외교술로 자신의 영지는 물론 이웃 나라의 백성들도 군주로 모시고 싶어 하는 사람이었다.

비록 '정복당하느냐 화친조약을 맺느냐'를 좌우하는 절체절명의 순간에 만나게 된 사이였지만, 마키아벨리는 한눈에 푹 빠져들었다. 그리고 체사레 보르자와 같은 리더십이야말로 당대에 꼭 필요한 리더십이라고 생각했다.

피렌체 아니 이탈리아 전체의 운명을 바꿔놓았던 두 사건을 직접 목격하고 한 사람을 만나게 되면서 니콜로 마키아벨리는 국가라는 조직, 그 조직을 이루는 구성원, 그리고 그를 이끄는 군주와 같은 리더의 본질과 역할에 대해 깊은 고민을 시작하게 된다. 그리고 메디치가의 영주에게 자신의 생각을 정리한 책 한 권을 바쳤다. 일종의 상소문이었던 셈이다.

그 결과물은 이후 우리가 익히 아는 모습으로 우리 앞에 등장하게 된다. 바로 《군주론Il Principe》이다.

《군주론》, 악마의 편집 최대 희생자

우리는 흔히 마키아벨리즘에 대해 정치적 야욕을 달성하기 위해 권모술수, 배신, 배반, 음모 등을 아무런 양심의 거리낌 없이 마구 사용하는 것이라고 생각한다. 마키아벨리즘, 마키아벨리스트라고 하면 듣는 사람이 썩 기분 좋아하지는 않는 것도 다 그런 이유 때문이다.

실제로 마키아벨리즘, 우리 식으로 표현하면 마키아벨리주의는 국리민복國利民福 이른바 국가의 성장과 발전 그리고 국민의 복리 증진을 위해서라면 어떠한 수단이나 방법을 쓰더라도 괜찮다는 의미를 담고 있다. 그렇다 보니 수많은 국가의 지도자들이 독재나 포퓰리즘을 정당화하는 방법으로 자신들의 행위를 마키아벨리즘으로 포장했고, 덕분에 마키아벨리즘은 사람들에게 부정적인 이미지를 더 크게 갖게 되는 악순환이 반복되어왔다.

그러나 과연 그럴까? 마키아벨리즘은 악당들에게 필요한, 그들의 자기합리화에만 유용한 그런 이론인 것일까?

마키아벨리의 역작 《군주론》은 출간일을 두고 다소 논란이 있는 책이다. 어떤 이들은 1513년이라 하기도 하고, 다른 이들은 1532년이라 하기도 한다. 마키아벨리가 1527년 6월 피렌체에서 눈을 감았으니 아무래도 그가 죽기 전이었던 1513년이 더 합당해 보이기는 한다. 그런데 여기에는 한가지 사연이 있다.

마키아벨리는 사실 그의 글을 일반 대중에게 공개할 생각이 별로 없었다. 그는 피렌체의 지배자였던 메디치가의 눈에 들기 위해 오로지 메디치가의 지도자를 위한 원고로 헌정한 것이다. 그 원고가 바로 《군주론》의 초고다. 그 시기가 1513년이었기에 많은 사람이 이때를 《군주론》의 출간일로 기억하는 것이다. 그러나 그가 죽은 뒤 5년이 지난 1532년 메디치가에 있던 원고는 정식 인쇄를 통해 책으로 출간되어 일반인들에게 공개되었다. 때문에 1532년을 정식 출간일로 주장하는 사람들도 있는 것이다.

《군주론》은 출간되자마자 사람들의 눈길을 끌었지만, '문제적 남자' 마키아벨리가 지은 책답게 1559년 금서로 지정된다. 출간된 지 불과 30년도 채 되지 않았을 때였다.

그러나 정치 권력과 종교 권력이 아무리 틀어막아도 명저의 가치는 가려지지 않는다. 이후 수많은 학자와 야심찬 권력자들이 앞다퉈 《군주론》을 찾기 시작했다. 신성로마제국의 위대한 정복왕이었던 카를 5세는 평생 《군주론》을 옆에 두고 모든 의사결정을 내릴 때 마치 바이블처럼 탐독하며 참조했고, 17세기 잉글랜드의 정치가이자 독재자였던 올리버 크롬웰 역시 《군주론》을 애독했다. 독일의 사회학자이자 법학자였던 막스 베버와 프로이센 출신의 사회학자이자 이후 공산주의를 정립한 인물인 카를 마르크스 역시 《군주론》을 읽었으며, 단순히 읽고 끝나는 것이 아니라 자신의 논문이나 저널에 이 책의 구절들과 핵심적인 내용을 즐겨 인용하기도 했다.

책의 명성에 비해 내용은 비교적 간단하다. "권력을 유지하려는 군주는 선하기만 해서는 안 된다. 악인이 되는 법도 알아야 한다" 라는 한 문장으로 정리가 된다. 이 문장 때문에 마키아벨리와 그의 책을 싫어하는 사람들에게 "마키아벨리즘은 피도 눈물도 없는 권력 지향자들을 위한 논리"라는 비난을 받는 것이다. 그러나 이는 전형적인 '악마의 편집'이다.

이 문장만 보아서는 마키아벨리를 비판하는 사람들의 논리가 일면 타당해 보인다. 그러나 이 문장의 앞과 뒤에 연결되는 내용과 책의 전반적인 내용을 심도 있게 살펴보면 마키아벨리가 주장하고자 했던 것은 전혀 다른 내용이라는 것을 알 수 있다.

마키아벨리가 책을 집필할 무렵 이탈리아는 지금과 같은 통일된 국가가 아니었다. 여러 소국으로 분열되어 틈만 나면 주변의 강대국에게 시달림을 당해야 했다. 특히, 프랑스와 스페인이 이탈리아의 소국들과 혼인으로 인한 혈연관계라는 점을 빌미로 툭하면 이탈리아 내륙으로 쳐들어와 약탈을 하고 굴욕적인 항복을 요구했다.

정치가이자 외교관으로 오랜 시간 이러한 상황을 목격했고, 또 때로는 그 한복판에 뛰어들어 외교활동과 통치자의 보좌를 했던 마키아벨리는 '어떻게 다스리는 것이 잘 다스리는 것인가?', '어떤 리더가 훌륭한 리더인가?'에 대해 오랜 기간 고민하고 연구했다. 또한, 통치활동와 종교적 신념 혹은 도덕성을 분리해서 생각하게 되었다. 그동안은 한데 뒤섞여서 오히려 제대로 된 리더십을 규명하는데 방해만 되었기 때문이다. 그를 기반으로 국가를 잘 다스리기 위해서는 무엇보다도 군주 스스로가 권력에 대한 야심이 있어야 하고, 지도자로서 용기가 있어야 하며 때로는 국민과 국가를 보호하기 위해 이용할 수 있는 수단은 하나도 빠짐없이 모두 이용할 수 있어야 한다고 주장한 것이다.

그런데 마키아벨리를 미워하는 사람들을 중심으로 이런 전제와 배경을 모두 떼어내고 《군주론》이 "권력을 잡기 위해서는 아무리 비도덕적인 행위라도 뭐든 해도 된다"라고 주장하는 책이라 몰아붙이며 사람들에게 해악을 끼치는 책이라고 우겨댄 것이다. 그 소식이 교황의 귀에까지 들어가 교황청은 이 책을 가톨릭 사상에 반하는 불온한 책이라고 판정해버렸다. 그렇게 《군주론》은 금서가 되었다.

리더는 천국과 지옥 사이를 교묘하게 오가는 사람

앞서도 말했지만, 마키아벨리의 《군주론》은 단순히 '성과를 내기 위해서는 무엇이든지 해도 된다'라고 주장하는 책이 아니다. 그보다는 훨씬 더 심오한 메시지를 담고 있기에 출간 이후 수백 년 동안 애독되며 '어떻게 사람과 조직을 관리하고, 그들을 통해 성과를 만들어 낼 것인가?'라는 질문에 대한 유용한 답을 제공할 수 있었다.

마키아벨리가 책을 쓰면서 가장 중점을 두었던 것은 극도의 합리주의적 관점에서 바라본 '올바른 통치란 무엇인가?'였다. 그는 우선 '리더는 왜 존재하는가?'라는 물음에 대한 답으로 시작한다.

리더는 두말할 것 없이 구성원들이 보다 쉽게 일하게 하면서 더 많은 성과를 내도록 해, 조직 목표를 달성하고 구성원이 성장할 수 있도록 돕는 사람이다. 그러기 위해서는 목표를 명확하게 하고, 목표와 상관이 없는 것들을 최대한 배제하여 목표 달성에 집중하도록 해야 한다.

마키아벨리가 강조하고 싶었던 것은 '피도 눈물도 없이', '인정사정 볼 것 없이'가 아니라, 리더라면 어찌 되었든 조직의 성공, 구성원의 안위를 위해 최선의 방도를 찾아야 하고, 그를 위해 집요하게 매달리는 것이 본연의 역할이라는 점을 강조한 것이었다. 이를 강조하다 보니 《성경》을 기반으로 한 당시의 시각에서 봤을 때 다소 부도덕해 보일 수 있는 표현들이 있었던 것뿐이다.

그런데 뚜렷하고 명확하게 목표를 수립하고, 목표를 구성원과 사전에 교감하며, 구성원들이 목표를 달성하는 과정에서 주위의 방해를 받지 않도록 때로는 독하고 모질게 느껴질 정도로 조직을 보호하고, 구성원들이 활약할 영역을 마련해주는 것은 비대면 상황에서 젊고 창의적인 구성원으로 이루어진 조직을 운영하여 성과를 관리해야 하는 현재의 리더들에게 너무나도 필요한 역량이다.

마키아벨리의 삶과 이야기 그리고 그의 정수가 담긴《군주론》이 시대를 거듭하며, 특히 요즘 시대에 더 많은 사람들에게 감흥을 주는 이유다. 또한, 수많은 리더가 자신의 연설문이나 구성원에게 보내는 레터, 리더들을 대상으로 한 교육에 마키아벨리의 이야기를 언급하고《군주론》의 주요 구절들을 애용하는 이유가 여기에 있다.

조직을 잘 관리하고 더 나은 성과를 만들기 위해 힘을 조금 과하게 쓰다 보면 구성원들을 괴롭히게 되고 조직에 부정적인 메시지를 주게 된다. 그렇다고 마냥 좋은 사람이 되어 구성원들을 느슨하게 대하고 하고 싶은 일만 하도록 내버려 두고 제대로 된 지원도 관리도 하지 않는다면 오히려 제대로 돌아가지 않다가 생존 자체가 위협을 받게 된다.

때문에 리더는 흔히 '천국과 지옥의 경계를 아슬아슬하게 오가는 사람'이라는 이야기를 하는 것이다. 목표를 명확하게 수립하고 목표 중심으로 조직을 관리하되, 구성원과 조직의 명운이 달린 일에는 냉철하게 판단하고, 때로는 다소 무지막지하다고 느껴질 정도로 강력하게 밀어붙이는 태도도 필요하다. 반면 구부려야 할 때는 때론 비굴하다 느껴질 정도로 상냥하게 바꿔어서 상대로부터 원하는 것들을 얻어내야만 한다. 이것이 마키아벨리가 자신의 책 《군주론》에서 강조한 이야기다.

이러고 보니 그가 리더들에게 진정 말하고자 하는 것은 조직과 그 조직에서 살아가고 있는 구성원에 대한 무한한 애정이 아니었을까? 그 애정을 기반으로 어떻게 하든 내 조직을 구하겠다는 마음가짐으로 때로는 냉혈한이 되어, 또 때로는 다혈질이 되어 목표로 한 것들을 반드시 이뤄내고야 마는……이 시대의 리더라면 마키아벨리의 이야기에 조금 더 귀를 기울여야 하는 이유가 바로 여기에 있다.

Durante degli Alighieri (1265-1321)

포장을 뜯어내고 알맹이에 집중하다

포장 과잉의 세상에서 알맹이 중심의 시대로

난 소주를 좋아한다. 좋아해도 너무 좋아한다. 특히, 직화로 고기를 굽는 날에는 소주가 꼭 함께해야 한다. 눈앞에 고기가 익어가는데 소주가 제자리를 차지하지 않거나, 어쭙잖은 소주의 대체품만 있는 경우 기운이 쏙 빠지고 만다. 그러나 그보다 더 나를 힘 빠지게 하는 경우가 있으니, 소주라고 있는 것들이 죄다 알코올 도수 1자로 시작되는 흐리멍덩한 것들만 있을 때다.

"요즘 소주는 와이리 밍밍하노,

소주는 '카아~'하는 맛에 마시는 거 아이가"

영화 〈친구2〉에서 출소한 건달 두목 준석(배우 유오성 분)이 한, 이 말을 빌리지 않더라도 소주를 마실 때 우리는 특별한 것을 원하는 것이 아니다. 처음 입술에 닿았을 때 느껴지는 다소 거부감이 느껴지는 공산품의 향기, 혀끝에 닿았을 때의 그 쓴맛 그리고 목을 타고 넘어갈 때의 그 저릿한 느낌……, 이 모든 것을 종합적으로 표현한 '카아~'하는 맛을 기대하며 소주병을 따는 것이다.

그러나 시대가 변하고 소비자들의 입맛과 취향도 따라 변하면서 '카아~'하는 맛은 더 이상 다수의 소비자가 원하는 맛이 아니게 되었다. 도수가 점점 낮아져 20도 초반의 소주들이 등장하더니, 과일향을 첨가한 긴 이름의 소주가 시장을 한번 휩쓸었고, 그 이후로는 해마다 도수가 낮아져 이제는 17도 전후의 소주가 대세가 되어 버렸다.

그럼에도 불구하고 처음에는 소수의 마니아 또는 옛 추억을 잊지 못하는 역전의 용사들을 중심으로, 이후로는 소주 본연의 맛을 좋아하게 된 사람들로부터 여전히 사랑을 받는 소주가 있다. 이름에 '오리지널'이라는 단어가 붙은 빨간 뚜껑의 소주가 그것이다.

그렇다면 오리지널은 도대체 무슨 뜻이길래 오래전에 발매된, 도수가 높고 일부의 사람들만 선호하는 제품의 이름에 붙여지게 된 것일까?

다들 아시다시피 오리지널Original은 '독창성'을 뜻하는 오리지널리티Originality라는 단어의 형용사형으로 '독창적인' 정도의 뜻으로 해석되는 단어다. 사실 '독창적인'이라는 한글 단어가 우리 일상생활에서 쓰이는 빈도를 생각해 보면 이 단어가 지금처럼 빈번하게 사용될 이유는 없다. 그러나 이상하게도 오리지널이라는 단어는 우리 주변에서 쉽게 찾을 수 있다.

우선 '원조', '전통의'라는 의미로 우리 주변에서 즐겨 사용된다. 앞서 이야기한 빨간 뚜껑의 소주를 비롯하여 각종 과자를 보면 다른 맛을 가미하지 않은, 가장 오래전에 나온 버전의 맛을 그대로 보존한 과자의 포장지에는 여지없이 '오리지널'이라는 단어가 적혀있다. 특정 음식을 파는 점포들이 밀집한 먹자골목에서도 가장 역사가 깊은 혹은 처음으로 그 음식을 판 점포의 간판에는 항상 '오리지널'이라는 단어가 쓰여있다.

'원조', '전통'이라는 의미로 사용되는 빈도에 못지않게 가짜나 짝퉁이 아닌 '진품'이라는 의미로도 자주 사용된다. 진짜 상품을 취급하는 가게와 비슷하게 제조한 이미테이션 상품을 취급하는 가게가 혼재해 있는 상점가에 가면 항상 여기저기에 “짝퉁이 아닌 오리지널만 취급한다”라며 호객행위를 하는 모습을 쉽게 발견할 수 있다.

마지막으로 겉으로 드러나는 포장만 그럴듯하고 갖춘 내실이 없는 것과 달리 속이 꽉 들어찬, 허례허식보다 내실을 제대로 갖춘 것들을 일컫는 단어로도 ‘오리지널’이라는 단어가 즐겨 사용된다.

여기서 몇 가지 궁금증이 생긴다.

가성비가 가장 중요하게 여겨지는 시대. 겉으로 비슷하게 보이고 유사한 성능을 갖고 있지만, 가격은 반값 아니 그에도 미치지 못하는 제품들이 넘쳐나는 시기임에도 왜 사람들은 ‘오리지널’을 이토록 선호하는 것일까? 끊임없이 변화해야 하는 시기, 한시라도 변화에서 뒤처지면 살아남기 어렵다는 시기에 왜 우리는 오히려 어떠한 일의 본질이자 근원, ‘오리지널’에 대해 더 많은 천착과 관심을 가져야 하는 것일까?

코로나 팬데믹 이후, 모든 것이 새롭게 시작되어 과거에 연연해서는 더 이상의 미래가 없는……, 그래서 새로움을 향해 한시라도 빨리 나아가야 하는 시기에 왜 원조, 전통에 대한 관심은 줄어들지 않는 것일까?

'오리지널'에 대한 깊이 있는 관심으로 르네상스 시기 위대한 이탈리아 문학의 문을 활짝 열었던 단테Dante를 만나 지금부터 그 궁금증에 대한 답들을 하나씩 찾아보려고 한다.

브랜드 없는 브랜드의 등장

여기서 잠깐, 2004년의 우리나라로 점프!

행정수도 이전을 두고 수도권과 지방이 일전을 불사하겠다는 자세로 첨예하게 대립하고, 현직 대통령에 대한 탄핵소추로 인해 한창 시끄러웠던 대한민국에 상점 하나가 조용히 문을 열었다. 난생 처음 보는 브랜드였다. 아니 정확하게 말하자면 브랜드가 없는 상점이었다.

하얀 벽에 붉은색으로 쓰인 한자 네 글자가 전부였고, 한자의 뜻은 '상표가 없는 좋은 물건'이었다. 우리나라에 처음으로 문을 연 일본계 유통기업 무인양품無印良品의 매장이었다.

일본에서는 우리나라보다 20년 정도 먼저 시작되었지만, 실제로 무인양품과 같은 형태의 비즈니스가 시작된 것은 그보다 훨씬 이전이라고 보는 것이 일반적이다.

일본 굴지의 재벌 세이부그룹의 창업자가 사망하고 이복동생과의 경영권 다툼에서 패배한 쓰쓰미 세이지는 알짜배기 핵심기업이었던 부동산 개발회사와 세이부 철도 등을 빼앗기고 세이부 백화점 하나만을 물려받게 된다. 그가 물려받은 세이부 백화점은 이후 일본을 대표하는 유통기업으로 성장하게 되지만, 당시에는 미츠코시, 다카시마야, 다이마루 등과 같은 전통의 명문 백화점에 밀려 이류 취급을 받는 신세였다.

비록 이복동생에게 수모를 당하고, 업계 중위권의 백화점을 경영하게 되었지만, 쓰쓰미 세이지는 경영 감각이 좋은 사람이었다.

파격적인 세일과 가격 인하를 경쟁적으로 펼치던 당시 백화점 업계에서 오히려 노세일을 고집하는 고급화 전략을 택해 세이부 백화점을 명품 백화점으로 포지셔닝한 것이다. 대신 자매 브랜드로 세이유라는 대형마트를 설립하여 대규모 초저가 상품 위주로 고객을 끌어모았다. 또한, 24시간 편의점 패밀리마트를 런칭시켜 세이부와 세이유가 충족시키지 못하는 고객층까지 확보하며 세이부 유통그룹은 승승장구를 계속했다.

그러나 쓰쓰미 세이지는 거기서 만족하지 않았다. 기존 업계에서 치열한 경쟁을 하는 것보다 전혀 새로운 시장을 개척하고 싶었다. 새로운 사업적 기회를 모색하기 위해 해외시장을 탐방하던 중 미국에서 희한한 장면을 목격한다.

당시 일본에서는 어떻게든 상품에 다양한 기능을 추가하고 브랜드와 로고를 큼지막하게 박아 넣어 가격을 비싸게 받기 위해 혈안이었는데, 그가 방문했던 미국 유통업체에서는 멀쩡한 제품들을 모아 놓고 어떻게 하면 가장 기본적인 최소한의 기능만 남겨 놓은 채 가격을 낮출 수 있을지 열띤 회의를 거듭하고 있었다. 가격을 낮추기 위해 포장도 최소화하고 심지어 제품에 로고를 아예 붙이지 않는 방법까지 염두에 두고 고민하는 모습은 그에게 충격이었다.

제조업체가 아닌 유통업체가 주도권을 가지고 적정한 가격을 정한 뒤, 그 가격대에 맞춘 스펙으로 제품을 발주하여, 해당 유통업체의 상표를 붙이거나 아예 상표가 없는 상태로 판매하는 방식에 깊은 감명을 받게 된다. 이 같은 비즈니스 모델이 돈이 될 수 있다고 판단한 그는 일본에 돌아온 즉시 사업계획을 준비했다.

그렇게 1980년 처음으로 무인양품 사업을 시작하게 되었다. 이후 1983년 도쿄 아오야마에 문을 연 직영 1호점을 시작으로 일본 전역으로 매장을 확대한다. 그의 아이디어(정확히는 미국의 유통업체를 베낀)는 말 그대로 대박을 쳤고, 무인양품은 유행을 넘어 하나의 시대 현상 취급을 받게 될 정도였다.

브랜드는 중요해, 하지만 본질은 더 중요하지

무인양품의 성공은 단순히 무인양품의 성공으로 끝난 것이 아니었다. 이후 전 세계적으로 유사한 컨셉의 기업들이 등장했고, 그러한 기업 중 상당수가 크게 성공했다. 이는 우리나라 역시 마찬가지였다.

국내 굴지의 대기업에서 시작한 '노브랜드'라는 유통업체는 상품개발 및 제조 능력은 출중하지만 판매채널이 없는 중소기업에 상품을 발주하고, 그들이 생산한 제품에 '노브랜드'라는 상표를 붙인 일명 PBPrivate Brand상품을 판매해 큰 성공을 거두었다. 노브랜드는 취급 상품의 약 70퍼센트 정도를 PB상품으로 채우고 있는데, 독특한 아이디어와 높은 품질에도 기존 상품의 절반 가격으로 판매하여 소비자들의 큰 사랑을 받았다. 비슷한 컨셉으로 대형마트에서 판매하는 대용량 치킨 및 피자 등은 특정한 브랜드를 내세우지는 않지만, 치킨과 피자의 본질적인 맛과 양으로 마케팅 비용을 쏟아붓는 프랜차이즈 제품 못지않은 인기를 끌고 있다.

이와 같은 구도가 가능해진 이유를 나는 마트에서 쉽게 볼 수 있는 몇몇 생수에서 찾을 수 있었다. 요즘 마트에 가면 눈에 띄는 생수가 있다. 라벨이 붙어 있지 않은 투명한 생수병의 생수들이다. 생수병을 자세히 살펴보면 생수의 브랜드가 무엇인지를 알 수 있지만, 과거에는 이같이 라벨이 없는 생수는 꿈도 꾸지 못할 일이었다.

물론 생수라는 제품이 워낙 많이 사용되는 제품이라 재활용이 필수적인데, 생수병의 라벨이 재활용을 방해한다는 주장은 과거부터 있었다. 하지만 환경보호 의식이 크게 높아졌고 관계 법령 또한 엄해졌다고 하지만, 과거에는 제조업체들이 극렬하게 반대하던 사안이 어떻게 지금은 가능해진 것일까?

다른 무엇보다도 '포장보다 본질' 이른바 상품의 오리지널리티를 더 중요하게 여기는 트렌드의 여파가 아닐까? 더 정확히는 브랜드를 보여줘야 할 때는 더 노골적으로 드러나게 하고, 굳이 브랜드보다는 제품의 본질이 더 중요할 때는 그에 충실하면 다른 것은 이해하고 용납할 수 있는 스테레오 타입이 우리의 일반적인 태도가 된 영향이 아닐까 싶다.

그런데 이런 본질에 대한 천착은 비단 지금 이 시대의 것만은 아니었다. 이미 오래전부터 변화와 변혁의 시대적 파고가 극심해지면 사람들은 본능적으로 마음의 안식이 되는 전통적인 것, 어설픈 가짜가 아닌 진짜 그리고 허례허식이나 겉치레보다는 본질적인 것에 더 집중해 왔다. 이를 통해 진정한 가치를 찾고자 한 것이다.

특히, 르네상스 시기에 그러한 경향은 더더욱 두드러졌다. 이것을, 우리는 세계 문학사에 한 획을 그은 위대한 인물이자 이탈리아 르네상스 문학의 문을 열어젖힌 작가 단테로부터 확인할 수 있다.

피렌체 정치권의 까칠하고 말 많았던 아저씨

우리가 르네상스를 대표하는 문학가로 언급하는 단테는 사실 같은 르네상스 시기의 인물로 묶기에는 연배가 상당히 높은 편이다. 상당히라는 표현만으로는 부족한 것이 유럽에 페스트의 기운이 감돌기도 훨씬 이전인 1260년대에 태어난 인물이기 때문이다. 이 책에 주로 등장할 인물들을 포함해 르네상스를 대표하는 인물들이 대부분 14세기 말부터 늦게는 17세기 초반까지 태어나서 활약한 인물인 반면, 단테는 13세기 중반에 태어나 후반기에 빛은 발한 인물이다. 단순히 선배 정도가 아니라 몇 세대 위의 어르신인 셈이다.

또 한 가지 우리가 단테에 대해 오해하는 것은 그를 그저 이탈리아 문학에 한 획을 그은 문학가로만 알고 있는 것이다. 그의 본업은 정치인이었다. 그것도 문화계 출신의 그저 그런 정치인이 아니라 자신의 파벌을 형성하여 교황에게 맞섰고, 그로 인해 자국에서 추방당해 망명지를 전전해야 했던 열혈 정치인이었다.

그럼에도 불구하고 그가 이룬 문학적 업적은 비할 바 없이 찬란했고, 때문에 혹자는 겸손한 표현으로 "이탈리아 역사상 가장 뛰어난 작가" 혹은 "이탈리아가 낳은 가장 유명한 작가"라고 그를 표현했다.

6명의 토스카나 시인들을 그린 조르조 바사리의 작품. 중심에서 책을 읽는 사람이 단테이며 그에게 관심을 보이는 사람이 페트라르카이다.

인류 역사상 가장 위대한 작가 중 한 사람이었던 단테는 피렌체의 한 몰락한 귀족 가문에서 태어났다. 몰락했다고 하지만 정쟁에 휘말려 권력을 잃었을 뿐 막대한 재산은 그대로 보존한 가문이었기에 단테는 유복한 어린 시절을 보낼 수 있었다. 하지만 옳고 그름을 분명하게 따지고 잘못된 것을 발견하면 타협하기보다는 어떻게 해서든 원하는 답을 얻기 위해 노력하는 외골수적 성격은 그의 가문 대대로 이어온 유전적 공통점이었다.

단테 역시 정치인이 되고 나서도 그랬지만 어렸을 때부터 한 성질하기로 유명했다. 세상을 보는 독창적인 시각과 절대로 타협하지 않는 꼿꼿한 성품은 그를 당대 최고의 '차도남'으로 만들어 주었다. 글 또한 젊은 시절부터 잘 쓰기로 유명했던 터라 그의 인기는 피렌체에서 으뜸이었다.

집안의 어른들이 막 권력에서 물러나 가문이 몰락하기 시작할 무렵 태어나 10대 무렵에 아버지마저 돌아가셨기 때문에 뒷배경이 되어 줄만한 어른이 주변에 없었지만, 그는 오롯이 자신의 능력과 인기만으로 피렌체를 다스리는 여섯 명의 행정장관 중 한 자리를 차지하게 되었다.

정치인이 되어서도 그의 필력은 그대로였다. 편지 한 통으로 상대방을 피렌체 사람들 사이에서 조롱거리로 만들어 버렸으며, 연설문 한 장으로 피렌체 시민들의 가슴을 끓어오르게 만들 수 있었다.

그런 그가 행정장관으로 재직할 무렵 자신의 인생을 뒤바꿔 놓을 편지 한 통을 쓰게 되었다.

당시 교황이었던 보니파시오 8세는 사람들이 화합하도록 이끄는 대신에 파벌을 나눠 끊임없이 서로 반목하게 하여 어부지리로 자신의 권력을 안정시키는 전략을 택했던 노회한 정치가였다. 이전 교황은 신성로마제국을 지지하는 기벨린파에 맞서 자신을 지지하는 구엘프파를 규합해 스스로를 지킨 소극적 방어 정도였다면, 보니파시오 8세는 구엘프파를 다시 자신에게 충성적인 구엘프 흑파와 상대적으로 충성심이 적었던 구엘프 백파로 나눠 구엘프 백파 소속의 정치인과 종교인을 철저하게 무시하고 비하했다. 단테는 이런 교황에 반대하는 구엘프 백파의 핵심적인 인물이었다.

그는 교황의 처사가 부당하다는 생각에 작심하고 교황을 비난하는 편지 한 통을 쓰게 되는데, 문제는 그 편지가 '지나치게' 명문 중의 명문이었다는 점이다. 단어 하나하나가 얼마나 핵심을 찌르고 심금을 울렸는지 편지를 읽은 보니파시오 8세는 분노에 휩싸여 식사를 제대로 하기 힘들 정도였다고 한다. 감정을 추스르지 못하고 한동안 어쩔 줄 몰라 하던 교황은 마음을 다잡고 단테를 몰락시키겠다는 결심을 하게 된다.

당시는 가톨릭이 종교계는 물론 정치, 사회적으로 거의 모든 권력을 장악하던 시기였다. 아무리 교황에게 잘못이 있더라도 교황에게 반역했다는 명분으로 파문을 당하면, 사회적으로 매장을 당할 수밖에 없었다. 교황이 단테를 파문한다는 소문이 돌기 시작하자, 단테의 주변에서 "당신의 필력으로 교황을 탄핵하는 명문장을 써 주시오"라고 말하던 사람까지 그를 모른척하거나 심지어 공격하기 시작했다.

결국, 1302년 단테는 고향 피렌체를 떠나야만 했다.

방랑의 시기에 남긴 인류 최고의 걸작

피렌체에서 추방된 단테는 몇 년간 방황하다가 마음을 다잡고 1307년부터 책 한 권을 쓰기 시작했다. 한동안 답보를 거듭한 집필은 구이도 노벨로라는 귀인을 만나고 가속도가 붙을 수 있었다. 라벤나 지역의 명문 가문인 폴렌타가의 후손이었던 노벨로는 단테를 자신의 저택으로 초대해 물심양면으로 지원하며 창작에 힘쓰도록 했다. 그의 후원 덕분에 라벤나에서 문학 지망생들을 가르치며 집필에 매진한 단테는 눈을 감기 직전인 1321년 총 세 편으로 된 책 한 권을 마무리하게 된다.

책의 주인공은 단테 자신이었다. 어느 날 밤 산길을 걷던 주인공 단테는 짐승들에게 둘러싸여 생명의 위협을 받게 된다. 절체절명의 순간! 로마의 시인 베르길리우스가 나타나 단테를 구해주는가 싶더니, 지옥과 연옥을 차례대로 안내하고 사라져 버렸다. 얼마 뒤에는 그가 평생토록 흠모했던 여인 베아트리체가 등장해 그를 이끌고 천국을 구경시켜 주었다. 그 내용을 생생하게 담아낸 책이 바로, 인류 역사상 가장 위대한 책 리스트에서 빠지지 않는《신곡》이다. 어찌 보면 가벼운 동화 같은 내용이지만, 이 책은 르네상스를 포함한 서양 문학사에서 아니 인류 문명사를 통틀어 살펴봐도 쉽게 찾을 수 없는 여러 가지 중요성과 가치를 갖고 있는 책이다.

'지옥', '연옥', '천국' 총 세 편으로 구성되어 있고, 서문을 포함하여 총 100곡, 1만 4,223줄로 된 장편 서사시인《신곡》은 우선 이탈리아 토스카나 방언으로 저술된 최초의 책이다. 당시까지만 하더라도 모든 문학은 라틴어를 사용해야 했지만, 단테는 과감하게 100퍼센트 이탈리아어로 훌륭한 문학작품을 남긴 것이다. 이 책이 물꼬를 터 준 덕분에 이후 수많은 이탈리아 문학작품이 등장할 수 있었고, 그 영향을 받아 프랑스, 스페인, 독일 등지에서도 자신들의 언어로 스스로의 생각을 생동감 있게 표현한 문학작품이 꽃피울 수 있었다.

단테와 《신곡》을 그린 도메니코 디 미켈리노의 작품. 단테가 《신곡》을 들고 있고, 주변으로 《신곡》의 배경인 지옥, 연옥, 천국 그리고 그의 고향 피렌체가 있다.

《신곡》은 또한 온갖 다양한 기법의 비유와 생생한 묘사가 특징적인 서사시다. 당시 성경적 세계관을 중심으로 고대 그리스와 로마 시대에 등장했던 각종 철학을 버무렸다. 그러면서도 어느 것 하나 있는 그대로 찬미하거나 내버려 두지 않고, 비꼬거나 뒤틀어서 서로 붙이고 쪼개가면서 다양한 표현을 만들어냈다.

거기에 당시의 피렌체 정치 상황과 자신의 처지, 지나온 삶까지 더해 이야기를 한층 더 풍성하게 만들어냈다. 어려운 라틴어로 쓰여 읽기 쉽지 않고 문장이 딱딱하다 못해 메마른 느낌까지 주는 기존의 문학작품에서는 만나보기 힘든 표현이었다. 이 역시 이후 이탈리아는 물론 유럽 문학 전반에 큰 영향을 미쳤다.

근본과 본질에 대한 깊은 탐구가 만들어낸 걸작

과장해서 말하기를 좋아하는 사람들은 인류가 언어를 제대로 다루고, 그 결실인 책이 인쇄술을 통해 대량으로 유통된 이래 문학작품은 대부분 《신곡》의 영향을 받았다고 이야기한다. 때문에 콧대 높기로 유명한 괴테마저도

"《신곡》은
인간의 손으로 빚어낸 최고의 걸작이다!"

라며 극찬을 아끼지 않았고, 마르크스주의를 창시한 인물인 프레드리히 엥겔스조차도 어울리지 않게 《신곡》의 매력에 푹 빠져서

"단테는 최후의 중세 시인인 동시에
최초의 근대 시인이다"

라는 말을 하기도 했다. 쉽게 말해 근대 시문학의 새로운 지평을 연 인물이라는 찬사였다. 아르헨티나가 낳은 세계문학의 거장 호르헤 루이스 보르헤스는 한술 더 떠서,

"나는 누구도 단테보다 우월하다고 생각하지 않는다"
"나는 셰익스피어가 《신곡》을 지을 능력이 있다고 생각하지 않는다"

라고 말할 정도였다.

그렇다면 단테는 어떤 삶을 살았기에 이렇게 위대한 작품을 만들어 낼 수 있었던 것일까?

그의 생애는 인간의 본질에 대한 끊임없는 탐구와 천착으로 점철되었던 삶의 연속이었다. 어려서는 베아트리체라는 여인에 대해, 생명력의 근원이자 모든 분쟁의 시작이며 수많은 고민의 원천이

자 역설적으로 치유의 에너지가 되는 '사랑'이라는 감정을 품고 오랫동안 고민했다. 그 사랑의 시작이 9살 때부터였다고 하니 그는 사랑이라는 인간의 본질적인 감정을 밑바닥 끝까지 파고든 셈이다.

종교에 대해서도 마찬가지였다. 그는 교황과 맞부딪혀 싸울 정도로 강단과 배포가 대단한 인물이었다. 그가 그랬던 것은 단순히 신성로마제국의 황제와 교황 사이에서의 정치적 판단 때문이 아니었다. 인간에게 종교가 갖는 의미에 대한 깊은 성찰을 통해 마땅히 그래야 한다는 판단이 들어서였다. 이를 반영하듯 단테는 《신곡》에서 신, 천국과 지옥, 천사와 악마 등을 마치 만나보고 그들이 있는 곳에 가본 것처럼 생생하게 묘사할 수 있었다.

인간에 대해서는 더 말할 나위가 없다. 정치인 단테는 까탈스럽고 깐깐하기로 유명한 인물이었다. 기록을 보면 날마다 싸움을 하지 않는 날이 없을 정도로 눈에 거슬리는 것을 보면 그냥 넘어가지 못하는 성격이었다. 그러나 그런 까탈스러움에는 이유가 있었다. 그것은 바로 피렌체 시민에 대한 애정과 관심이었다.

정치를 하며 그의 관심은 오로지 피렌체 시민들의 삶에 있었다. 인간에 대한 깊이 있는 애정과 그들의 삶에 대한 진지한 관찰과 심오한 성찰이 있었기 때문이다. 이후 평생의 역작 《신곡》을 짓는 중에도 그는 인간 본성에 대한 탐구를 게을리하지 않았다.

덕분에 지옥과 연옥 그리고 천국에서 만나는 인물들에 대해 마치 그들의 속에 들어갔다 나온 것처럼 생생하게 묘사할 수 있었고, 그를 통해 만들어진 이야기는 《신곡》의 내용을 더욱 풍성하게 만들어 주었다. 그렇기에 《신곡》이 공간과 시간의 경계를 넘어 인류에게 감동을 주고 찬사를 받을 수 있었던 것이다.

Back to Origin-본질에서 대박을 캐내는 사람들

우리는 흔히 화려한, 전혀 새로운, 이제까지 없었던 것에서 놀라운 가치가 만들어진다고 생각한다. 그리고 왠지 '본질에 집중', '본연의 것에서 가치 창출'이라고 하면 뭔가 옛 방식을 고집하는 고루한 사람, 이익과 상관없이 하고 싶은 대로 살아가는 마이너 문화에 젖어 있는 사람이라고 생각하기 쉽다. 그러나 의외로 최근에 많은 기업이 제품의 본질에, 기업의 본질에 그리고 그들이 하는 업業의 본질에 천착하여 만든 제품과 서비스를 통해 고객의 사랑을 받고 승승장구하는 모습을 발견하게 된다.

유니콘Unicorn이라는 말이 있다. 신생 스타트업이지만 남다른 기술력과 아이디어를 기반으로 10억 달러(약 1조 2천억 원) 이상의 기업가치를 지닌 기업을 일컫는 말이다.

신화 속에 등장하는 유니콘은 동양에서는 일각수一角獸라고도 하는데 눈부시게 하얀 백마의 몸통에 머리에 긴 뿔 하나가 난 모습이다. 신화의 동물치고는 현실감 있는 모습이어서 실제 존재할 것 같은 동물이지만 발견한 사람이 단 한 사람도 없는 동물이다. 기업가치가 1조 원을 넘어서는 스타트업 역시 현실에 존재할 법하지만 좀처럼 찾아볼 수 없다. 업력이 긴 대기업조차 그런 기업가치를 보유하기란 만만치가 않다는 사실은 사회생활을 조금이라도 해 본 사람이라면 잘 알 것이다. 때문에 '존재할 법하지만 만나기 어려운' 유니콘에 빗대 그런 이름이 붙여진 것이다.

그런 유니콘보다 더 대단한 기업들이 있다. 데카콘Decacorn이라고 불리는 기업들은 유니콘의 기업가치에 '0'이 하나 더 붙은 기업이다. 전 세계적으로 정말 손에 꼽을 정도만이 존재한다. 그런데 식음료 회사로서는 드물게 유니콘을 넘어 데카콘의 반열에 오른 중국의 식품회사가 있다. 위안치썬린元气森林이라는 기업으로 그들은 '0 Sugar, 0 Calories, 0 Fat' 음료를 표방하면서 건강 붐이 일기 시작한 중국을 중심으로 급속도로 성장했다.

사업을 시작할 때 그들은 어떤 상품으로 시장에 진출할까 고심했다고 한다. 건강을 진지하게 생각하기 시작한 중국인들에게 어필할 수 있는 무설탕, 무칼로리, 무지방 음료를 개발하기 위해 엄청

무설당, 무지방, 무칼로리 컨셉으로 돌풍을 일으킨 위안치썬린의 음료. 게임개발자 출신의 창업주 탕빈선은 게임업계에서 약 5,000억 원의 엑시트를 성공하고 위안치썬린을 설립했다.

난 노력을 기울였다. 그렇게 그들이 찾은 음료는 뜻밖에도 수천 년간 중국인들이 마셔온 차茶를 베이스로 한 음료였다.

그들은 알았다. 어떠한 새로운 것도 단단한 기본을 바탕으로 한 것을 이길 수 없다는 것을……그들은 사업계획을 세울 때 중국인들의 삶에 대해 심도 있는 관찰과 연구를 거듭했고, 그들이 추구하는 건강한 삶의 본질과 그들이 살아가는 삶의 근원에 대해 학습했다. 그를 통해 오래되고 익숙한 존재지만 차야말로 중국 식음료의 본질이자 근원이요, 건강음료를 표방하는 자신들의 제품 아이덴티티에도 가장 잘 부합하는 것임을 알게 되었다.

그들은 브랜드이자 회사의 사명까지 중국인들이 '건강'하면 쉽게 떠올리는 '원기元氣'와 '자연'을 연상시키는 '삼림森林'을 더해 만들었다. 덕분에 '건강이라는 우리 삶의 근원에 충실한 음료인 차', '맛의 본질을 해치지 않으면서도 새로운 맛을 가미해서 만든 새로운 차'를 앞세운 위안치썬린은 유니콘을 넘어 데카콘 기업으로 우뚝 설 수 있었다.

본질에 대한 탐구로 이뤄낸 30분의 기적

중국인들이 늘 마시던 차에서 새로운 가치를 찾아낸 위안치썬린도 대단한 기업이지만, 그들보다 더 본질과 근원에 대해 파고들어 새로운 가치를 만들어 낸 유니콘으로 인스타카트Instacart라는 기업이 있다. 인스타카트는 인도 이민자 출신의 전직 아마존의 물류담당 IT 엔지니어 아푸바 메타가 자신의 동료 맥스 뮬란, 브랜든 레오나르도와 함께 창업한 스타트업이다.

인스타카트의 주력사업은 신선식품 구매대행 및 배달이다. 그들이 제공하는 서비스는 이미 오래전에 미국에 등장한 아마존 프레시 또는 우리나라의 마켓컬리와 크게 다르지 않다. 심지어 회사명조차 유명 SNS인 '인스타그램Instagram'에 쇼핑할 때 사용하는 '카트Cart'를 더해 만들어졌을 정도다. 그럼에도 불구하고 인스타카트는 미국의 신선식품 배송 시장의 절반 가까이를 차지하고 있다.

더 놀라운 것은 이들의 성장 속도다. 통상적으로 창업 초기에 놀라운 성장 속도를 보이던 기업도 시장에 안착해서 규모를 키우기 시작하면 성장 속도가 줄어들기 마련이다. 그러나 인스타카트는 이미 시장의 절반을 차지한 업계 최강자임에도 불구하고 여전히 무서운 속도로 성장하고 있다. 인스타카트가 제공하는 서비스는 경쟁기업과 다를 바 없고, 기업명부터 시작해서 모든 것이 별다른 차별점이 없어 보인다. 그럼에도 그들은 잘 나갔고, 지금도 잘 나가고 있으며, 모르긴 몰라도 앞으로도 잘 나갈 것 같다.

그렇다면 어떻게 그들은 그럴 수 있었을까? 이 역시 위안치썬린의 경우와 마찬가지로 자신들이 제공하는 서비스 혹은 제품의 본질, 경쟁력의 원천, 더 나아가 본인들이 하는 일, 업의 본질에 대한 깊은 고민과 해답을 찾기 위한 노력의 결과에서 기인한다.

아푸바 메타와 동업자들은 회사를 시작하며 틈만 나면 소비자들이 본질적으로 원하는 것이 무엇인지에 대해 탐구했다. 그랬던 이유는 메타가 인스타카트를 설립하기 전에 이미 스무 번 가까이 창업을 실패한 경험이 있는 사람이었기 때문이다. 특히, 가장 큰 손해를 본 사례이자 그의 인생에서 가장 쓴 좌절이었던 리걸리치 LegalReach의 실패는 그가 사업을 바라보는 관점 자체에 큰 영향을 끼쳤다.

리걸리치는 변호사 전용 소셜 네트워크 서비스SNS를 표방하며 화려하게 시장에 등장했다. 그러나 시작하고 얼마 가지 못해 사업을 접어야 했다. 주고객인 변호사들이 조금의 관심도 보이지 않았기 때문이다. 메타는 처음에 세상의 변화와 IT에 둔감한 변호사들을 탓했다. 그러나 이내 자신이 무언가 중요한 것을 놓쳤다는 것을 깨닫게 되었다.

메타는 막연히 변호사들만 이용할 수 있는 제한적인 SNS를 만들면 변호사들이 앞다퉈 가입해 폐쇄적인 커뮤니티를 구성하고,

무언가 수익모델을 창출할 수 있을 것이라 생각했다. 그러나 실패를 눈앞에 둘 무렵 메타는 정작 자신이 '변호사가 어떤 사람들이고, 실제 무슨 일을 하는 사람들인지'에 대해 진지하게 고민해 본 적이 없다는 것을 깨달았다.

변호사는 말로 먹고사는 사람들 같고 소통하기를 좋아하는 사람들 같지만, 기본적으로 의뢰인으로부터 전달받은 수많은 사건 정보, 개인신상정보 등을 알고 있어 직업윤리상 '무거운 입'을 지닌 사람들이었다. 보안이 보장되지 않는 SNS에 떠벌리는 것을 좋아할 리가 없었다. 더군다나 미국은 '소송의 나라'라는 별명이 있을 정도로 법률 소송이 난무하는 나라고, 별명에 걸맞게 변호사들이 난립하는 나라다.

당연히 경쟁이 치열할 수밖에 없는지라 언제 경쟁자가 될지도 모르는 다른 변호사와 정보를 공유한다는 것은 변호사의 사정을 조금이라도 아는 사람이라면 말도 안 된다는 것을 쉽게 알 수 있었다. 그런데 메타는 변호사의 사정을 살피는 것을 등한시했고 처절한 실패를 맛볼 수밖에 없었다.

그때의 실패가 인스타카트의 창업자들이 늘 자신들이 하는 업의 본질이 무엇이고, 고객들이 자신들에게 본질적으로 원하는 것이 무엇인지를 고민하도록 만든 원동력이 되었다. 모든 고민의 끝은

'인스타카트의 본질은 신속함과 신선함, 즉 가장 신선한 식품을 고객에게 가장 빨리 배송하는 것 외에는 중요하지 않다'는 결론이었다.

다양한 배송 옵션을 제공하는 인스타카트였지만, 가장 중요한 것은 '최단 30분 배송'이었다. 광대한 땅을 자랑하는 미국에서 30분 안에 원하는 신선식품을 받아볼 수 있다는 것은, 기업에게는 엄청난 모험이었지만 이용하는 소비자에게는 어마어마한 매력이 있는 서비스였다. 그들은 신선함을 지키기 위한 속도에 미친 폭주족처럼 어떻게 해서든 배송 속도를 높이기 위해 극한까지 자신들의 시스템을 개선했다.

자신들의 고객 중 속도보다는 '편안함과 안전함'을 우선시하는 노인, 여성, 아동 고객에게는 그에 특화된 서비스를 제공하는 대신 배송 순서를 일부 조정했다. 반면, 다른 불편함을 감수하고서라도 '신속함과 신선함'을 추구하는 고객에게는 그 혜택이 속도로 돌아가게 했다.

본질에 대한 깊이 있는 천착 덕분에 인스타카트는 한 치 앞도 예측하기 힘든 유통시장에서 탄탄한 입지를 갖추고 승승장구할 수 있었다.

우리는 흔히 어려운 문제에 봉착하면 무언가 절묘한 해법, 기가 막힌 해결책이 있을 것이라는 기대를 한다. 그렇기에 어려움을 겪던 최고경영자가 엉뚱하게도 무속인의 도움을 받기 위해 무리수를 쓰고, 중병을 앓는 환자가 검증되지도 않은 치료법을 쓰는 무허가 돌팔이에게 거액을 맡기는 일들이 일어나는 것이다.

그러나 대부분의 경우 문제는 뜻밖의 지점에서 해결된다. 바로 문제를 둘러싸고 있는 숱한 거추장스러운 포장들을 벗겨내면 마주하게 되는 문제의 본질에서 말이다. 마치 르네상스 초입에 단테가 그랬듯이, 위안치썬린과 인스타카트의 창업자들이 그랬듯이…….

Donato di Niccolò di Betto Bardi (1386-1466)

가짜가 판을 치는 세상에서 진짜의 가치가 더욱 빛난다

뉴스란 원래 뉴스가 아니었다

어린 시절에 가장 황당하면서도 사실이면 좋겠다고 생각했던 주장으로 '태권V 실존설'이 있었다. 만화영화에 등장하는 태권V라는 로봇이 미국의 CIA와 우리나라 안기부(현재의 국정원)가 공동으로 세운 비밀 조직에서 개발한 로봇이며, 그 격납고가 여의도 국회의사당 지하에 있다는 식의 이야기로 기억한다. 물론, 말도 안 되는 헛소리지만 어린 시절에는 팩트로 느껴졌다.

그에 못지않은 허튼소리로는 '뉴스News'라는 단어가 동서남

북의 영어 단어인 '북쪽North', '동쪽East', '서쪽West', '남쪽South'의 앞 자를 따서 '세상 모든 곳의 소식'이라는 뜻으로 만들어졌다는 이야기가 있었다. 심지어 수업시간에 선생님에게 비슷한 설명을 들었던 기억이 난다. 그러나 이는 전적으로 잘못된 이야기다. 이 자체가 '가짜 뉴스'다. News는 말 그대로 '새로움'을 뜻하는 New의 복수형에서 유래한 것으로, 이 세상의 새로운 것들을 의미하다가 새로운 소식을 의미하는 단어로 굳어지게 되었다.

어원부터 '새로움'만을 강조해서일까? 이후 뉴스는 객관적이고 정확한 소식을 사람들에게 전달하고, 이 세상에 필요한 지식을 전하는 역할을 했다. 하지만 진실에 기반하지 않은 엉뚱한 정보를 제공하거나, 옳지 않은 의도를 가지고 인위적으로 조작한 정보도 전달하면서 많은 해악을 끼치기도 했다.

그 위세가 많이 약해지긴 했지만 명맥 정도는 유지했던 스페인 식민제국의 완전한 몰락을 가져온 미서전쟁이 가짜 뉴스로 인해 벌어진 대표적인 사건이다.

1889년 1월, 쿠바의 아바나에 정박 중이던 미국 군함 메인호가 폭발과 함께 침몰해 261명의 승조원이 사망하는 사건이 벌어진다. 사고 원인에 대해서는 100년이 훌쩍 지난 현재까지도 여러 추정과 주장만 있을 뿐 명확하게 밝혀진 것은 없다. 그럼에도 불구하고 미국의 황색 언론들은 메인호의 침몰을 스페인의 짓으로 몰아가는 기사를 쏟아내기 시작했다. 명백한 가짜 뉴스였다.

물론, 당시 쿠바를 비롯하여 카리브해 연안에 대한 영향력을 두고 미국과 스페인은 팽팽하게 맞서고 있었기에 사이는 썩 좋지는 않았다. 하지만 당시 스페인은 국력이 쇠락할 대로 쇠락하여 남미 식민지 곳곳에서 반군들에게 쫓겨 맨몸으로 도망치는 수준이었고, 막대한 영토와 자원을 기반으로 신흥 강국으로 급속하게 성장하고 있던 미국에 맞서 전쟁을 치를 힘도 의지도 없었다.

더군다나 첫 번째 폭발이 일어나자 인근에 있던 스페인 해군이 가장 먼저 달려가 메인호의 선원들을 구출한 것은 알만한 사람은 다 아는 사실이었다. 그러나 지금이나 그때나 가짜 뉴스를 생산하는 속칭 '업자'들의 펜끝은 자비가 없었다. 미국의 '신문왕'이라 불렸던 윌리엄 랜돌프 허스트의 〈뉴욕저널〉과 조지프 퓰리처의 〈뉴욕월드〉가 앞장서서 미국 국민들의 감정을 자극하는 단어들을 조합하여 뉴스를 쏟아냈다.

"스페인의 소행인지가 의심스럽다"로 시작된 뉴스는 "스페인의 소행임을 입증할 만한 여러 가지 증거가 나왔다"라는 식의 가짜 뉴스로 돌변하더니, "스페인이 미국을 공격했다", "스페인은 이미 오래전부터 미국과의 전쟁을 준비해왔다", "스페인 왕은 푸에르토리코, 쿠바 다음 미국을 식민지로 삼으려 한다"라는 식의 허황된 뉴스로 몸집을 불려나갔다.

그러자 뉴스의 진위와 상관없이 여론은 스페인과 일전을 치러야 한다는 쪽으로 급격하게 기울었다. 결국 "메인호를 기억하라!Remember the Maine!"라는 구호를 외치는 대중을 등에 업은 당시 미국 대통령 윌리엄 매킨리는 선전포고를 하고, 4개월에 걸쳐 카리브해와 태평양 등지에서 양국이 치열하게 맞붙은 미서전쟁이 발발한다. 전쟁으로 두 나라(전쟁 결과에 영향을 받은 쿠바, 필리핀, 괌, 푸에르토리코까지 합치면 십여 개국)의 운명이 바뀌고 엄청난 숫자의 사상자가 발생한 제법 큰 규모의 전쟁치고는 그 시작이 참으로 어이없었다.

국내 한 연구기관이 수행한 연구결과에 따르면 흔히 '가짜 뉴스'로 일컬어지는 잘못된 뉴스로 인해 발생하는 경제적 비용을 추정해 보면 연간 약 30조 원이 훌쩍 넘는다고 한다. 이 금액에는 가짜 뉴스로 인해 실제로 피해를 입은 당사자의 피해 금액 23조 원에 사회가 입게 되는 간접적인 피해 금액 7조 원이 포함되는데, 이 금액은 연구결과가 발표된 당시의 우리나라 명목GDP의 2퍼센트에 해당하는 거액이었다. 2021년 우리나라의 R&D 국가 예산이 30조 원이었

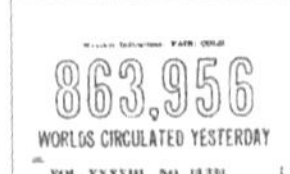

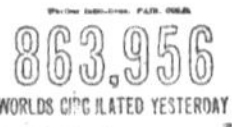

863,956 **The World.** 863,956

WORLDS CIRCULATED YESTERDAY — "Circulation Books Open to All." — NEW YORK, THURSDAY, FEBRUARY 17, 1898

MAINE EXPLOSION CAUSED BY BOMB OR TORPEDO?

Capt. Sigsbee and Consul-General Lee Are in Doubt---The World Has Sent a Special Tug, With Submarine Divers, to Havana to Find Out---Lee Asks for an Immediate Court of Inquiry---Capt. Sigsbee's Suspicions.

CAPT. SIGSBEE, IN A SUPPRESSED DESPATCH TO THE STATE DEPARTMENT, SAYS THE ACCIDENT WAS MADE POSSIBLE BY AN ENEMY.

Dr. E. C. Pendleton, Just Arrived from Havana, Says He Overheard Talk There of a Plot to Blow Up the Ship---Capt Zalinski, the Dynamite Expert, and Other Experts Report to The World that the Wreck Was Not Accidental---Washington Officials Ready for Vigorous Action if Spanish Responsibility Can Be Shown---Divers to Be Sent Down to Make Careful Examinations.

메인호 폭발을 다룬 〈뉴욕월드〉의 1면 톱기사 "메인호의 폭발, 폭탄인가, 어뢰인가". 이 선동적인 기사들로 인해 전쟁이 발발했고 사상자만 5천여 명이 발생했다.

으니, 단순 비교는 어렵지만 우리나라의 과학기술을 발전시키는데 들어가는 예산만큼의 돈이 매년 '가짜 뉴스'에 의해 허비되고 있다는 무시무시한 연구결과였다.

그럼에도 불구하고 여전히 가짜 뉴스는 우리 주변을 맴돌고 있다. 이러한 가짜 뉴스는 일반적인 사회 여론에만 해악을 끼치는 것이 아니다. 우리가 소속된 학교와 직장 등의 조직에서도 가짜 뉴스는 판을 치고 있다.

이는 단순히 소식이나 정보 등의 형태로만 유통되고 마는 것이 아니라, 사업의 중대한 의사결정과 조직 구성원들의 업무 목표를 수립하고 성과를 관리하는 과정에도 지대한 영향을 미치게 된다. 그리고 그 폐해는 우리가 속한 조직 전반에 걸쳐 큰 비용부담과 그에 덧붙여 이루 말할 수 없는 추가적인 해악을 끼치고 있다.

특히, 팬데믹 이후 비대면 커뮤니케이션이 일상이 되고 사회적으로 직접적인 소통 대신 간접적인 소통, 온라인을 활용한 비정형 및 비대칭적인 소통이 늘어나면서 가짜에 의해 진짜들이 피해를 입는 일이 크게 늘어나고 있다.

이런 상황에 대해 '진짜'에 대한 깊은 천착으로 르네상스 예술의 문을 활짝 열어주었던 이탈리아의 조각가 도나텔로Donatello는 어떤 충고를 건네줄 수 있을까? 이번에는 잠시, 르네상스 초기에 활약했던 도나텔로를 만나보려 한다.

사실을 멀리해 사라진 기업들

우리가 어떠한 일을 함에 있어, 특히 사업적 결정이나 조직운영과 관련된 개인의 성과평가 등에 연관된 의사결정을 할 때 일부러 거짓된 정보와 허위 사실을 기반으로 판단하려는 사람은 없을 것이다. 다들 사실을 중시하고 그를 기반으로 최적의 판단을 하고자 할 것이다. 하지만 우리 주변에는 '사실'이라는 이름으로 포장된 '허위' 이른바 가짜 뉴스가 너무나도 많다.

의도를 가지고 일부러 만들어진 가짜도 많지만, 유통되는 과정에서 각종 상호작용과 간섭효과에 의해 원래 사실이었던 정보가 허위가 더 많은 정보로 돌변하는 사례도 빈번하다. 그런 '사실 아닌 사실'을 바탕으로 사람을 평가하고 사업적 의사결정을 반복하게 되면 치명적인 재앙을 피할 수 없게 된다.

역사 속 대표적인 사례로는 선조가 신하들의 그릇된 정보에만 의존해 이순신 장군을 벌한 것(물론, 이는 거짓 정보보다도 선조라는 인물 자체의 찌질함이 더 큰 이유이지만)이나, 송나라 고종이 간신배들의 말만 믿고 악비岳飛 장군을 죽인 것이 있다.

기업의 경우 훨씬 더 많은 안타까운 사례들을 만나볼 수 있다. 세계적인 송금 전문 기업이었던 웨스턴 유니온은 그릇된 시장 정보와 내부에서 과장되게 보고된 기술개발 정보만을 믿고 의사결정을 내렸다가 간판을 내리고 사업을 접을 수밖에 없었다. 즉석 사진기의 대명사 폴라로이드 역시 왜곡된 미래전망 정보만을 믿고 잘못된 결정을 내렸다가 기업의 존망이 흔들릴 정도의 큰 위기를 겪었으며, 보잉과 어깨를 겨룰 정도로 거대했던 항공기 제조업체 맥도널드 역시 몇 차례 잘못된 정보에 기반한 사업적 선택을 했다가 역사에서 사라진 대표적인 사례다.

이처럼 제대로 된 사실이 아닌 허위 정보를 기반으로 의사결정을 하는 것도 위험하지만, 사실을 제대로 해석하지 못하고 엉뚱하게 해석하거나 자의적으로 활용해서 잘못된 의사결정을 내리는 경우도 위험하기는 마찬가지다.

그럼 왜 우리는, 특히 리더들은 어떠한 사실을 받아들임에 있어 가짜 뉴스, 거짓 정보에 휘말리게 되는 것일까? 그렇게 똑똑하고 대단한 사람들이…….

가장 첫 번째 이유는 확증의 오류에 쉽게 빠져들기 때문이다.

우리는 과거의 선택을 확증해 주는 정보를 수집하려는 경향이 있고, 과거의 판단이 틀렸다는 것을 입증하는 정보는 무시하려는 경향이 있다. 이는 거짓 정보라기보다는 정보를 편식하려는 태도로 인해 발생하는 선택 상의 문제이긴 하다.

그런데 안타까운 것은 조직 내에서 경험이 많고 경륜이 깊을수록 확증의 오류에 쉽게 빠져들고, 다른 사람이 오류를 지적하면 수정하기보다는 반발하거나 부정하는 경우가 빈번하다는 점이다.

두 번째는 접근성의 오류에 잘 휩쓸리기 때문이다. 이 오류에 빠진 사람, 특히 리더는 쉽게 접근할 수 있는 정보에 근거해 판단을 내리려는 경향을 보인다.

간단하게 이 오류를 설명하는 상황이 있다. 만일 당신이 한 조직의 리더인데 항상 같이하는 측근이 특정 상황에 대해 A라는 정보를 가져왔고, 얼굴 정도만 알고 있는 지방 사업장의 직원이 B라는 정보를 가져왔을 때 어떤 정보를 더 신뢰하고 중요하게 사용할 것 같은가? 물론 많은 사람이 "두 직원의 자세, 태도, 전문성 등을 따져 판단하겠다"라고 이야기는 하겠지만, 대부분의 경우 본능적으로 측근이 가져온 정보를 훨씬 더 중요하게 여기고 신뢰하는 경향이 있다.

세 번째는 대표성의 오류에 영향을 받기 때문이다. 이는 과거에 일어난 대표적인 상황 혹은 일회성 성격이 강한 상황이 현재 우리에게도 일어날 수 있다고 여기는 경향과 그로 인해 벌어지는 오류다.

과거 특정 지역 또는 특정 학교 출신이 일을 잘했던 기억을 가지고 있는 리더가 이후 채용과정에서 해당 지역 및 학교 사람들에게 호의적인 반응을 보이거나 너그럽게 평가하려는 경향이 이 오류의 대표적인 모습이다.

네 번째는 우연성의 오류 때문이다. 세상에는 우리가 의도치 않은 수많은 우연들이 일어난다. 그런 우연은 다시 반복될 수도 있지만, 다시는 발생하지 않을 수도 있다. 그럼에도 그 우연을 예측할 수 있고 재연할 수도 있다고 믿는 것이 우연성의 오류다.

지금은 사라져 버렸지만 과거 유망했던 중견기업의 창업자였던 모 대표는 친구 세 명과 시작했던 첫 사무실을 조금 넓혀 두 번째 사무실로 이사를 하게 되었다. 마침 그날은 십수 년 만에 가장 많은 눈이 내린 날이었다. 어렵사리 이사를 마친 그 기업은 매출이 급증하며 말 그대로 대박을 쳤다. 그날의 기억을 담아 둔 대표는 이후 사무실을 옮길 때마다 굳이 함박눈이 내릴 만한 날을 찾아 이사 날짜를 잡도록 고집했다고 한다. 결국, 세 차례나 사무실을 이전하는 날마다 펑펑 눈이 왔지만, 이 회사는 지금 사라지고 없다. 이것이 우연성의 오류에 함몰된 리더가 보여주는 대표적인 특징이다.

다섯 번째는 몰입의 상승 오류로 한국어보다는 영어 표현인 '에스컬레이션 오브 커미트먼트Escalation of Commitment'가 더 친숙한 오류다. 즉, 앞 단계의 의사결정이 잘못되었다는 것을 분명히 알면서도 이후의 의사결정을 수정하지 않으려는 것을 말한다. 그러다 보니 이후 수집되는 멀쩡한 사실들도 이전의 의사결정을 뒤집지 않는 방향에서 해석하려는 경향이 벌어진다.

대표적인 사례가 베트남전에서 발을 빼지 못한 미군의 사례나, 잘못된 설계를 했음에도 불구하고 공사를 중단하지 않고 계속 보강에 보강을 거듭하여 결국 엉뚱한 형태의 건축물을 짓는 중국의 몇몇 건축물의 사례가 이에 해당된다.

이외에도 리더가 사업적으로나 조직적으로 해야 하는 다양한 의사결정의 과정에서 사실을 중시하지 않거나 의도적으로 무시하여 엉뚱한 오류나 실패를 범하고 마는 사례는 찾아보면 수십 권의 책으로도 부족할 정도로 다양하고 많다. 그리고 그러한 오류는 그대로 조직의 운명에 치명적인 악영향을 끼친다.

이런 그들에게 14세기 르네상스 인물인 도나텔로는 "사실(팩트)로 돌아가라"라고 이야기를 하고 있다.

이거 최소한 도나텔로를 알고 만든 만화 캐릭터

1983년 만화책으로 처음 출간된 이후, TV 시리즈로 제작돼 선풍적인 인기를 끌었던 〈닌자 터틀스〉라는 시리즈물이 있다. 우리나라에서는 〈닌자 거북이〉라는 이름으로 TV로도 방영되고 영화관에서 상영되기도 했다.

미국 뉴욕을 배경으로 하수도로 흘러들어온 애완용 거북이 네 마리가 방사능 물질에 노출되어 우락부락한 근육질에 뛰어난 지능을 가진 거북이로 돌연변이를 일으킨다. 보통 사람과 비교할 수 없을 정도로 강력해진 거북이들이 뉴욕을 위협하는 악당들을 물리치며 겪는 에피소드가 〈닌자 터틀스〉의 주된 내용이다.

여러 가지 설정과 스토리가 모두 흥미로웠지만, 특히 많은 사람이 재미있어 한 것은 주인공들의 이름이었다. 거북이들의 이름은 르네상스 시기의 위대한 인물들인 '레오나르도', '라파엘', '미켈란젤로' 그리고 '도나텔로'였다. 거북이들은 강력했던 신체 능력과 별개로 각각 특출난 재능을 보유하고 있었는데, 팀의 리더인 레오나르도는 전략을 짜는 브레인 역할을, 호전적인 성격의 라파엘은 뛰어난 무술 실력을, 개성 강한 미켈란젤로는 임기응변에 능한 창의적인 아이디어를 갖고 있었다.

마지막으로 도나텔로는 싸움 실력이 부각된 다른 거북이와 달리 과학기술을 활용해 적을 물리치는 각종 무기 및 장비를 제작하는 역할을 맡았다. 쉽게 흥분하는 다혈질적이었던 다른 거북이와 달리 도나텔로는 사실관계와 과학적 진실을 바탕으로 사건을 추리하고, 그에 필요한 실질적인 준비를 차곡차곡하여 결정적인 순간에 도움을 제공하는 모습을 주로 보여줬다.

이런 도나텔로의 모습을 보면서 미소를 짓는 사람이 있다면, 그 사람은 분명 우리가 지금부터 이야기할 르네상스 시기의 조각가 도나텔로의 팬이거나 최소한 그에 대한 기본적인 지식이 있는 사람이 분명하다.

르네상스 초기 3대 조각가로 불렸던 도나텔로는 예술적 상상력보다는 우리 주변의 사실에 깊이 관심을 갖던 인물이었다. 그가 남긴 작품과 역사 속에 등장하는 그의 일화를 살펴보면 팩트 위주로 판단을 하고 과학기술을 기반으로 실질적인 해결방안을 모색하는 〈닌자 터틀스〉 속 도나텔로의 모습과 기가 막힌 싱크로율을 보이기 때문이다.

로마에 피렌체를 버무려 르네상스의 문을 연 도나텔로

애니메이션에서는 레오나르도가 가장 연장자이자 형으로 묘사되지만, 실제로는 1386년에 태어난 도나텔로가 1452년생 레오나르도나 1475년생 미켈란젤로, 1485년생 라파엘보다 나이가 많다. 또한, 도나텔로가 당시로는 장수한 나이인 80세까지 살았으나, 그 해가 1466년 12월이었으니 레오나르도 다빈치를 제외하고 생애가 겹치는 사람도 없다. 도나텔로가 사망할 무렵 다빈치의 나이가 14세였으니 시기가 겹칠 뿐 서로 교류했다고 보기는 어렵다.

즉, 도나텔로는 이 책에서 이야기하는 르네상스 시기의 예술가, 정치인, 종교인 등에 비해 조금 앞선 시대를 살아갔던 인물이다. 그렇다 보니 어떤 학자들은 도나텔로를 르네상스 이전 시대의 마지막 문을 닫은 인물 혹은 르네상스로 넘어가는 다리를 놓았던 인물로 평가하기도 한다.

피렌체에서 태어나 평범하게 자라던 그의 삶이 극적으로 변한 것은 로마로 이주하면서부터다. 로마에서 과거 시대의 조각품을 접하고 고대 로마 조각상에 대한 연구를 하면서 도나텔로는 새로운 세상에 눈을 뜨게 된다. 당시의 조각상에 비해 과거 로마제국의 조각상이 보여주는 남다른 아름다움에 매료된 그는 스승으로부터 배운 자연주의적 기법을 사실주의적 표현기법으로 발전시킨다.

고대 로마 양식을 완벽하게 재해석하여 만든 청동 '다비드상'은 피렌체 시민들로부터 수많은 극찬과 끔찍한 혹평을 받는 문제작이 되었다. 젊은 미소년의 신체를 예리하게 관찰하여 그대로 묘사한 청동상은 로마의 조각과 흡사했다. 과거 수많은 신전과 귀족 저택을 장식했던 조각상을 14세기 이탈리아로 그대로 가져온 듯한 모습이었다. 그러나 청동상 머리 위에 얹은 모자가 문제였다. 당시 토스카나 지방의 목동이 즐겨 쓰던 모자를 턱 하니 올려놓은 모습에 사람들은 경악했다. 그러나 도나텔로는

"모델이 되어준 목동이 모자를 쓰고 있었다.
그러니 당연히 모자도 표현해야지……"

라며 전혀 개의치 않았다.

그리고 얼마 뒤인 1453년 그는 역사에 남을 위대한 작품 하나를 남기게 된다.

도나텔로는 파도바의 원로들로부터 시내 한복판에 위치한 광장에 시민들이 사랑하는 위대한 장군이 말을 타고 있는 모습의 동상을 만들어 달라는 의뢰를 받게 된다. '얼룩 고양이'라는 뜻의 이탈리아어 '가타멜라타Gattamelat'라는 별명으로 더 유명한 '에라스모 다 나르니'라는 장군을 모델로 한 동상 제작 의뢰였다. 밀라노에 맞서 교황과 피렌체를 지켜낸 위대한 용병 장군으로 2년 전인 1443년

도나텔로의 다비드상. 이상적인 아름다움과 균형잡힌 비례에 익숙했던 당시 사람들에게 살아있는 소년을 그대로 묘사한 이 조각상은 논란의 대상이자 찬사의 대상이 되었다.

그가 눈을 감자, 그에 대한 추모의 분위기 속에서 파도바와 피렌체의 시민들이 동상을 건립하려고 한 것이다.

도나텔로는 의뢰를 받자마자 우선 말을 키우는 마부를 찾아갔다. 말들을 직접 살펴보고 말의 신체적 특징과 달릴 때 근육의 움직임 등에 대해 물었다. 다음으로 기병대장을 찾아가 이번에는 말을 탈 때 인간이 주로 사용하는 근육의 종류와 그 변형 형태에 대해 살피고 물었다. 그 결과를 바탕으로 그간 '말을 타는 사람'에 대해 우리가 '아마도 그럴 것이다'라고 생각해왔던 것이 상당 부분 틀렸다는 사실을 깨닫게 된다.

그는 직접 살피고 조사하여 분석한 팩트 중심의 정확한 정보를 바탕으로, 출정을 앞두고 한 걸음 내딛으려는 말의 역동적인 움직임과 그 위에 몸을 싣고 비장한 표정으로 전장을 나서는 장군의 신체를 사실감 있게 묘사해냈다. 그 모습은 과거 로마의 고전적인 조각상과 비슷하면서도 새로운 관점에서 재해석된 모습으로 표현되었다. 안정감 있으면서도 역동적인 모습에 파도바 시민은 물론 전 이탈리아인이 열광했고, '가타멜라타 장군 기마상'은 수백 년이 지난 지금까지도 도나텔로의 대표작이자 르네상스 초기를 대표하는 작품으로 많은 사랑을 받고 있다.

이탈리아 츤데레 아저씨의 성공

'겉으로는 엄한 척하지만 속마음은 따뜻한 사람'을 칭하는 일본 신조어로 '츤데레ツンデレ'라는 말이 있다. 이미 한국에서도 오래전부터 사용되어 이제 신조어라고 말하기 어색하지만, 도나텔로가 지금 시대에 우리와 함께 살았다면 아마도 전형적인 츤데레로 불렸을 것이다. 당대 도나텔로의 행적이나 기록들을 살펴보면, 그는 당시 이탈리아 예술계의 대표적인 츤데레 아저씨였다.

당시 많은 조각가들은 작품 의뢰를 받으면 어떻게 해서든 대상을 아름답고 멋있게 꾸미기 위해 노력했다. 그러나 그는 작품 의뢰를 받으면 작품으로 형상화할 대상을 최대한 있는 그대로의 모습으로 표현하기 위해 관찰부터 착수했다. 그것도 아주 진지하게 아주 오랫동안. 그리고 관찰한 결과를 토대로 자신만의 작품을 만들어 갔다. (아, 물론 무조건 보이는 그대로를 똑같이 만들었다는 의미는 아니다. 그보다는) 다른 편견, 왜곡된 정보, 편파적인 의견에 휩쓸리지 않고 표현해야 할 대상으로부터 보여지고 느껴지는 있는 그대로의 모습과 느낌을 제대로 살려나가기 위해 노력했다는 것이 더 맞는 표현일 듯싶다. 때문에 작품 제작에 돈을 내기로 한 의뢰인이 "제발 좀 멋있게 표현해 달라"며 요청을 해도 "그럴 거면 다른 사람에게 맡겨라"라며 손을 내저었다고 한다.

그는 아름다움뿐만 아니라 추함까지도 인간이 알아야 하고 표현해야 하는 '사실'이라고 생각했다. 애써 추함을 가리고 아름다움만 강조하는 것은 인간에 대한 사실적인 표현이 아니고, 사실이 아닌 것으로는 제대로 된 표현을 하기 어렵다는 것이 그의 생각이었다. 앞서 설명한 '다비드상'을 통해 중세 시절 내내 금기되었던 누드의 부활을 알린 것도 인간의 나신 역시 옷을 입은 모습과 마찬가지로 인간의 있는 그대로의 모습이라는 그의 생각이 투영된 결과였다.

그러고 보면 그가 고대 그리스와 로마, 특히 로마시대의 예술품과 조각상에 많은 관심을 가졌던 것은 단순히 로마시대의 예술품을 선호해서가 아니라, 로마시대야말로 중세와 달리 인간 본연의 것을 있는 그대로 사실로서 받아들였던 시대였기 때문이 아닐까.

사실을 중시하고 사실에 담긴 가치를 존중했던 그의 태도 덕분에 르네상스 시기의 조각 기법, 예술에 대한 생각은 새로운 전기를 맞이하게 되었다.

모두가 갖고 있는 세 개의 렌즈

우리가 흔히 하는 커다란 착각 중 하나는 '인간은 있는 그대로 세상을 바라본다'라는 생각이다. 우리는 어떠한 사물, 사람, 현상에 대해 있는 그대로 바라보는 것 같지만 나름의 가치관으로 바라보고 있다. 이에 대해 서울대학교 국문과 정병설 교수는 언젠가 그의 글에서,

"사람은 누구나 자신이 뚫은 자신만의 문구멍peephole으로 세상을
볼 수밖에 없으며, 공부가 많은 사람은 큰 구멍을 가지고 있고,
안목이 높은 사람은 대상이 좀 더 잘 보이는 곳에 자리 잡은
구멍을 가지고 있다는 차이가 있을 뿐,
결국 아무리 훌륭한 사람이라도 세계든 역사든
자기가 뚫은 몇 개의 구멍으로 세계를 볼 수밖에 없다"

라고 이야기한 바 있다.

즉, 같은 세상이라 하더라도 어떠한 눈을 통해 바라보느냐에 따라 그 가치가 다르게 느껴질 것이고, 그로부터 얻어낼 수 있는 것 역시 다르게 발견될 것이라는 말씀이다.

이를 좀 더 자세하게 이야기해 보자면, 인간은 어떠한 사물, 사람, 현상을 바라볼 때 크게 세 가지의 렌즈를 통해 바라보게 된다. 어떠한 정보와 자극이 직접 우리의 머리와 가슴에 들어온 것 같지만, 실제로는 '지식의 렌즈', '가치의 렌즈', '경험의 렌즈'를 거쳐 들어오게 된다.

즉, A라는 사건을 접하고 우리가 감정을 느끼고 이해를 하고 그에 대해 반응을 결심하고 실제 행동으로 옮길 때, 우리는 그 A라는 사건을 있는 그대로 받아들였다고 생각하지만 실제로는 내가 보유한 지식과 가치체계 그리고 그간 해왔던 경험이 만들어 낸 렌즈를 차례대로 통과하며 받아들여진 결과를 우리는 '있는 그대로 수용했다'라고 생각한다는 것이다.

일례로, 여러분이 고속도로에서 운전을 하는데 저 멀리 뒤편에서 승용차 한 대가 갓길로 질주해와서는 내 앞으로 급작스럽게 끼어들려고 하면 친절하게 비켜주겠는가? 사람의 성격 혹은 운전 성향에 따라 조금 다를 수는 있겠지만, 아마도 순순히 양보하는 사람은 많지 않을 것이다.

그런데 내가 오랜 기간 알고 지낸 선배 중에 그와 비슷한 상황이면 늘 상대 차량에게 양보하는 분이 있다. 내가 목격한 것만 해도 여러 번이고, 그중 한 번은 나도 모르게 욕이 나올 정도로 위험하게 갓길을 타고 와서 사고가 날 정도로 갑자기 끼어든 경우도 있다. 그때도 선배는 아무렇지 않게 끼어들 자리를 널찍하게 내주었다. 그렇다고 선배가 인품이 훌륭하거나 삶의 여유가 많은 분이라서 그런 것은 아니었다. 지금은 성공한 비즈니스맨으로 살아가고 있지만, 한때는 조금 어두운 세상에서도 활동하셨던 무서운 어르신이었다. 또한, 성격 급하고 성질 괄괄하기로 유명한 마산 아재였다.

선배가 처음부터 마음 좋게 양보해 준 것은 아니었다고 한다. 십수 년 전, 혼자 사시던 선배의 어머니가 계단을 오르다가 쓰러지셨다고 한다. 마침 같은 건물 총각이 그 모습을 보고 자신의 차에 태워 인근 병원으로 내달렸는데, 채 5분도 걸리지 않았다고. 다행히 어머니는 혈관 시술을 받으셨지만 생명에는 큰 지장 없이 퇴원하실 수 있었다. 나중에 담당 의사의 말을 들어보니 1~2분만 늦었어도 큰일 치를 뻔했다고 한다. 도와준 총각에게 사례를 하며 물으니, 병원 가는 길이 막혀 갓길로 질주하다가 마지막 순간에 다른 차 앞으로 급하게 끼어들어 시간을 단축시킬 수 있었다는 것이다.

당연한 결말이지만, 그날 이후로 선배는 급하게 끼어드는 얌체족을 마주쳐도 화가 나기보다는 '저 차에 혹시 어머니 같은 위급한 환자가 타고 있는 것은 아닌지……' 하는 생각이 앞서게 되었다고 한다. 즉, 위급했던 어머니의 사례로부터 얻은 '경험의 렌즈' 또는 그런 일을 겪으며 만들어진 새로운 '가치의 렌즈'를 통해 선배는 이전과는 전혀 다른 시각으로 갓길 주행 차량을 보게 된 것이다. 똑같은 갓길 주행 차량이라도 선배가 인식하는 것과 그런 일을 겪지 않은 사람이 인식하는 것은 다를 수밖에 없는 것이다.

이처럼 인간이라는 존재는 각각 자산만의 렌즈를 통해 받아들인 뉴스를 팩트라고 믿을 수밖에 없는 존재다. 필연적으로 가짜 뉴스에 취약할 수밖에 없고, 팩트가 아닌 자신이 믿고 싶은 사실 위주로 정보를 취득하고 그를 기준으로 판단할 수밖에 없다. 때문에 우리는 특히 리더라면 항상 매사를 사실fact 중심으로 보려고 노력하고, 팩트를 기준으로 판단하고 의사결정을 내리려고 노력해야 한다.

혹시라도 바쁜 일상을 살아가느냐 그런 노력을 기울이기 힘들거나, 자꾸 팩트 중심으로 판단하기보다는 오류의 덫에 빠지는 것 같다면 잠시 생각을 멈추고 인터넷창을 열어보는 것은 어떨까? 사실에 기반하여 창작활동을 통해 인류 역사에 남을 걸작을 만들어내고, 르네상스의 문을 연 도나텔로의 작품을 감상하며 마음을 다잡아 보기를 바란다.

RENAI SSANCE'S WORKERS

무(無)에서는 아무것도
만들어지지 않는다

Ex nihilo nihil fit

Albrecht Dürer (1471-1528)

격리가 필요할수록 창을 더 활짝 열어야 한다

혼밥의 시대에 더 커지는 함께의 욕구

사람을 뜻하는 한자 '인人'이 서 있는 사람과 그에 기대어 있는 사람의 형상을 본 따 만든 글자라는 것은 많은 사람이 알 것이다. '사람人'이라는 글자 자체가 어울려서 살아가는 우리의 모습을 전제로 만들어진 글자라는 얘기다. '사람은 혼자서는 살아갈 수 없는 존재'임을 이야기하는 사람과 책을 찾는 것 또한 어렵지 않다.

물론, '혼밥', '혼술'이라는 신조어도 있다. '혼자 먹는 밥', '혼자 마시는 술'을 줄여서 만든 단어다. 노약자나 일부 몸이 불편한 분들을 제외하고 밥을 혼자 먹지 못하는 사람은 없다. 술 역시 성인이라면 누구나 혼자서 술을 마실 수 있다. 그럼에도 불구하고 굳이 이런 신조어가 만들어진 까닭은 밥을 먹고 술을 마시는 것 같은 가장 기본적인 행동조차도 인간은 혼자가 아닌 둘이서 함께하는 것을 선호하고 익숙하게 여겨왔다는 것의 방증일 것이다.

그런데 시대가 달라졌다. 함께 하기보다는 혼자 하는 것을 선호하는 개인들이 나타났고, '군중 속의 고독' 혹은 '고독한 군중The Lonely Crowd[12]'이라는 표현을 인용하지 않더라도 자발적 고독을 선택하는 소수가 늘어났다. 거기에 불을 지핀 것이 팬데믹 시기에 우리가 겪어야만 했던 '거리두기'였다.

코로나 팬데믹 시기에 우리가 가장 자주 사용했던 단어 중 하나는 '격리隔離'일 것이다. 격리는 '사이가 뜨다'라는 의미의 '격隔'자에 '떼어놓다', '떠나다'는 뜻의 '리離'자를 붙여 만든 단어다. 전염병의 감염이 확산되는 것을 막기 위한 목적으로 시작된 격리는 코로나의 유행과 함께 많은 국가에서 방역대책으로 도입되었고, 몇몇 국가에서는 거의 국가적 통제의 수준으로 격리가 진행되었다.

하지만 격리가 계속되어도 인간의 본성을 바꾸지는 못했다.

---

12 미국의 사회학자 데이비드 리스먼이 1950년에 쓴 책의 제목

사람들은 호시탐탐 밖으로 나갈 기회를 노렸고, 법이 허용하는 테두리 안에서 서로 어울리기 위한 방법을 모색했다. 탁 트인 야외에서 함께 운동을 하거나 캠핑을 하며 서로 어울렸다. 내부 협업 역시 마찬가지였다. 대면 미팅이나 회의를 할 수 없으니 화상으로 서로를 연결하여 이야기를 나누고 아이디어를 모았다. '메타버스' 등의 단어가 등장했고, 가상의 공간에서 이야기를 나누고 일을 함께 하는 것이 일상이 되었다. 이후 엔데믹을 맞이했지만, 많은 사람이 신속하게 한자리에 모여 이야기를 나눌 수 있고 회의 내용이 자동으로 기록되고 공유되는 화상회의는 여전히 큰 인기를 끌고 있다.

외부와의 협업 역시 마찬가지다. 바깥세상에 대한 폭넓은 이해, 외부와의 협업은 점점 중요해지고 있다. 페스트가 휩쓸고 간 이후의 유럽에서 인간에 대한 관심이 늘고, 인간 본질에 대한 탐구가 더 많아졌던 것처럼……아무리 과거와 다른 소통 방식과 협업 문화가 등장했다고 하더라도 협력의 중요성만큼은 변하지 않았다.

급속도로 발전하는 세상과 급변하는 환경에서 어떠한 개인이나 조직도 자신의 능력만으로 대처하는 것이 무모한 일임을 우리 모두는 잘 알고 있다. 때문에 팬데믹 격리의 순간에도 우리는 화상회의를 이용하거나 때로는 가상의 세상을 매개로 해서라도 함께 발전하는 방법을 모색했다.

다행히 앞서 이야기한 것처럼 인간은 격리나 단절보다는 소통과 공유를 좋아하고 함께 어울리는 것에 익숙하며 자연스럽게 생각하는 존재였다. 코로나 팬데믹을 겪었음에도 그간의 우려가 무색하게 소통체계를 빠르게 재구축하고 자연스럽게 새로운 방법으로 협력을 하면서, 외부와의 협업이 팬데믹 이전보다 오히려 더 활발하게 진행되고 있다.

그런 활동에 도움이 될 듯싶어 르네상스 시기 외부 세계에 대한 관심과 실질적인 접촉으로 세상을 더 풍성하게 만든 사람의 이야기를 해볼까 한다. 이탈리아가 아닌 독일에서 르네상스 회화의 꽃을 만개시켰던 알브레히트 뒤러Albrecht Dürer 가 바로 그 주인공이다.

세상에서 가장 유명한 손을 그린 사나이

독일 뉘른베르크에서 금세공사로 일하던 가난한 헝가리 이민자의 아들로 태어난 뒤러는 어린아이였을 무렵부터 아버지 손에 이끌려 작업장에서 세공 기술을 배워야만 했다. 그러나 금방 세공일에 싫증을 느낀 그가 찾은 자신의 재능은 정통 회화 작업이었다. 물론, 미술 평론가들은 이때 뒤러가 세밀한 금속 세공 기술을 익힌 덕분에 이후 자신의 대표작인 판화작품을 만들 때 그만의 섬세한 표현이 가능할 수 있었다고 한다.

그림에 재능이 있다고는 하지만 제대로 회화를 배우려면 유명한 미술학교를 다녀야 했다. 일단 학교에 등록은 했지만, 그에게는 학업을 유지할 돈이 없었다. 아버지의 뜻을 거역하고 진학한 학교였기에 집에 손을 벌릴 수도 없었다. 이때 뒤러에게 도움의 손길을 내민 사람이 '한스'라는 친구였다.

한스는 같은 학교에 다니던 동급생이었다. 한스도 뒤러만큼 가난한 집안의 출신이었다. 그 역시 집에 손을 내밀 형편이 아니었기에 학업을 계속할지 걱정이 깊었다. 둘이 만나면 미술 이야기 대신 학비 걱정에 서로 한숨을 주고받는 것이 일상이었다. 그러던 어느 날 한스가 뒤러를 조용한 곳으로 불러 한 가지 제안을 해왔다.

"이봐, 친구. 자네나 나나 혼자 힘으로 학비를 마련해
학교를 다니는 것은 더 이상 힘들지 않겠나?
둘 중 하나가 휴학을 하고 돈을 벌어서
나머지 한 사람이 학업을 마칠 수 있도록 하고,
먼저 학업을 마친 사람이 돈을 벌어 휴학한 사람이
학업을 이어갈 수 있도록 하면 어떻겠나?"

선택의 여지가 없었다. 두 사람은 내기를 했고, 내기에서 이긴 뒤러가 먼저 학교를 다니게 되었다. 그 사이 친구 한스는 식당, 건

설현장, 채석장 등에 취직해 뒤러의 학비와 생활비를 댔다. 친구의 헌신적인 뒷바라지 덕분에 뒤러는 미술 공부에만 매진할 수 있었고, 그의 실력은 하루가 다르게 향상되었다.

특히, 그가 제작한 판화는 귀족들 사이에서 '이 시대 독일에서 힘 좀 쓴다는 집안이라면 몇 점 정도는 반드시 소장해야 하는 작품'으로 인정받았고, 그의 이름은 독일 전역에 널리 알려졌다. 게다가 높은 명성을 발판 삼아 뉘른베르크의 유력 가문인 프라이가의 딸 아그네스 프라이와 결혼을 하면서, 그는 부와 명예를 모두 손에 넣을 수 있었다.

원하던 미술 공부를 맘껏 할 수 있었고, 덕분에 부와 명예를 모두 손에 넣을 수 있었지만, 뒤러의 마음 한구석에는 한스에 대한 미안한 마음이 있었다. 이제는 자신이 한스의 학업을 돕기 위해 서둘러 그를 찾아갔지만, 그는 뒤러를 알아보지 못했다. 그도 그럴 것이 과거 가난뱅이 화가 지망생의 모습을 기억하는 한스에게 저명한 화가가 된 뒤러의 모습은 생소할 따름이었다.

곧 눈앞에 찾아온 부유한 화가가 자신이 뒷바라지 한 친구 뒤러임을 알게 된 한스는 무릎을 꿇고 두 손을 모은 채 감사의 기도를 올리기 시작했다. 알고 보니, 그간 한스는 채석장에서 고된 노동을 하느라 수차례 손을 다쳐서 뒤러가 도와준다고 해도 붓을 쥐고 그림을 그릴 수 있는 상태가 아니었다. 그럼에도 불구하고 한스의 기도 내용은 원망이 아닌 친구가 화가로서 성공한 것에 대한 감사의 내용이 전부였다. 그는 오로지 뒤러가 자신의 몫까지 더 멋진 작품을 남길 수 있게 된 것에 하느님께 감사하고 또 감사해했다.

한스의 기도하는 모습에 크나큰 감명을 받은 뒤러는 작업실로 돌아와 눈물을 쏟으며 미친 듯이 그림 하나를 그리기 시작했는데, 그 그림이 바로 뒤러의 대표작이자 평론가들 사이에서 "인간이 화폭에 담은 가장 아름다운 손"으로 꼽히는 '기도하는 손'이다. 이 그림은 현재 오스트리아 빈에 있는 알베르티나 미술관에 소장되어 있는데, 매년 수많은 사람들이 이 그림을 보기 위해 미술관으로 몰려들고 있다.

여행길을 최고의 아틀리에로 만든 사나이

뒤러는 10대 후반부터 독일 라인강 인근을 여행하며, 자연과 자연 속에서 만나는 사람들 그리고 그들의 이야기에서 받은 영감을 화폭으로 담는 작업을 했었다. 현장에 나가 직접 자연 풍광을 보고, 그곳에서 살아가는 사람을 마주하고, 그들과 나눈 이야기에서 아이디어를 얻어 자신의 작품세계를 넓혀 나가는 방식이 그의 주된 작업 방

뒤러의 기도하는 손. 섬세하고 사실적으로 표현된 손의 모습과 이 작품에 얽힌 이야기는 기도하는 사람의 마음을 생생하게 전해주는 것 같다.

식이었다.

결혼을 하고 3개월이 안 된 시점에는 이탈리아로 긴 여행을 떠났다. 여행이라고 했지만, 그가 활동하던 뉘른베르크에 페스트가 확산하면서 페스트를 피하기 위한 목적이 컸다. 그러나 이탈리아로의 여정은 단순히 여행이나 전염병 회피에만 목적이 있었던 것이 아니다. 알프스 산맥을 넘으며 그는 곳곳에서 수채화 작품을 그렸고, 이탈리아 베네치아에 도착해서는 현지의 미술가를 스승으로 모시고 미술 공부에 매진했다.

그리고 여행을 마치고 다시 뉘른베르크로 돌아와 여행에서 얻은 영감과 아이디어를 화폭에 담는 작업을 계속했다. 이 시기 그가 그린 '린다우 상인 오스발트 크렐의 초상화', 자신의 아버지를 그린 '초상화'와 자신의 모습을 담은 '자화상' 그리고 '동방박사와 경배'는 지금도 세계 유수의 미술관을 대표하는 작품으로 관람객들의 큰 사랑을 받고 있다.

특히, 그의 '자화상'은 여러 가지 뒷이야기까지 덧붙여지며 레오나르도 다빈치의 '모나리자'와 함께 가장 유명한 그림 중 하나로 손꼽히고 있다.

뒤러는 평생 동안 세 차례의 장기여행과 셀 수 없을 정도로

뒤러의 자화상. 뒤러는 당시 관행을 깨고 마치 예수의 성화처럼 자신의 자화상을 그렸다. 이는 자신이 예술가로서 최고의 정점에 이르렀음을 선언하는 것이었다.

많은 단기여행을 했다. 그가 여행을 한 목적은 온전히 미술 공부를 위해서였다. 특히, 르네상스 당시 문화예술의 중심지였던 피렌체, 베네치아를 비롯한 이탈리아로의 여행은 그 횟수도 여러 번이었지만, 여행을 통해 만들어진 작품 역시 훌륭했기에 당대에도 독일을 중심으로 꽤 큰 화제를 불러모았다.

여행의 과정에서 르네상스 시기에 활동하던 수많은 예술가와 교류하며 그들의 장점을 흡수할 수 있었다. 여행지에서 장기간 체류하며 현지의 자연과 정서, 문화적 특성을 이해하면 그를 토대로 발전한 현지의 문화예술을 이해할 수 있었다. 또한, 여행길이 그대로 작업실이 되기도 했다. 그는 여행길에 영감이 떠오르는 곳에서 화구를 펼쳐놓고 그림을 그렸다. 유화나 판화로 제작하기 어려운 환경이면 수채화를 그렸고, 그마저도 힘든 상황이면 스케치를 남겼다. 그렇게 바깥세상에서 만들어진 그의 걸작은 지금까지도 우리에게 크나큰 영감과 감흥을 주고 있다.

이러한 사실 때문인지 최근까지도 그의 여행길에 대한 사람들의 관심은 여전하다. 이탈리아 정부는 이를 반영하듯 그의 여정 중 하나였던 볼차노에서 트렌토 사이를 잇는 약 40km 구간을 정비해 '뒤러의 길Sentiero del Dürer'로 조성하기도 했다. 이 길은 뒤러의 팬들과 예술가의 영감을 그대로 느끼고 싶은 화가 지망생 등 여행객들이 몰려들면서 '산티아고 순례길', '하이델베르그 철학자의 길'과 더 불어 세계에서 가장 유명한 여행길로 꼽히고 있다.

한가지 불행한 점은 알프레히트 뒤러가 워낙 여러 지역을 방문하고 다양한 사람을 만나며 새로운 문물을 수시로 접하다 보니 신대륙에서 건너온 질병에 걸려 평생을 고통받다 1528년에 사망했다는 사실이다. 그러나 그는 다양한 여행 덕분에 그런 불행을 상쇄시키고도 남을 훌륭한 작품을 여럿 남길 수 있었고, 지금까지도 독일은 물론 세계적으로 유명한 르네상스 시기의 위대한 예술가로 남을 수 있었다.

고객을 마음껏 부려먹는 회사들

자신의 사무실을 벗어나 진짜 세상으로 나아가고, 외부의 사람들과 함께 머리를 맞대어 성공을 이룬 사람들을 우리 주변에서 찾아볼 수 있다. 이제는 다소 진부한 이야기가 되었지만, 1990년대 IBM은 몸집만 큰 둔한 코끼리 같은 기업의 대명사였다. 1980년대까지 IBM은 컴퓨터 분야의 기술을 선도하고 혁신적인 제품을 출시하면서 이렇다 할 경쟁자가 전무한 시장을 독점하다시피 하였지만 거대해진 몸집으로 인해 움직임은 둔해지고 있었다. 그러다 1990년대 개인용 컴퓨터PC의 시대가 활짝 열리자 그에 제대로 대응하지 못하고 심각한 위기를 겪게 되었다.

위기를 타개하기 위해 기존 하드웨어 생산라인을 전격적으로 매각하고, IT 서비스 위주로 사업구조를 재편했다. 그리고 일하는 방식 역시 그에 맞춰 빠르게 바꿔 나갔다. 그때 IBM이 도입한 일하는 방법론이자 이벤트가 바로 '이노베이션 잼Innovation Jam'이다. 혁신을 뜻하는 단어인 '이노베이션Innovation'에 음악 연주방식의 하나인 '잼Jam'을 더해 만들어진 이름이었다. 잼이란 한 사람이 연주를 시작하면 그 연주에 맞춰 다른 사람이 즉흥적으로 참여해서 함께 어우러지는 음악을 만드는 연주방식을 말한다.

이노베이션 잼은 이름 그대로 IBM의 직원뿐만 아니라 관련 회사나 외부 사람까지 적게는 수백 명에서 많게는 수십만 명이 동시에 참여하는 일종의 대규모 브레인스토밍 활동이었다.

한두 차례 이벤트 형식으로 실험 삼아 진행할 예정이었던 이노베이션 잼은 의외로 첫 회부터 폭발적인 반응을 이끌어냈다. 첫 번째 이노베이션 잼에서만 약 5만 개 이상의 혁신 아이디어가 나왔다. 물론 그중에는 장난성 제안과 다분히 정치적인 홍보성 아이디어도 있었지만, 참가자들의 자발적인 자정 작용이 일어나면서 이노베이션 잼은 제대로 정착되기 시작했다.

하나의 주제를 놓고 벌이는 세계 최대의 온라인 토론이었던 이노베이션 잼을 통해 IBM은 숱한 신사업을 발굴할 수 있었다. 대표적인 것이 이제는 IBM의 신성장 동력 중 하나가 된 '스마터 플래닛Smarter Planet'이다. 이노베이션 잼은 이제 IBM의 문화가 돼 둔한 코끼리를 고객과 함께 생동감 있게 뛰게 만든 것은 물론, 월드 잼World Jam, 밸류 잼Value Jam, 매니저 잼Manager Jam 등 다양한 파생 잼을 만들어 내며 IBM의 혁신에 큰 기여를 하고 있다.

이 같은 오픈 이노베이션은 외부의 연구소나 기업과 진행하는 것에 그치지 않고, 이제는 고객과 함께하는 오픈 이노베이션으로 규모가 확대되고 있다. 덴마크에 본사를 둔 레고는 '레고 아이디어LEGO Idea'를 통해 고객과 소통하고, 그들을 자신들의 사업에 참여시키고 있다.

레고를 좋아하는 사람들은 레고 아이디어 사이트에 자신이 만든 제품을 올려놓고 품평을 요구한다. 제품의 주제, 형태, 사이즈, 제작방식 등은 아무런 제한이 없다. 오직 레고 브릭으로 만들면 될 뿐이다. 사람들은 '앞으로 레고가 이런 제품을 만들면 좋겠다'라는 메시지를 담아 자신이 만든 작품을 사이트에 올리면 다른 소비자들이 그에 대한 평을 달고 점수를 부여한다. 그렇게 결과가 취합되고 소비자로부터 가장 큰 호응을 받은 제품들을 레고의 디자이너와 상품개발 담당자들이 직접 검토하는 것이다.

그런 과정을 거쳐 출시된 대표적인 제품이 미국 시트콤 〈빅뱅이론〉의 세트장을 그대로 형상화한 제품이다. 지금도 '레고 아이디어'에는 전 세계 레고 애호가들이 아무런 경제적 보상도 바라지 않고 자발적으로 자신의 창의력을 발휘해 작품을 만들고 열띤 의견을 교환하고 있다.

일본의 대표적인 맥주 브랜드 중 한 곳인 삿포로맥주 역시 '고객을 제대로 부려먹는' 회사 중 하나다. 삿포로맥주는 1877년부터 지금과 같은 형태의 맥주를 제조해온 회사이다. 100년이 넘는 전통과 '일본인이 세운, 일본 최초의 맥주공장'이라는 자부심으로 한때 전성기를 구가하기도 했지만, 세월의 흐름에 따라 '브랜드는 다소 올드하고, 맛 역시 구식'이라는 이미지가 점차 굳어지고 있었다.

고심하던 삿포로맥주 경영자와 마케팅 담당자는 그 해답을 자신들이 직접 찾는 것이 아니라, 아직까지 삿포로맥주를 사랑하는 혹은 맥주를 좋아하는 고객에게 묻기로 한다.

삿포로맥주는 몇 해 전부터 '호핀 개러지Hoppin Garage'라는 사업을 진행해 오고 있다. 이 사업은 수제맥주를 직접 만들고 싶어하는 소비자를 웹사이트로 모집하여 삿포로맥주 직원들과 함께 제품

人の数だけ、

호핀 개러지는 '매력적인 인생 스토리가 담긴 맥주'라는 컨셉으로 새롭게 내놓는 맥주마다 아이디어를 제공한 사람의 스토리를 담고 있다.

을 개발하는 프로그램이다. 또한, 맥주를 시음할 체험단과 심사위원도 모집하여 협업을 통해 만들어진 신제품을 같은 소비자가 직접 시음하고 평가하여 상품화를 결정할 수 있도록 하고 있다.

이 모든 과정을 하나의 이벤트로 만들어 시작 전부터 열기를 고조시키고, 상품개발 과정은 한 편의 영화처럼 촬영해 마지막 시음 품평과 제품 선정 단계를 영화제의 시상식처럼 꾸미고 있다. 이벤트의 전 과정을 맥주를 즐기는 하나의 축제처럼 만들어 고객과 함께 즐기도록 만든 것이다.

이 사업을 통해 2018년 한 해에만 10종류 이상의 새로운 맥주가 탄생했다. 삿포로맥주는 그중 몇 개를 선정해 자신들의 공식 신제품으로 출시하고 해당 브랜드의 마케팅을 실시하고 있다. 덕분에 다소 고루하고 올드한 이미지와 별다른 신제품 없이 역사만 앞세워 유지되고 있는 맥주회사라는 이미지가 강했던 삿포로맥주는 가장 고객친화적이고 발 빠른 대처로 소비자들의 취향을 따라잡는 기업이라는 이미지로 바뀔 수 있었다.

그냥 문을 연다고 다 되는 것은 아니다

오픈 이노베이션이 강조되면서 많은 기업들이 너나 할 것 없이 앞다퉈서 문을 열고 있다. 이를 통해 기존에는 상상할 수 없었던 기발한 아이디어를 찾아내거나, 수년째 골머리를 썩이던 문제의 해법을 찾게 된 경우도 많다. 그러나 그 이면에는 제대로 된 준비 없이 문을 열고 광야로 뛰쳐나갔다가 여기저기서 시달린 끝에 아예 기업의 문을 닫고 만 비극을 겪은 사례들도 있다. 그렇다면 어떤 준비를 하고 문을 열어야 할까?

우선 첫째, 명확한 목적이 있어야 한다. 창의적인 제품이나 혁신적인 서비스를 만들기 위해서는 억지로 '무언가를 만들어야 한다', '어떤 성과를 반드시 이뤄야 한다'라고 한정 지을 필요는 없지만, 그냥 무작정 '일단 모여 봅시다' 식으로 진행하는 것은 큰 문제가 된다.

과거 모 부처 주도로 특정 지역에서 대규모 오픈 이노베이션 활동이 추진된 적이 있었다. 사흘이 멀다 하고 대책회의가 열렸고, 공무원들은 해당 활동에 참여하는 기업의 숫자를 최대한 늘리기 위해 경쟁적으로 지원금 지급과 세제 혜택을 남발했다. 반대로 불참할 경우 정부 입찰 등에서 불이익을 주겠다며 으름장을 놓았다. 결국, 수많은 기업이 뚜렷한 목적의식 없이 참여했지만 이렇다 할 성과는 없었다. 오픈 이노베이션을 통해 구체적으로 어떤 문제를 해결하고, 어떤 부분에서 시너지를 창출하고 싶다는 구체적인 목적부터 세우고 해당 활동에 나서야 한다.

둘째, 저마다 핵심이 되는 기술이나 장점이 있어야 한다. 오픈 이노베이션은 아무것도 없는 이들끼리 모여 답을 찾아가는 스터디 모임이 아니다. 저마다 자신의 분야에서 확실한 장점 또는 기술력 등을 보유한 사람들이 모여 더 큰 시너지를 만들어 가는 과정이다. 오픈 이노베이션을 통해 성과를 창출한 기업들을 살펴보면 공통적으로 기반이 되는 제품이나 기술력이 원래부터 탄탄했던 기업이었음을 알 수 있다.

코로나 팬데믹 국면에서 가장 극적인 오픈 이노베이션 결과물로 꼽는 화이자의 코로나 백신 개발 사례 역시 그렇다. 다른 신약 개발과 마찬가지로 백신 개발은 상용화에 이르기까지 오랜 시간이 필요한 것으로 알려져 있다. 그러나 화이자는 독일의 바이오엔테크BioNTech와 기술 제휴를 맺고 백신 개발에 착수해 불과 9개월 만에 백신 개발을 성공시켰다. 물론, 팬데믹 상황에서 각국 정부의 과감한 의사결정이 큰 도움을 주었지만, 무엇보다 이 협업이 성공리에 마무리될 수 있었던 것은 오픈 이노베이션을 주도한 화이자가 창업 이후 170여 년의 역사를 거치며 신약 개발에 있어 세계 최고 수준의 역량을 보유한 기업이었다는 점이다. 바깥에서 원하는 것을 찾기 전에 먼저 내부의 역량을 먼저 살펴보아야 한다.

셋째, 오픈 이노베이션의 핵심은 원활한 소통이다. 외부와 함께 협업할 때도 마치 내부 조직과 함께 일하는 것처럼 원활한 소통을 통해 정보의 주고받음이 자유로워야 한다.

한때 일본 산업계에 오픈 이노베이션 바람이 불었을 때 전자제품 제조기업인 파나소닉과 혁신적인 건축공법을 보유한 건설기업인 다이와하우스공업 등이 '세븐 드리머스 래보러토리스'라는 프로젝트를 진행한 적이 있었다. 각 분야에서 일본 최고 기업들이 함께 오픈 이노베이션을 진행하겠다고 표방하며 시작된 프로젝트였기에 많은 일본 국민들이 큰 기대를 했었다. 그러나 이 프로젝트는 실패로 돌아가고 말았다. 참여기업들의 기술력은 탁월했고 정부의 지원은 든든했으며 활용할 수 있는 자원 역시 풍부했지만, 참여한 기업들이 문을 제대로 열지 않은 것이 문제였다. 오픈 이노베이션을 표방했지만 참여한 기업들은 저마다의 논리만 앞세우고 필요한 정보를 제공하지 않았고, 제대로 된 소통을 위한 노력 역시 기울이지 않았다. 결국, 오랫동안 불협화음만 내다가 파국을 맞고 말았다.

넷째, 오픈 이노베이션의 과정과 절차, 이후 후속 활동 및 성과의 관리 등에 대한 명확한 그라운드 룰이 있어야 한다. 그렇지 않을 경우, 오픈 이노베이션 자체는 성공해도 서로 간의 분쟁으로 좋은 결과를 만들어 내지 못하고 오히려 사업의 문젯거리가 되어 버린다.

한때 '한국형 험지 생산로봇' 개발을 위해 C사와 L사 그리고 모 대학 부설연구소가 공동으로 오픈 이노베이션을 진행한 적이 있다. 원천기술은 대학 연구소가 제공하고 전반적인 개발과 파일럿 테스트는 C사, 제작공정 개발과 양산화 검토는 L사가 맡기로 한 프로젝트였다. 그러나 해당 협업을 진행하며 투자는 어떻게 유치할 것이며, 참여 인원과 업무 프로세스와 스케쥴은 어떻게 가져갈 것인지에 대해 구체적 논의가 이뤄지지 않은 채 '일단 시작하고 보자'는 식으로 진행되었다. 결국, 1차 산물 산출까지는 꽤 성공적으로 진행되었지만 후속적인 성과로는 이어지지 못했다.

이처럼 여러 가지 고민해야 할 부분이 있지만, 오픈 이노베이션은 이제 선택이 아니라 기본이다. 더 넓은 세상으로 나아가기 위해서는 거쳐야 할 일종의 관문일 듯하다.

르네상스 시기 화구를 더 넓은 세상으로 나아갔던 알브레히트 뒤러가 우리에게 가르쳐줬듯이…….

Sandro Botticelli (1445-1510)

뜬금없음 사이에 답이 있다

독고다이의 세상이 온 것일까?

'독獨'이라는 한자가 있다. 우리 민족 스스로(또는 홀로) 우리의 운명을 결정하는 국가를 만들어 내겠다고 분연히 떨치고 일어선 '독립운동'이나 동해바다 외딴곳에 외로이 떠 있지만 (홀로) 잘 버티고 있는 섬 '독도'에 쓰인 한자가 바로 이 글자다.

글자 좌측의 개 견犬자와 우측의 애벌래 촉蜀자로 이루어진 이 글자는 홀로 유유자적 낮잠을 즐기는 개의 형상에 단순히 '촉'자의 발음을 붙여 만들어졌다는 설부터, 과거 풀어놓고 기르던 개는 두 마리 이상 모이기만 하면 서로 짖고 싸우므로 한 마리씩 떼어놓던 것에서부터 유래했다는 설까지 글자의 만들어진 유래가 분분한 글자 중 하나다.

'홀로', '혼자'라는 글자의 뜻처럼 이 글자는 남들과는 다른 차별적인 가치나 존재감을 의미하는 단어에 주로 사용되었다. '독보적獨步的', '독창적獨創的'과 같은 단어들이 대표적이다. 그러다 보니 집단화, 대규모, 통일성 등이 강조되던 이전 시기에 비해 개별화, 소규모, 다원성 및 다양성이 강조되는 현시대에 와서 훨씬 더 각광받는 글자 중 하나다.

독獨자에는 또 다른 뜻도 있다. 다들 아는 바와 같이 '외로운', '고립된' 등의 뜻이 바로 그것이다. 홀로, 혼자 있다 보니 당연한 결과이기는 하지만, '독'자가 붙는 단어는 유독 쓸쓸한 아웃사이더나 사람들과 어울리지 못하는 외톨이를 연상케하는 말들이 많다.

그중에서도 압권은 역시 '독고다이'라는 단어일 듯하다. 혼자 맨주먹으로 적진을 휘젓는 싸움꾼을 일컬을 때나, 동료들의 도움을 받지 않고 승부를 보는 스포츠맨을 수식할 때 이 '독고다이'라는 단어는 즐겨 사용된다. 그런데 여기 한가지 반전이 있다. 단어의 어감 자체로도 외로움이 철철 묻어나는 이 '독고다이'라는 단어에 사용된 '독'자는 우리가 아는 그 '독'자가 아니다. 이미 아시는 분들도 많겠지만, 독고다이는 일본어다. 일본의 조직폭력배들은 유흥가의 뒷골목에서 홀로 활동하던 싸움꾼들을 비아냥대기 위해, 그들에게 전시에 홀로 적진을 향해 돌격하던 '특별공격대特別攻擊隊'라는 별명을 붙여 주었는데, 그 특공대의 일본어 발음인 '도쿠베쓰 고우케키다이'에서 맨 앞 두 발음(도쿠)과 끝의 두 발음(다이)을 붙여 만든 단어가 바로 '독고다이'다.

혼자 한 분야를 파고들어 뛰어난 성과를 이뤄낸 이들을 과거에는 '장인' 취급하며 추앙했던 시기가 있었다. 그러나 산업이 발달하고 사회가 커지면서 개인이 홀로 모든 것을 해낼 수 있는 것들이 점차 줄어들었고, 그 자리는 협업과 공동작업을 통해 할 수 있는 일들이 차지하게 되었다.

사회 분위기도 자연스럽게 혼자 밥을 먹거나 술을 마시는 이른바 혼밥러와 혼술러들을 포함해 무리와 어울리지 못하고 혼자 무언가를 하는 사람을 사회성이 결여되거나 성격적으로 어딘가 결함이 있는 인간 취급하는 방향으로 흘러갔다.

그러나 코로나 바이러스가 창궐하고 사회적 거리두기가 일상이 되면서 재택근무, 원격 오피스 등 사무실에 출근하지 않고 혼자 일하는 시간이 많아졌다. 그로 인해 다시금 홀로 묵묵히 일하는, 혼자 일해도 성과를 만들어 내는 장인들과 같은 사람들이 각광받는 시대가 왔다는 성급한 예측들이 이곳저곳에서 튀어나왔다.

코로나로 인해 기업들이 어쩔 수 없이 고육지책으로 선택했던 재택근무가 개인의 능률을 높이고 업무성과를 극대화할 수 있는 또 하나의 근무형태로 인정받게 되면서, 엔데믹 이후에도 재택근무를 계속 유지하겠다는 기업들을 늘어났고 '혼자 근무하는 것' 역시 보편적인 근무형태의 하나로 자리 잡게 되었다.

반면, 기업의 고민은 늘어났다. 기업이 탄생하게 된 가장 중요한 이유 중 하나가 혼자서 일하는 것보다 여럿이 함께할 때 생산성과 효율이 높아지는 시너지 효과 때문인데, 같은 회사에 소속되었으나 같이 일하지 않고 분리된 공간에서 일할 때도 똑같은 성과를 낼 수 있을지, 더 나은 성과를 내기 위해서는 어떻게 해야 할지 고민하게 되었다.

더불어 리더들의 고민 역시 깊어졌다. 협업과 집단지성의 중요성이 커진 시기에 어떻게 함께하는 팔로워들 간의 협업을 이끌어 내고, 공동 과제를 수행하며, 더 나아가 외부의 개인과 조직과 원만한 파트너십을 형성시킬지에 대해 더 많은 노력을 기울일 것을 요구받고 있다.

그럼에도 불구하고 많은 이들이 아직까지 혼자 일하는 것을 편하게 여기고 있다. 다른 사람의 능력을 활용하면 능력 없는 사람으로 비칠까 봐, 일단은 자신이 아는 것 위주로 판단하고 자신이 할 수 있는 것 중심으로 업무계획을 짜는 사람이 대부분이다. 모르는 것이 있으면 다른 사람에게 묻기보다는 대충 어림짐작으로 답을 내고 그를 기반으로 다음 스텝을 준비하는 사람들도 많다. 우리 정서상 아직까지 모르는 것을 물어보는 것 자체를 부끄러워하거나 터부시하기 때문이다. 아니, 어떠한 문제가 생기면 어디 가서 누구에게 물어봐야 할지를 모르거나 그런 질문을 하는 훈련을 받지 못한 사람이 대부분이다.

오픈 이노베이션, 적극적인 협업을 강조하는 목소리들은 높아지고 있지만 실제로 그것을 어떻게 해야 할지 모르는 사람이 많다. 또한, 아직까지도 '원천기술', '고유한 자산'을 높이 치고, "동업하면 망한다", "사공이 많으면 배가 산으로 간다"라는 이야기들이 심심치 않게 들려온다.

자, 이런 상황에서 우리는 어떻게 하면 좋을까?

미스터리한 인물이 남긴 인류 최고의 걸작

세상에는 미술에 관심이 없는 사람도 그 존재만큼은 잘 알고 있는 그림이나 조각상이 있다. 루브르 박물관에 있는 '모나리자'나 '사모트라케의 니케상' 또는 '밀로의 비너스'가 대표적이다. 영국 박물관에 있는 '가나가와 해변의 높은 파도 아래'와 같은 판화 작품이나 '원반 던지는 사람'과 같은 조각상도 이름은 몰라도 작품을 보면 다들 "아! 저 작품! 알지, 나도 잘 알아"라고 할 만한 작품들이다.

그런 미술품 중 하나로 '비너스의 탄생'이 있다. 이탈리아 피렌체의 우피치 미술관 2층에 전시된 이 작품은 1485년경 완성된 작품으로 알려져 있다. 로마 신화에서 사랑과 미를 관장하는 여신인 비너스가 바다에서 탄생해 세상에 등장하는 순간을 묘사한 그림이다. 거대한 조개껍질 위에 벗은 몸으로 서 있는 비너스를 중심으로 좌측에는 바람의 신 제피로스와 대지의 정령 클로리스가 위치하고, 우측에는 계절의 여신 호라가 위치하고 있다. 부드러운 곡선 표현과 섬세한 세부 묘사 그리고 다채로우면서도 통일감을 잃지 않고 자연스럽게 조화를 이루는 색의 배합이 빼어난 작품이다.

이 그림 역시 미술에 관심이 없어도 누구나 한 번쯤은 본 그림일 것이다. 어찌나 유명했던지 우리나라 영화 〈몽정기〉와 헐리우드 영화 〈버즈 오브 프레이〉의 영화 포스터는 이 그림의 주요 모티

보티첼리의 비너스의 탄생. 비너스의 모델은 시모네타 베스푸치로 보티첼리가 평생 짝사랑한 여인이었다. 그녀를 모델로 여러 점의 작품을 남겼고, 그녀 곁에 묻어달라는 유언을 남겼다.

브를 그대로 차용해서 제작이 되었을 정도였다.

그러나 이런 위대한 작품을 그린 인물에 대해서는 생각보다 알려진 것이 많지 않다. 아니 거의 전무하다시피 할 정도다. 산드로 보티첼리Sandro Botticelli라는 이름과 주요 활동 시기에 남아있는 소소한 일화를 제외하고는 제대로 된 정보가 거의 없는 수준이다.

통상적으로 인물사를 연구할 때 사망한 시기가 불분명할 경우 말년이 불운하여 세상을 떠돌다가 객사한 경우가 많다고 한다. 로마 제국을 삼분할 통치하던 동생 콘스탄스에게 불만을 품고 쳐들어갔다가 오히려 패배하고 기록말살형이라는 형벌과 함께 피살된 콘스탄티누스 2세나 통일신라가 망하지 않았더라면 왕위에 올랐을 비운의 왕자 마의태자가 이 경우에 해당되는 대표적인 사례다.

반면, 태어난 시기가 불분명할 경우 부모가 정상적인 부부가 아니었거나 유복자로 태어난 경우 혹은 그 출신이 지극히 낮은 경우가 많은데, 진나라 시황제를 옹립한 인류 역사상 최고의 킹메이커였던 여불위나 일본 제일의 검객이라는 이름이 전해지고 있지만 현재까지 실존 인물인지를 두고도 이견이 분분한 미야모토 무사시 등이 대표적인 인물이다.

보티첼리 역시 후자의 대표적인 사례다. 여러 미술사 교과

서에는 그가 1445년에 태어난 것으로 표기되어 있지만, 다른 자료를 보면 1444년 혹은 1446년이라고 주장하는 학자도 있고 심지어 1447년에 태어났다는 기록도 심심치 않게 발견된다. 아마도 지극히 평범한, 아니 평범하다 못해 빈곤하고 보잘것없는 집에서 태어나 제대로 된 교육을 받지 못했던 탓에 그의 초기 삶에 대한 기록이 없는 것 아닐까 추측할 뿐이다.

그는 어느 한 곳에 소속되기보다는 다양한 사람들과 교분을 나누며 자유로운 방식으로 자신이 하고 싶은 작업들을 하며 조금은 제멋대로 사람이었다. 그러나 그런 삶이 우리 앞에 남겨진 위대한 작품들을 존재할 수 있게 만든 원동력이었을 것이다. 우리가 현재의 상황에서 지극히 필요로 하는(다른 분야에서 아이디어를 구하고, 다른 요소 간의 융복합을 통해 새로운 가치를 창출하는) 능력을 그의 삶을 통해 학습해야 하는 이유가 되어주고 있다.

술김에 거장이 된 예술가

우리가 '산드로 보티첼리'라고 알고 있는 이름은 사실 그의 본명이 아니다. 그의 실제 이름은 '알레산드로 디 마리아노 필리페피 Alessandro di Mariano Filipepi'로 피렌체의 가난한 가정에서 태어났다. 앞서 이야기한 것처럼 1445년 무렵 태어난 것으로 알려졌지만, 학자에 따라 태어난 시기를 다르게 본다. 어찌 되었든 15세기 중반 피렌체에서 태어난 것만큼은 틀림이 없어 보인다.

그의 아버지는 가죽으로 구두를 만들던 제혁공으로 알려져 있지만, 이 또한 명확하지는 않다. 직업조차 정확하게 기록되지 않은 마당에 다음과 같은 정황 기록이 얼마나 신빙성이 있을지 알 수 없지만, 몇몇 기록에 의하면 보티첼리의 아버지는 인정머리 없고 매서운 사람이었다고 한다. "금세공사를 해야 돈을 벌 수 있다. 그러니 너는 세공일을 배워 집안을 먹여 살려야 한다"며 어린 아들에게 모진 매질을 했다고 한다. 그러나 보티첼리는 그런 아버지보다 몇 배는 배포가 두둑하고 단단한 인간이었던 듯하다. 매를 맞으면서도 아버지의 뜻에 굴복하기는커녕 아버지에게 그림을 배우게 해달라고 요청했다. 그러나 놀랍게도 아버지는 보티첼리의 제안을 받아들여 그가 금세공일 대신에 그림을 배우도록 허락했다. 그리고 호적에서 파 버렸다…….

그렇게 아직 부모 품에서 한창 응석을 부려야 할 나이에 보티첼리는 친척 아주머니의 손에 맡겨지게 된다. 그런데 친척 아주머니는 조카를 내 자식처럼 살핀 자애로운 어른이 아니라 불행히도 《해리포터》에 등장하는 친척 아주머니 부류였다.

보티첼리는 말만 친척이지 그 집에서 머슴처럼 일해야 했다.

그러다 보니 일찌감치 생존의 방식을 터득할 수밖에 없었다. 그것은 바로 주위환경에 빠르게 적응하고 본인에게 필요한 것을 기민하게 흡수하는 것이었다. 그를 위해 가장 유용한 것은 뜻밖에도 '술'이었다. 어린 시절부터 술을 배워 날마다 어두워지면 거리로 나가 술을 마셨다. 때로는 모르는 사람과 술을 마시고 친구가 되고, 그 친구가 술친구가 되어 또다시 술잔을 기울였다. 얼마나 술을 즐겼으면 그의 별명이 '작은 술통'이었고, 그의 원래 성씨였던 디 마리아노 필리페리 대신 '작은 술통'이라는 뜻의 보티첼리Botticelli가 그의 성씨가 된 이유다.

의도치 않았겠지만, 그와 어울려 술을 마신 술친구들이 보통 사람들은 아니었다. 물론, 그저 거리의 한량이나 건달도 많았지만, 당시 피렌체의 분위기상 술집에는 미술학교 학생, 건축가, 교회에서 음악을 연주하는 음악가, 거리의 예술가나 시인 등 문화예술계에서 활동하는 이들이 많았다.

비록 술친구로 만났지만, 그들과 어울리며 보티첼리의 예술적 감수성과 사물을 바라보는 시각은 눈에 띄게 확장되었다. 그래서 맹자의 어머니는 그렇게 열심히 이사를 다녔고, 나의 어머니는 술을 마셔도 좀 제대로 된 친구들과 어울려 마시라고 잔소리를……여튼, 술친구였던 안토니오 폴라이우올로, 안드레아 베로키오 등과 같은 유명한 예술가들과 교분을 나누면서 영향력을 주고받은 보티첼리의 그림 실력은 일취월장하게 된다.

보티첼리의 그림은 피렌체 부유층 사이에서 큰 인기를 얻었고, 1470년에는 자신의 이름을 내건 공방의 문을 열 수 있었다. 특히, 그의 그림을 마음에 들어 했던 것은 피렌체에서 가장 유력한 가문이었던 메디치가의 안주인들이었다. 부드러우면서도 힘이 느껴지는 선과 따스하면서도 몽환적인 색채, 익숙한 내용을 새롭게 해석한 참신한 주제, 여성을 객체로 묘사하면서도 주체적인 역할을 담당하도록 한 표현력까지 귀부인들은 그의 그림에 열광했다.

메디치가의 안주인들은 저택에 걸어 놓을 초상화와 전용 예배당에 비치할 제단화, 단순 소장 차원의 소품 등을 보티첼리에게 주문해달라고 자신의 남편이자 가문을 이끄는 메디치들에게 졸라댔고, 그 주문에 의해 탄생한 작품들은 시대가 흘러 지금까지 인류가 가장 좋아하고 소장하고 싶어 하는 작품들로 꼽히고 있다.

그의 작품세계가 시대를 넘나들며 인류에게 많은 감흥을 주고 사랑을 받은 이유는 다양하다. 그러나 많은 사람이 인정하는 보티첼리 작품의 가장 큰 장점은 다양한 요소들을 절묘하게 융합시켜 새로운 가치를 만들어 내는데, 그만한 실력을 가진 이가 없었다는 점이다.

그는 자신의 작품을 그리지 않을 때면 피렌체에 산재한 다양한 예배당의 제단화와 프레스코화들을 찾아 감상하고 연구했다. 그리고 그림에 등장하는 수많은 캐릭터와 그림을 구성하는 요소들을 재배치하고 다양하게 섞어서 새로운 구도를 잡아내는 연습을 했다. 실제로 그런 작업을 통해 그의 대표작인 '봄'과 '나스타조 델리 오네스티 이야기' 그리고 '비너스의 탄생'이 그려졌다. 그의 그림들이 독창적이면서도 어딘가 모르게 친숙한 느낌이 드는 것은 어쩌면 그 때문일지도 모른다.

그는 태생적으로도 그렇고, 전반적인 화풍을 봐도 피렌체파로 분류된다. 그러나 합리적인 경향에 사실적인 표현법이 특징인 피렌체파의 화풍으로 보기에는 보티첼리의 대표작들은 인간 감성을 묘하게 끓어오르게 만드는 다소 낭만적인 모습과 종교적 엄숙성이 공존한다. 이 역시 서로 다른 영역, 서로 어울리지 않아 보이는 것에서 함께 할 수 있는 것들을 뽑아내고, 그를 융화시켜 또 다른 가치를 만들어 냈던 보티첼리의 솜씨가 그대로 녹아들었기 때문이다.

시에나는 피렌체 남쪽 근교 도시로 자동차로 1시간 남짓으로 도착할 수 있는 곳에 위치해 있다. 그러나 가까운 이웃이 더 무섭다고, 역사적으로 두 도시는 앙숙에 가까운 사이였다. 예술의 사조 역시 피렌체파가 다소 사실주의적인 경향을 띄고 있다면, 시에나파는 풍부한 정서를 기반으로 섬세한 표현과 다소 감성적인 과장도 허용하는 경향이 있다. 때문에 두 도시의 화풍은 쉽게 조화를 이루기 어려운 편이었다.

고딕 양식과의 사이는 더 말할 것도 없었다. 로마네스크 양식이라면 모를까, 찌를듯한 높이의 첨탑과 수많은 외벽 기둥, 화려한 스테인드 글라스로 대표되는 고딕 양식은 피렌체파와 상극에 가까웠다. 그러나 보티첼리는 그 가운데에서도 자신의 예술혼을 발휘하는데 필요한 것을 뽑아낼 수 있는 사람이었다.

귀족 집안에서 자신들의 예배당에 설치하기 위한 종교화를 의뢰하면 과거 고딕 양식에서 차용한 완고한 선과 색깔을 사용했고, 초상화를 그려줄 것을 요청하면 시에나파가 선호하는 풍부한 감성이 살아있는 색과 선을 사용했다. 그를 통해 보티첼리는 수많은 사람들에게 깊은 감흥을 주며 오래도록 사랑받을 수 있었다.

아프리카에 에어컨 없는 쇼핑몰이라니

우리 주변에도 보티첼리처럼, 아니 보티첼리 이상으로 뜬금없는 곳에서 영감을 얻거나 전혀 상관없어 보이는 것으로부터 아이디어를 얻어 훌륭한 성과를 만들어 내는 이들이 있다. 혹은 엉뚱한 분야를 끌어와서 자신의 분야에서 성공적인 커리어를 만들어 내는 사람 또는 기업들을 찾을 수 있다. 그 대표적인 사례를 아프리카 대륙 남쪽의 한 생소한 나라에서도 발견할 수 있다.

남아프리카의 내륙 국가 짐바브웨는 자국 화폐를 폐지하고 공용화폐로 미국 달러화를 사용할 정도로 경제가 불안정한 국가다. 한때 트럭 짐칸 한가득 짐바브웨 화폐를 싣고 가서 달걀 한 줄과 바꿔오는 영상이 유튜브에 업로드되어 큰 화제를 끈 적이 있는데, 촬영 장소가 수도인 하라레 남쪽에 있는 음바레 시장이었다.

우리나라 남대문 시장처럼 짐바브웨를 상징하는 시장이었으나 치솟는 물가와 생산, 유통망의 붕괴로 그런 장면이 연출된 것이다. 당연히 사회기반 시설이 제대로 갖춰지지 못해 전기가 공급되지 않는 지역이 수두룩했고, 공급된다고 해도 제한적으로 공급되어 툭하면 정전이 되는 것이 일상이었다.

그러던 어느 날, 남아프리카에 살고 있던 유명 건축가 믹 피어스에게 한 사업가가 전화를 걸어왔다. 전화 속 상대는 피어스에게 "하라레에 이제까지 짐바브웨에서 보지 못한 초대형 쇼핑센터를 짓고 싶다"라고 했다. 그리고 그 설계를 "우리의 조국 짐바브웨가 처음으로 배출한 세계적인 건축가인 당신이 맡아달라"는 내용이었다. 사실 믹 피어스는 경제적인 이유로 남아프리카공화국에 거주하고 있었지만, 원래 태어난 고향은 짐바브웨였고 국적 역시 짐바브웨를 유지하고 있었다.

그런 그에게 고향의 사업가가 해 온 제안은 가슴이 뛸 수밖에 없었다. 그러나 그런 설렘은 쇼핑센터를 지을 땅에 답사를 간, 그날 그 자리에서 멈춰버렸다. 건축부지를 둘러본 그는 두 손 두 발을 다 들어버렸다.

쇼핑몰을 지어야 할 땅 자체는 나쁘지 않았다. 대부분의 짐바브웨 땅들이 그렇듯이 광활하다는 느낌이 들 정도로 주변에 아무것도 없이 휑했지만, 땅의 모양 역시 반듯하고 평평해 공사하기 편할 듯했다. 지반도 크게 무르지 않아 기초공사도 어렵지 않을 것 같았다. 문제는 기후, 정확히는 건축주의 거의 유일한 요구조건이었다.

짐바브웨는 굳이 여름철이 아니더라도 평균기온이 40도를 오르내리는 뜨거운 나라다. 밀폐된 건물에서는 에어컨 없이 하루는 커녕 단 몇 분도 머물기 어렵다. 그러나 건축주의 유일한 요구조건이 "에어컨이 필요 없는 건물을 지어달라"는 것이었다.

피어스는 애써 설계한 건물이 너무 더워서 아무도 찾지 않는 건물이 되지 않기를 바랐다. 그러나 건축주에게도 사정은 있었다. 대형 건물의 에어컨 시스템이 켠다고 바로 시원해지는 것도 아니고, 에

어컨을 계속 켜놓고 온도를 관리해야 하는데 전기 사정이 너무 불안정했다. 때문에 건축주는 아예 에어컨이 필요 없는 건물을 설계의 요구조건으로 내건 것이었다.

한참을 고민하던 피어스는 우연히 짐바브웨의 초원 이곳저곳에 산재한 흰개미집을 연구한 학자의 논문을 몇 줄 읽게 되었다. 순간 그는 저도 모르게 아프도록 손바닥으로 자신의 이마를 때릴 수밖에 없었다. 그 논문을 심도 있게 분석하고 실제 초원에 나가 흰개미집을 샅샅이 살핀 후에 설계도면을 그려나가기 시작했다.

그가 그린 도면은 마치 크게 키워놓은 흰개미집 같았다. 흰개미는 어쩌면 우리 인류보다도 훨씬 먼저 초원에서 살아왔을 것이다. 그리고 그들은 타들어가는 짐바브웨의 기후 속에서 생존을 보장할 수 있는 주거지를 짓기 위해 노력을 기울여왔다. 덕분에 그들은 매우 독특한 모양의 집을 짓게 되었다.

흰개미집의 내부에는 복잡한 통로가 촘촘하게 뻗어 있는데, 이들 통로는 어떻게 해서든 모두 외부의 구멍과 연결되어 있다. 내부 공간은 아래쪽에 두어 그곳에서 뜨거워진 공기는 위쪽으로 빠져나가고, 대신 아래쪽의 촘촘한 구멍에서 신선한 공기가 들어오도록 구조가 이뤄져 있었다.

집 자체가 하나의 거대한 대류가 일어나는 연통인 셈이었다.

그 연통 내에서 시원한 바람이 모이는 곳에 주된 거주 공간을 배치한 흰개미집은 바깥 날씨가 아무리 더워도 내부 온도는 평균 29도 정도를 유지했다.

피어슨는 그 흰개미집에서 관찰한 아이디어를 토대로 쇼핑센터를 설계했다. 실제로 멀리서 보면 초원의 개미집과 무척이나 비슷하게 생긴 모습이었다. '이스트 게이트East Gate'라 이름 붙여진 이 건물은 거대한 면적에 10층 이상으로 설계되었음에도 사용되는 전력량은 비슷한 규모의 건물에 비해 10분 1에 불과했고, 에어컨이 설치되지 않았음에도 내부 온도는 항상 20도 중후반으로 유지되는 신기한 건물로 명성을 떨치게 되었다.

이처럼 건축과는 아무런 상관이 없을 것 같은 곤충의 삶조차도 호기심을 갖고 제대로 바라보기만 한다면, 가치 있는 것들을 얼마든지 얻어낼 수 있음을 믹 피어스는 하라레의 에어컨 없는 쇼핑센터 이스트 게이트를 통해 보여주었다.

전혀 상관없는 영역에서 아이디어를 얻어 새로운 가치를 만들어 낸 사례는 잘 살펴보면 얼마든지 찾아낼 수 있다.

1940년대 초반, 스위스의 전기기술자 조르주 드 메스트랄은 자신의 애완견과 사냥을 나갔다가 산토끼를 발견해 자신의 개에게

이스트 게이트 내부. 더운 공기는 위로 올라가고 찬 공기는 아래로 내려오는 대류의 원리를 이용해 이스트 게이트는 연중 쾌적한 온도를 유지한다.

몰아오도록 했는데, 애완견도 산토끼도 모두 놓쳐 버리고 말았다. 애완견을 찾기 위해 수풀 속을 헤맨 그는 산토끼를 쫓다 지친 애완견을 발견했지만, 입고 온 옷이 말썽이었다. 모직으로 된 자켓에 벼룩 같은 것들이 잔뜩 붙어있던 것이었다. 자세히 살펴보니 스위스 야산에 많이 자생하는 산우엉의 씨앗이었다. 씨앗은 갈고리 모양으로 생겼는데, 그것이 메스트랄이 입고 있던 모직 자켓의 보풀에 고리를 걸듯 달라붙어서 떨어지지 않는 것이었다.

집에 돌아온 메스트랄은 떨어지지 않는 산우엉 씨앗을 일일이 손으로 떼어내야 했다. 짜증이 머리끝까지 치밀어 오를 무렵 불현듯 아이디어 하나가 머릿속을 스쳤다. 떼어놓았던 씨앗을 다시 자켓에 던져 보았더니, 마치 자석처럼 씨앗이 달라붙는 모습을 발견한 것이었다. 몇 번을 떼어내고 붙였지만 처음처럼 산우엉 씨앗은 자켓에 잘 달라붙었다. 그는 그 길로 노트를 펼쳐놓고 한쪽은 산우엉 씨앗처럼 단단한 재질의 갈고리 모양을 촘촘히 박아 넣고, 다른 한쪽은 모직처럼 보풀이 이는 소재로 만들어 붙였다 떼었다 할 수 있는 테이프를 스케치했다.

이날 산우엉 씨앗 하나로 시작된 발명품은 우리가 흔히 '찍찍이'라고 부르는 벨크로 테이프velcro tape라는 제품이다. 벨크로 테이프를 만든 메스트랄은 1990년 눈을 감았지만, 그가 만든 발명품은 현재까지도 애용되며 인류에 큰 편의를 제공하고 있다.

우리가 쉽게 넘겨 버릴 수 있는 현상이나 상황에서도 문제의식을 가지고, 그 현상이나 상황이 현실의 문제점을 해결하는 데 어떻게 활용될 수 있을지 면밀히 연구하는 습성이 몸에 밴 사람에게 다가온 행운과 같은 '실력에 대한 결과'라고 할 수 있다.

어떻게 엮고, 섞어, 빚어낼 것인가?

이들 외에도 이른바 이종교배를 통해 전혀 새로운 가치를 만들어 낸 사람들은 숱하게 많다. 그리고 지금 이 순간에도 어디선가 그런 사람들을 통해 새로운 가치가 탄생하고 있다. 그러나 단순하게 아무거나 연관 없는 것들을 뒤섞는다 해서 새로운 가치가 생겨나고 사람들로부터 인정을 받을 수 있는 것은 아니다.

무엇을 어떻게 엮고 섞어야 새로운 가치로 빚어낼 수 있는지를 면밀하게 따져봐야 한다. 그래야 사람들로부터 인정을 받을 수 있다. 산드로 보티첼리처럼 믹 피어스와 조르주 드 메스트랄처럼 뜬금없는 것들을 이종교배시켜 새로운 가치를 창출한 인물들의 성공 스토리에는 다음과 같은 공통점이 있었다.

우선 첫째, 각각 개별의 것들이 제대로 가치를 인정받지 못했을 뿐이지 그 자체로 가치가 없는 것들이 아니었다는 점이다.

요리를 예로 들어보자. 창의적인 셰프가 놀라운 요리법을 발휘하여 전혀 어울리지 않는 식재료로 뛰어난 음식을 만들었다. 그런데 만약 상한 식재료가 단 하나라도 섞여 있다면, 그 음식은 못 먹는 음식이 되고 만다. 어울리지 않을 것 같은 평범한 식재료를 섞어 특별하고 뛰어난 음식을 만들어내는 것이지, 원래부터 쓰지 못할 재료를 가져다가 마구 뒤섞는 것이 아니다. 이런 부분을 망각한 이들이 간혹 제품력이 떨어지는 기기에 엉뚱한 기능을 더해 창의적이지만 전혀 쓸모없는 제품을 만들어 놓고서는 "세상이 나의 천재성을 알아보지 못한다"라며 한탄하는 것이다.

둘째, 각자의 장점을 극대화하는 방향에서 시도한 융합이었고 교배였다. 어떤 하나로 다른 것의 단점을 감추거나 희석시키는 것이 아니라, 서로의 장점을 두드러지게 하고 선명하게 하여 장점들이 서로 조화를 이루는 방향에서 가치의 결합을 이끄는 것이다.

오래된 폐영화관을 개조하여 '스타벅스 경동 1960점'으로 재탄생시킨 사례는 1960년대 지어진 경동극장이 가진 헤리티지라는 장점과 스타벅스라는 글로벌 브랜드의 강점을 더해 서로의 장점을 부각시킨 성공사례라고 할 수 있다. 그를 통해 경동극장은 자신들의 정체성을 감추기보다 오히려 레트로한 감성을 더 살릴 수 있었고,

스타벅스는 지역 커뮤니티와 협력을 통해 상생의 이미지를 부각시킬 수 있었다.

셋째, '1+1=2'라는 단순한 도식을 벗어나, 3 또는 10, 100이 될 수 있다는 가능성을 극대화하는 방향에서 융합과 교배를 이뤄냈다. 하나와 다른 하나를 더해 둘의 가치를 가진다면, 굳이 더하고 융합시킬 필요가 없다. 단순한 더하기 이상의 시너지 효과가 발현되어야 둘을 융합시키는 수고를 기꺼이 할 수 있는 것이다.

대표적인 사례로 업종과 시장을 넘나드는 활발한 협업을 통해 놀라운 성과를 창출해 '휠라보레이션Filaboration[13]'이라는 단어까지 만들어 낸 패션 브랜드 휠라가 있다. 휠라는 이탈리아 명품 브랜드 '펜디', 게임만 빼고 다 잘하는 게임 크리에이터 '조매력', 일본 로봇 애니메이션의 상징 '건담'은 물론이고, 심지어 멜론 맛 아이스크림 '메로나'와도 협업을 진행하며 콜라보레이션의 성공신화를 써 내려가고 있다. 그들이 그럴 수 있었던 것은 단순히 휠라에 다른 아이템을 붙인 '1+1=2'라는 공식이 아니라 '고착화된 이미지 개선', '접근하지 못했던 계층으로 고객 확대', '가격대 자연 상승', '광고홍보비 절감' 등 새로운 가능성을 만들어 낸 덕분이다.

13 휠라(FILA)+협업(Collaboration)으로 만들어진 신조어.

이처럼 원래 본인 또는 본인의 조직이 보유한 역량뿐만 아니라 타인이나 외부의 장점을 발견하고 그를 제대로 가져다 쓸 수 있는 능력이 그 어느 때보다 중요해졌다. 경쟁이 치열해진 시기에 더 이상 자신의 능력만으로는 경쟁자의 거센 도전과 소비자의 다양해진 요구를 충족시킬 없다.

이미 15세기의 보티첼리는 술독에 빠져 살면서도 수많은 사람들과 소통과 협업을 하여 다양한 요소의 융복합과 그를 통한 새로운 가치의 창출을 이뤄냈다. 하물며 맨정신인 우리가 그를 못해내서야 되겠는가?

Cosimo de' Medici (1389-1464)

보이지 않는 손이 절실한 시간

안 보이는 곳에서 따로 일하는 것이 더 편한 사람들

'통신 발전의 역사는 곧 의심의 역사'라는 이야기가 있다. 한마디로 인류 역사상 계속되어 온 통신기술 발전의 원동력 중 하나가 사람들이 서로를 믿지 못하는 것이라는 이야기다. 처음 들으면 '이게 무슨 소리지?' 싶다가도 조금만 더 설명을 들으면 아마도 고개를 끄덕이게 될 것이다.

인간이 통신기술을 발전시킨 것은 멀리 떨어져 있는 사람에게 내가 가진 정보를 알리고 싶다는 의지와 멀리 떨어져 있는 사람으로부터 원하는 정보를 구하고 싶다는 의지가 서로 맞물리면서부터다. 그런 발전에 기름을 부은 것이 정복 전쟁, 탐험과 모험, 항해술의 발달로 영토 개념이 변화한 것이었다.

이전까지의 영토는 아무리 넓다고 해도 한나절 말을 타고 돌아보면 다 돌아볼 수 있는 수준이었다. 눈에 빤히 보이니 그 안에 돌아다니는 정보라고 해봐야 측근 몇 사람에게 물어봐도 속속들이 다 알 수 있었다.

세월이 흘러 영토가 대규모로 늘어나 지배자 혼자 다스리기 어려워지자 나눠서 다스릴 부하들을 파견하게 되었다. 부하를 확실하게 믿는다면 파견해 놓고 한참을 잊고 지내다 다시 만났을 때 그간의 소식을 전해 들으면 그만이었을 것이다.

하지만 인간은, 특히 지배욕과 권력욕의 화신과 같은 왕이나 영주와 같은 지배자들은 '저 사람이 날 배신하지 않을까?', '저 사람을 믿고 맡겨도 될까?'라는 의심이 생기기 마련이다. 거기에 사흘이 멀다 전해지는 '원정을 보냈더니 배신을 하고 적과 내통한 장수 이야기', '세금을 거둬 다른 나라로 도망친 신하 이야기' 때문에 그들의 의심은 더욱 커져갔다.

때문에 지배자들은 실시간으로, 그게 불가능하다면 최대한 짧은 시간 내에 자신이 지배하는 영토와 사람들로부터 원하는 정보를 수집하고 보고받고 싶다는 욕구가 생길 수밖에 없었다. 그를 충족시켜 준 것이 원나라의 역참 제도였고, 벨의 유선전화였으며, 마르코니의 무선전신이고, 미국 국방부 고등연구국의 인터넷이었다.

그런데 통신수단이 발달해서 화상으로 마주 보며 회의를 할 수 있게 되었고, 페이스 타임 등 스마트폰의 다양한 기능을 사용해 현장감 넘치는 소통이 가능해졌음에도 불구하고 여전히 신용과 신뢰의 문제는 우리 주변에 산적해 있다. 특히, 함께 일하는 동료 또는 부하직원, 더 나아가 상사에 대한 불신의 골은 날이 가고 시대가 변할수록 나아지기는커녕 더 깊어만 지는 듯하다.

코로나 상황이 심각해지고 확진자가 기하급수적으로 늘어나자 우리나라에서도 재택근무가 활발하게 도입되었다. 과거에는 아주 특별한 경우였던 재택근무가 젊은 세대를 중심으로 일반적인 근무의 한 형태로 인식되기 시작한 것이다. 그뿐만이 아니다. 재택근무의 가능 여부가 일하기 좋은 직장인지 아닌지를 가늠하는 일종의 기준 역할을 하면서 기업들은 속내야 어떻든 간에 가능한 범위 내에서 재택근무를 허용하는 입장을 취하고 있다.

특히, 최근 생산인구의 숫자에서 그 비중을 빠르게 늘려가고 있는 MZ세대를 중심으로 재택근무를 포함한 자율 출퇴근 등 본인의 라이프 스타일에 맞춘 유연한 근무를 원하는 트렌드가 널리 퍼지고 있다. 예전처럼 같은 조직의 구성원이라면 동일한 시간대에 같은 사무실에 모여 일해야 한다는 생각 또한 많이 옅어진 것이 사실이다.

그런 추세는 코로나 상황이 개선되고 엔데믹을 맞이하는 지금도 크게 변하지 않았다. 적게는 몇십 분에서 많게는 몇 시간이 걸리는 출퇴근 시간, 여러 동료들이 만들어내는 소음과 간섭작용으로 업무에 몰입하기 힘든 분위기 대신, 별다른 에너지와 시간의 낭비 없이 업무에 바로 투입이 가능하고 본인이 계획한 일에 온전히 집중할 수 있는 재택근무의 장점을 맛본 사람들은 더 이상 사무실에 모여서 일하는 것이 직장생활의 필수조건이라 생각하지 않게 되었다.

물론, 규정과 원칙에 따라 다시 사무실 근무를 결정하는 기업이 늘고 있고 상당수의 기업이 재택근무를 폐지하고 있지만, 사무실에서 일하는 것만을 근무로 인정하던 옛날로 완전하게 돌아갈 수 있을 것 같지는 않다. 이미 재택근무의 장점을 맛본 이들의 반발도 예상되지만, 기업들 역시 사무공간 유지비용 절감, 구성원의 업무 몰입도 증가 등 재택근무의 성과에 주목한 기업들을 중심으로 재택근무의 유지 및 확대하려는 시도가 곳곳에서 목격되기 때문이다.

불신의 역사를 신용의 역사로 바꾼 역사책 한 권

여기서 잠깐 한숨을 고르고 잠시 중국으로 시선을 돌려보자. 통상적으로 중국에서는 한나라 사마천이 지은 《사기史記》를 시작으로 해서 청나라 건륭제의 지시에 의해 편찬된 《명사明史》까지, 역대 왕조에서 공인한 24권의 역사서를 '이십사사二十四史'라고 하여 정사로 대접해 주고 있다.

'이십사사' 중 가장 유명하고 중국인들이 사랑하는 역사서는 당연히 《사기》이고, 그 뒤를 잇는 것이 진수가 지은 정사 《삼국지》 그리고 중국 역사상 최고의 산문가로 꼽히는 구양수가 지은 《신당서新唐書》, 《신오대사新五代史》 등이다. 반면, '이십사사' 중에는 사람들이 별로 관심을 갖지 않거나, 심지어 그 존재 자체를 애써 무시하고 관심을 주지 않으려는 책들도 있는데, 가장 대표적인 책이 《송사宋史》다.

《송사》는 서기 960년 후주後周의 장수였던 조광윤이 자신의 왕이었던 공제로부터 왕위를 물려받아 세운 송나라의 역사를 기술한 역사서다. 책에는 1127년까지 167년간 존속했던 북송의 역사와 이후 수도였던 개봉을 금나라에 빼앗기고 남쪽으로 쫓겨가 하남성 상구 지역을 도읍으로 삼아 1279년까지 152년간 더 왕위를 이어갔던 남송의 역사가 모두 담겨 있다.

송나라는 다방면에 걸쳐 많은 발자취를 남긴 나라이긴 하지만 다른 시기, 왕조와 뚜렷하게 차별화된 매력 포인트가 비교적 적은 나라였다. 진나라처럼 중국 땅을 하나로 통일한 왕조를 세웠다는 상징성이 있는 것도 아니고, 한나라처럼 한족 형성의 기틀을 잡고 여러 중국문화의 원류가 시작된 것도 아니며, 당나라처럼 세계로 뻗어나가 세계인들을 불러모은 화려한 매력이 있는 것도 아니었다. 다른 왕조에 비해 왠지 조금은 밋밋한 시기였던 것이 사실이다.

반면, 숱한 외세의 침략에 시달리며 '중국 대륙의 주인'이라는 한족의 체면을 단단히 구긴 시대였다. 매번 여기서 터지고 저기서 밀리느라 정신이 없었던 왕조였다. 사정이 이렇다 보니 중국 역사에 등장했던 수많은 나라 중에서도 송나라는 유독 인기가 없는 편이다. 그런데 《송사》가 '이십사사' 중 주목을 받지 못하는 것은 단순히 송나라의 낮은 인기 때문은 아니다.

《송사》를 지은이가 하필이면 한족을 지배했던 원나라의 승상 토크토아였기 때문이다. 가뜩이나 변방의 야만 민족이라 여겼던 몽골족에게 중원을 빼앗긴 것도 열불이 날 일인데, 그들에 의해 쓰여진 '패전국의 역사'이니 《송사》에 대해 중국인들이 갖는 미묘한 감정과 의도적인 외면이 조금은 이해가 되기도 한다.

중국인에게 오랜 기간 외면받은 책이었음에도 불구하고 《송사》가 유독 우리나라에서 많이 인용되는 것은 오로지 한 문장, 아니 그 문장을 자신의 인재 선발 및 육성의 철학으로 삼았던 한 인물 때문이다. 그 인물이 바로 삼성그룹의 창업주 이병철 회장이다. 그는 《송사》를 곁에 두고 늘 애독하며 여러 차례 책 속의 문장을 사용하여 자신의 인재 철학을 밝혔다. 그중 가장 대표적인 문장이 바로,

"의인불용 용인불의(疑人不用 用人不疑)"

이다. "의심 가는 사람은 쓰지 말되, 한번 쓰기로 한 사람이면 의심하지 말라"라는 뜻의 이 문장을 이병철 회장이 즐겨 사용하면서 《송사》까지 덩달아 우리나라 사람들의 입에 오르내리게 되었다.

실제로 이병철 회장은 살아생전 사람에게 쉽게 정을 주지 않고 함부로 자리를 내주지 않되, 한번 믿고 같이 일한 사람은 웬만큼 큰 실수를 하더라도 내치지 않고 다시 만회할 기회를 준 것으로 유명했다.

1980년대 초반 가전 시장의 폭발적인 성장과 반도체 시장의 초기 개발 국면에서 인재전쟁이 벌어졌을 때, 이병철 회장은 의견이 안 맞아 다투고 삼성을 떠났거나 심지어 자신의 믿음을 배신하고 더 나은 처우를 위해 경쟁사로 옮겨갔던 사람들도 기꺼이 받아드렸다.

그렇게 되돌아온 사람들은 나중에 아들 이건희 회장이 경영하던 시기에 삼성을 지금과 같은 글로벌 기업의 반열에 올려놓는데 혁혁한 공을 세우게 된다.

일면 간단하고 단순해 보이는 이 문장이 오래도록 수많은 경영자와 리더들의 입에서 입으로 전해지고 회자되는 이유는, 아무리 강조하고 또 반복해도 실천하기가 쉽지 않고 실제 일상에서는 오히려 반대로 행동하기 십상이기 때문이 아닐까?

말이 쉽지 이 문장을 현실에서 실천하기란 너무나 어렵다. 아니, 어쩌면 거의 불가능에 가깝다. 특히 코로나 팬데믹을 겪으며 재택근무, 원격 오피스 근무가 본격 도입되고, 조직마다 자유로운 형태의 근무를 선호하는 MZ세대가 다수를 차지하게 된 상황에서 리더가 직접 눈으로 살피고 관찰해서 평가하기가 무척 어려워졌다. 심지어 일부 구성원을 중심으로 직접 지켜보는 것을 불편해하는 일이 빈번해지면서, 구성원들을 믿고 일을 맡기고 그들을 지켜보지 않고도 평가하고 육성해야 하는 리더들의 고민은 더욱 커져만 가고 있다.

사정이 이렇다 보니 사람들 사이에서, 특히 리더들 사이에서 이런 고민의 목소리가 하나둘씩 나오고 있다. '과연 직원들이 지켜보지 않는 곳에서도 열심히 일을 할까?', '지시한 사항을 얼굴을 마주 보고 일할 때만큼 잘 이해했을까?'라는……그런 리더들에게 전화도 인터넷도 없었던 시절에 오로지 신뢰와 신용의 시스템만으로 사람을 움직이고 세상을 호령했던 한 인물의 사례가 여러모로 시사점을 제공할 수 있을 것 같다.

르네상스 시기 가장 유명한 가문의 기틀을 쌓았으며, 피렌체 시민들의 사랑을 한몸에 받았던 '진정한 르네상스의 후원자'이자, 통신망도 제대로 발전하지 않았던 시기였음에도 광활한 신뢰의 네트워크망을 구축하고 신용을 기반으로 사람을 다스리고 조직을 관리했던 코시모 데 메디치Cosimo de' Medici 말이다.

미남왕이 만들어 낸 인류 최고의 발명품

앞서 아비뇽 유수를 통해 교황의 권위를 크게 약화시켰던 인물로 설명했던 프랑스 왕 필리프 4세는 유명한 훈남이었다. 강단이 있는 성격으로 인해 지어진 별명인 '강철왕Le Fer'과 더불어 '미남왕Le Bel'으로도 유명했다. 실제로 유럽 미술관에 전시된 필리프 4세의 초상화를 보면 강인해 보이는 듬직한 얼굴형에 날카로운 콧대와 부리부리한 눈매는 현대의 기준으로 보아도 미남임에 틀림이 없다.

귀공자풍의 외모와 달리 그는 한 성깔 하는 인물로 유명했다. 지금 중학생의 나이로 아버지 필리프 3세의 뒤를 이어 왕위에 오르자마자 이웃 나라와 전쟁부터 시작했다. 특히, 프랑스의 통일을 방해하기 위해 왕의 경쟁자가 될만한 영주들을 오랫동안 지원해 온 잉글랜드가 주된 타겟이었다. 아직 프랑스군의 전력을 제대로 파악하기 전이었음에도 있는 대로 병사를 끌어모아 잉글랜드 에드워드 1세가 점령했던 프랑스 동부해안으로 돌진한 것이다.

당시 프랑스 사람들과 비교하면 한 뼘 가까이 큰 신장에 호화로운 장신구로 장식된 은빛 갑옷을 걸치고 병사들을 독려하는 필리프 4세의 모습은 적군인 잉글랜드 병사들마저 반할 정도였다. 프랑스군의 사기는 치솟았고 잉글랜드는 제대로 싸워보지도 못하고 항복할 수밖에 없었다. 하지만 그는 그 정도의 승리에 결코 만족할 사람이 아니었다. 기세를 몰아 잉글랜드와 손을 잡은 영주들의 싹을 뽑아 프랑스 땅에서 그의 권위를 확실하게 세우게 된다.

프랑스 땅의 반란 세력들을 물리친 필리프 4세는 앞서 이야기한 것처럼 교황 보니파시오 8세를 폐하고 측근인 클레멘스 5세를 새로운 교황으로 세우며 교황청 자체를 프랑스령인 아비뇽으로 옮기도록 하는 아비뇽 유수를 단행한다.

이를 통해 기세가 오른 필리프 4세는 1307년 성전기사단 Knight Templar[14]에 대한 체포령을 내리고 기사단을 해체시킨다. 명분은 이들이 악마를 숭배하는 이단 행위를 했으며 원정을 떠난 곳에

필리프 4세의 초상화. 그에게 박해를 받고 프랑스를 탈출했던 성전기사단의 단원이 “동시대에 그보다 더 아름다운 사람은 없었다”라고 말할 정도로 미남이었다.

서 불필요한 살인과 약탈을 일삼는 등 반기독교적인 행위를 했다는 것이었다. 하지만 이것들은 갖다 붙인 명분일 뿐 진짜 목적은 다른 데 있다는 것을 왕도 교황도 기사단도 그리고 일반 백성들도 모두 다 알고 있었다.

십자군 원정을 위해 설립된 성전기사단은 초기에는 순수한 의도로 모인 의용군의 성격이 강했지만, 점차 정규군 이상 가는 체계와 군세를 갖추게 되었다. 이교도에게 빼앗긴 성지를 탈환하고 순례자를 보호하겠다는 취지에 감동한 신앙심 깊은 국왕과 영주들이 거액을 기부해 온 터라 현금이 넘쳐났다. 거기에 기사단에 가입한 단원들은 자신의 재산을 기사단에 맡겨 두고 원정을 떠났는데, 그 금액 역시 어마어마했다.

막대한 현금을 보유한 기사단은 급전이 필요한 국왕들에게 돈을 빌려주거나 순례길을 떠난 순례자를 대상으로 돈을 맡아주거나 빌려주는 속칭 돈놀이를 했는데, 수완이 좋았던 것인지 '신이 도우신 것인지' 기사단은 막대한 이득을 보게 된다. 말 그대로 이 시기 유럽 최고의 은행은 성전기사단이었다. 그 돈을 그냥 두고 볼 수 없었던 필리프 4세는 온갖 빌미로 성전기사단을 해체시키고 그 재산을 몰수한 것이다.

---

14 템플기사단이라 불리기도 하며, 원래의 이름은 '그리스도와 솔로몬 성전의 가난한 전우들'이다.

그런데 마치 풍선 효과처럼 필리프 4세가 한쪽을 누르자 다른 한쪽이 부풀어 오르기 시작했다. 그곳은 바로 지중해 건너 이탈리아의 베네치아였다. 베네치아는 예로부터 동서양 교역의 중심지였다. 당연히 무역 대금을 치르기 위해 돈을 빌리는 금융거래가 활발할 수밖에 없었다. 하지만 그때까지만 하더라도 돈을 빌려주고 이윤을 남기는 행위는 부정한 일로 여겨졌기 때문에 이탈리아인이 아닌 천대받던 유대인들이 주로 그 일을 담당했다. 우리가 셰익스피어의 5대 희극 중 하나로 알고 있는 《베니스의 상인》이 이런 배경에서 탄생한 이야기임을 다들 알고 있을 것이다.

그러나 이 돈이 되는 사업을 이탈리아인이라고 가만두고 있지는 않았다. 유대인처럼 대놓고 그 일을 하지는 않았지만, 많은 사람이 오가는 대로변 골목길이나 광장에 탁자를 내어놓고 앉아서 돈이 필요한 사람들에게 급전을 빌려주거나 돈을 불리고 싶어 하는 사람들을 대신하여 돈을 맡아주는 일들을 했다. 그곳에 가면 돈을 구할 수 있다는 소문이 퍼지면서 탁자를 일컫는 말 '방코banco'가 은행을 뜻하는 이탈리아어 단어로 쓰이게 되었고, 이 단어가 그대로 영국으로 넘어가 '뱅크bank'라는 단어가 되었다.

그렇게 영세한 규모로 운영되던 금융업은 십자군 원정을 계기로 1150년대 중반 무렵부터 일정 규모를 갖춘 조직의 형태로 발전한다. 1157년 베네치아 은행이 문을 열면서 유럽의 금융은 파리와 런던을 중심으로 하는 성전기사단과 베네치아를 중심으로 하는 이탈리아 상인들이 양대 축으로 발전했다.

그 한 축인 성전기사단을 미남왕 필리프 4세가 압박하기 시작하자, 그들을 떠난 돈들이 다른 한 축인 베네치아와 그 주변 도시로 몰려들기 시작한 것이다. 그리고 그 기회를 놓치지 않고 포착하여 신흥 금융재벌이자 유럽 최고의 유력 가문으로 급성장한 가문들이 생겨나는데, 가장 대표적인 가문이 피렌체의 메디치가였다.

르네상스를 일궈낸 위대한 가문

이탈리아 여행을 가서 피렌체 시가지를 걷다 보면 이탈리아 국기보다 더 자주 마주치는 상징물이 하나 있다. 깃발은 물론이고, 건물의 입구에도 지붕을 얹은 서까래에도, 심지어 현관문의 손잡이까지 눈길이 가는 곳마다 등장하는 상징물이다. 방패 위에 여섯 개의 구슬이 부조 형태로 새겨진 문장, 바로 메디치가의 상징 문장이다.

메디치medici라는 단어가 이탈리아어로는 의학 또는 약학이라는 뜻을 지니고 있기에, 수많은 전쟁이 벌어졌던 당시에 전장에 나서는 군인들을 대상으로 약품을 팔거나 의술을 제공하여 큰돈을 벌었던 집안이라는 설도 있으나, 이는 낭설에 불과하다. 초기에 가문을

바티칸 박물관의 메디치 문장. 특이한 점은 중앙에 프랑스 카페 왕조를 상징하는 백합 세 송이가 있다는 점이다. 당시 프랑스 왕이 부채를 감면하기 위해 이를 허락했고, 메디치가는 이를 활용해 영향력을 강화할 수 있었다.

이끌던 코시모 데 메디치가 가문의 수호성인을 자신과 이름이 비슷한 성 고스마Saint Cosmo로 정했는데, 그가 의사들의 성인으로 추앙받는 인물이었기에 그런 낭설이 퍼진 것으로 알려져 있다.

12세기 무렵까지만 하더라도 메디치가는 피렌체에 존재했던 부유한 집안 중 하나에 불과했다. 당시 이탈리아로 쏟아져 들어오던 돈을 활용해 금융업에 진출하기는 했지만, 주업은 부동산 임대업이었다. 피렌체 시내 알토란 같은 상권에 건물을 보유한 부동산 갑부였지만 꽤 잘나가는 부자 집안이었을 뿐, 그다지 특별한 것이 없었던 집안이었다.

그러나 이후 몇 번의 큰 변화를 겪으며 메디치가는 피렌체는 물론 이탈리아, 더 나아가 유럽 전역과 인류 역사상 결코 잊을 수 없는 큰 족적을 남긴 가문으로 변모하였다.

그 변화의 첫 시작은 사업영역의 변화였다.

초창기 메디치가를 이끈 조반니 디 메디치Giovanni di bicci de'Medici는 소규모 공방과 건물 몇 채를 가지고는 큰돈을 벌 수 없다는 것을 알고 있었다. 그는 야심만만한 사내였다. 그는 야심을 채우기 위해 인맥을 총동원해 교황 요한 23세에게 접근했다.

당시는 교황권과 왕권이 극한 대립을 하며 교황청이 극도로 혼란했던 시기였다. 로마와 아비뇽 그리고 피사에 각각 교황이 있어 따로 교황청을 꾸리고 서로 자신이 가톨릭 교회의 수장임을 자처하고 있었다. 요한 23세는 피사에 위치한 교황청의 교황이었다. 마침 그 교황청에는 자신의 조카를 포함해 많은 지인들이 근무하고 있었고, 그 인맥을 활용해 교황청의 재정적 후원자를 자처한 것이었다.

당시에는 아직 금융시스템이 제대로 구축되지 않은 시기였다. 돈이 풍족한 사람과 돈이 필요한 사람들 간에 금융활동은 이뤄지고 있었지만, 상환이 제대로 이뤄지지 않거나 약속한 것과 달리 지나치게 높은 이자를 요구하는 등 금융 주체 간 서로에 대한 신뢰가 제대로 구축되지 않았었다.

조반니는 이 점을 파고들었다. 탄탄한 금융시스템을 갖춰 돈을 빌리는 사람이나 빌려주는 사람이 안심하고 거래를 할 수 있도록 한 것이다. 그를 위해 '교황'을 신뢰의 아이콘으로 적극 활용한 것이다. 덕분에 조반니 당대에 그의 가문은 피렌체는 물론 유럽 전체에서도 손꼽히는 부유한 가문으로 성장하게 된다.

두 번째 변화는 왕실과의 혼인을 기반으로 한 권력 핵심부로의 진출이었다.

아무리 사업적으로 성공하고 가문이 번성했다고 하지만 그래 봐야 일개 도시의 부유한 상인 가문에 불과했던 메디치가는 유럽 왕실과 혼인을 통해 본격적인 명문가로 발돋움을 할 수 있었다.

16세기 초 어느 날 '위대한 로렌초'로 불렸던 메디치가의 수장 로렌초는 며칠을 깊은 생각에 빠져있더니 자신의 동생을 불러 심각한 표정으로 말했다.

"동생, 자네 아들 중 한 명은
꼭 성직자를 시켜야 하네……"

그때까지만 하더라도 동생은 형이 왜 그런 말을 하는지 이해하지 못했다. 하지만 형님이라면 분명히 깊은 뜻이 있으리라는 믿음에 자신의 서자였던 줄리오를 신부가 되도록 했다. 그리고 십수 년이 지난 1523년 줄리오 데 메디치는 교황 클레멘스 7세로 즉위한다.

모든 것이 20여 년 전 교황청의 권력 구도를 꿰뚫어 본 로렌초의 혜안과 이후 이어진 그의 적극적인 후원 덕분이었다. 그 은혜에 보답하듯 클레멘스 7세는 가톨릭 교회의 수장이라는 본분보다는 메디치가의 후손들과 유럽 왕실 간에 중매를 서는데 더 몰두했다. 친척 조카 카테리나 데 메디치를 프랑스 왕 앙리 2세와 결혼시켰고, 이후 메디치가의 또 다른 후손이었던 마리아 데 메디치 역시 프랑스 왕이었던 앙리 4세와 결혼하면서 메디치가는 확고부동한 유력 가문의 반열에 올라서게 된다.

세 번째 변화이자 아마 메디치가의 이름을 역사에 영원히 남길 수 있었던 변화는 문화예술에 대한 적극적인 후원이었다.

사실, 그 시작과 의도는 그리 아름다운 것은 아니었다. 메디치가에 대한 당시 피렌체 시민들의 시각은 그다지 우호적이지 않았다. 서민을 대상으로 부동산 임대업을 하다가 돈놀이 사업에까지 진출해서 떼돈을 번 졸부, 딱 그 정도였다. 명문 귀족과 혼맥을 쌓으며 유력 가문으로 급부상했지만, 명문 가문으로 불릴 수준은 아니었다.

안정적인 사업을 위해서는 시민들의 인식을 우호적으로 바꿔야 할 필요가 있었다. 메디치가의 장로들은 이미지 관리 차원에서 예술가들을 후원하기로 결정한다. 피렌체를 중심으로 활동하던 수많은 예술가들을 직접 지원하거나 작품을 구입함으로써 그들의 작품활동을 도왔다. 하지만 어찌 되었든 메디치가의 후원 덕분에 우리가 아는 보티첼리, 라파엘로, 미켈란젤로 등과 같은 위대한 예술가들이 작품활동을 이어갈 수 있었고, 오늘날 우리가 찬탄을 금치 못하는 위대한 걸작들이 탄생할 수 있었다.

원정 나가는 군대를 어떻게 믿을 것인가?

다시, 코시모 데 메디치의 시절로 돌아가서…….

당대 피렌체에는 수많은 부자 가문들이 있었다. 그들은 장사를 통해 큰돈을 벌기도 하고, 부동산 임대업으로 부자가 되기도 했다. 그러나 단기간에 가장 큰 부자가 된 이들은 예나 지금이나 '금융업'에 종사하는 이들이었다. 말이 금융업이지 실상은 고리대금업이나 사채업에 지나지 않았다. 아직 중앙은행도 이렇다 할 기업형 금융기관도 제대로 없던 시기에 사람들이 급할 때 돈을 빌릴 곳은 동네마다 있는 부자들뿐이었다. 심지어 국왕도 전쟁을 치르기 위해 돈이 필요하면 부유한 귀족 가문에서 돈을 빌렸고, 교황마저도 급전이 필요할 때면 이들 가문을 조용히 부르곤 했다.

고리대금업은 언제나 돈벌이가 되었지만, 그중에서도 가장 큰 돈벌이가 되었던 것은 전쟁에 참전하는 영주나 기사들에게 돈을 빌려주는 것이었다. 예나 지금이나 전쟁을 치르기 위해서는 돈이 많이 필요하다. 특히, 원정에 나서는 기사들은 딸린 식솔만 적게는 서너 명에 많게는 수십 명에 이르렀기 때문에, 이들과 장기간 원정을 떠나려면 많은 돈이 필요할 수밖에 없었다.

기사들은 원정을 성공리에 마치면 왕이 나눠줄 하사품이나 현지에서 약탈할 재물을 담보로 돈을 빌렸다. 그러나 그들이 전장에서 죽을 수도 있었고, 제대로 된 수확이 없을 수도 있었다. 심지어 그냥 갚기 싫어서 안 갚을 수도 있었다. 때문에 수많은 피렌체 부자들은 좋은 돈벌이가 될 것을 뻔히 알면서도 그들에 대한 영업을 포기해야만 했다. 아니면 원정길에 자신의 하인을 딸려 보내 전쟁이 끝나면 받을 돈을 챙기라고 시키고는 하인이 돌아오기를 마음 졸이며 기다려야 했다. 이래저래 만만한 사업모델이 아니었다.

그러나 코시모의 생각은 달랐다. 그렇게 의심하기 시작하면 아무것도 할 수 없으리라는 것을 알고 있었다. 메디치가는 그의 아버지인 조반니 시절부터 조금씩 금융업을 하고 있었는데, 아버지를 통해 코시모는 거래하는 상대방에 대한 믿음이 없으면 어떠한 거래도 이뤄지지 않는다는 것을 배웠다.

그는 사람을 무조건 의심하지도 일방적으로 신뢰하지도 않았다. 대신 돈을 빌려주고 돈을 빌린 사람들이 편하게 상환할 수 있도록 하고, 갚지 않을 경우 끝까지 받아낼 수 있는 시스템을 만들었다.

상대방의 정보를 최대한 수집해 미리 그에 대한 신용을 평가하고 빌려줄 돈의 규모를 정하는 일은 현대 금융업에서는 기본 중의 기본으로 통한다. 그러나 르네상스 초기만 하더라도 그렇지 못했다. 정보보다는 이름값을 믿고 대출 규모를 정하는 것이 일반적이었다.

때문에 초기 메디치가의 경쟁자였던 바르디가, 프레스코발디가, 페루찌가 등은 당시 프랑스와 전쟁을 치르던 영국 왕에게 막대한 돈을 투자했다.

반면, 코시모는 달랐다. 그는 여러 정보라인을 통해 영국 왕이 겉으로 보기에만 번드르르할 뿐 재정상태가 엉망이어서 채무불이행의 우려가 크다는 것을 알고 있었다. 그에 더해 프랑스군 내부 사정에 밝은 정보원을 통해 수세에 밀리고 있던 프랑스군의 사기가 나쁘지 않다는 정보도 입수한 상태였다. 그는 당시 패색이 짙던 프랑스 왕과 그를 후원하는 교황에게 큰돈을 빌려줬다.

대출이 진행된 이후에도 한동안 프랑스군은 고전을 면치 못했다. 가문에서도 "이러다 프랑스 왕에게 돈은 돈대로 뜯기고, 영국 왕의 미움만 사는 것 아니냐?"라는 우려의 목소리가 들려 나왔다. 그러나 코시모는 흔들림이 없었다. 오히려 프랑스 왕에게 대출 잔금을 더 보내주었다. 그는 자신의 정보와 분석능력을 믿었다.

그로부터 얼마 지나지 않아 그의 귀에 희소식이 들려왔다. 프랑스군에 신의 부름을 받았다는 소녀가 찾아와 병사들을 이끌고 나가 영국군에 대승을 거뒀다는 것이다. 그 소녀의 이름은 잔다르크였다.

제반 시스템도 돈을 빌리고 갚으려는 사람들을 중심으로 재설계했다. 돈을 빌려주는 것과 동시에 의료품을 저렴하게 제공하여 주요 고객인 기사들이 가급적이면 메디치가를 찾아 자금을 빌리고 빌린 자금으로 의료품까지 구입하도록 했다. 또한, 원정을 나가는 길과 돌아오는 길이 달라서 돈을 늦게 갚는 사람들이 있고, 한번 돈을 빌려 원정에 나선 사람이 돈을 더 빌리고 싶어도 피렌체를 떠나 있어 메디치가에서 돈을 더 빌릴 수 없다는 이야기가 들려왔다.

코시모는 자신의 마당발 인맥을 활용하여 이탈리아는 물론 유럽 전역에 있는 대금업자 및 부유한 가문과 협약을 맺었고, 주요 아홉 개 도시에는 지점을 개설했다. 덕분에 유럽에서는 주요 도시라면 어디를 가건 메디치가에서 돈을 빌릴 수 있었고, 피렌체에서 빌린 돈을 다른 도시에서 상환할 수 있었다.

그런 소문이 퍼져 나가자 많은 사람들이 "다른 돈은 몰라도 메디치가에서 빌린 돈은 꼭 갚아야 한다"라거나 "메디치가에서 돈을 빌리기도 쉽고 갚기도 쉽다"라는 말들이 퍼져 나갔다. 자연스럽게 메디치가로 돈을 빌리고 싶은 고객들이 밀려들었다.

사람에게 신뢰의 무게를 짐 지우기보다는 제도와 시스템 그리고 문화로 사람이 믿음을 받으며 제 역할을 할 수 있도록 도왔던 코시모 데 메디치의 모습은 이후 본업인 금융업뿐만 아니라 자신의 취미생활이자 문화활동에서도 두드러지게 나타나게 되었다. 그런 그의 노력 덕분에 피렌체는 르네상스의 중심지로 거듭날 수 있었다.

변화는 왜 실패하는가?

코시모가 만들어 낸 제도와 시스템의 변화, 과연 오직 그만이 이런 변화를 시도했던 것일까?

당대의 다른 이들도 금융제도와 시스템이 변해야 한다는 사실을 알았을 것이다. 변화하는 환경에 맞춰 금융제도와 시스템을 변화시키려고 시도했던 이들도 여럿이었을 것이다. 실제로 역사 기록에는 그런 이들이 등장한다. 그럼에도 불구하고 다른 이들은 성공하지 못했고, 코시모는 해냈다. 그들 사이에는 어떤 차이가 있었을까?

우리가 흔히 사용하는 말로 “변하지 않으면 죽는다”가 있다. 어려움에 처한 조직이나 위기에 빠진 기업, 나태함에 사로잡혀 참신한 성과를 보여주지 못하는 개인 등에게 많은 이들이 충고처럼 하는 말이다. 선거에 참패한 정당도, 신제품 출시에 실패한 기업도, 연패에 빠진 스포츠팀도 다들 “변하지 않으면 죽는다”라는 말을 등에 지고 살아간다.

변화하는 세상에서 살아남기 위해서는 끊임없이 변해야 한다. 그러나 어떠한 개인 또는 조직이 제대로 변화하는 것은 참 어렵기만 한 일이다. 때문에 제대로 변화를 추진하기 위해서 많은 노력을 기울이고 있다. 특히, 기업에서는 별도의 조직을 만들고 막대한 예산을 투입하여 변화를 추구하곤 한다. 그러나 대부분의 노력은 실패로 돌아가고 만다. 제대로 된 변화를 통해 과거의 폐단을 없애고 약점을 극복하여 성과를 내는 사람 혹은 조직은 극히 일부다. 왜 그럴까? 많은 사람과 조직에서 변화를 추진하는 데 있어 잘못된 도구를 사용하기 때문이다. 그 잘못된 도구는 바로 '사람'이다. 잘못 사용된 도구가 '사람'이라니, 이게 과연 무슨 말일까?

과거 기업에서는 변화를 시도하거나 새로운 분야에 도전할 때 일단 사람부터 끌어모았다. 그리고는 태스크Task 또는 위원회를 출범시키고는, 그 이름을 짓는데 며칠을 허비했다. 다음에는 해당 태스크 또는 위원회를 이끌 리더를 선임하느라 시간을 보냈다. 선정된 리더는 다시 조직을 설계하고 담당자를 정하고, 업무 분장과 업무 계획을 수립하느라 시간을 보냈다. 정작 변화를 추진할 시간은 점점 줄어들었다.

그렇게 시간은 흘러가고 이제 본격적으로 변화를 위한 작업을 해야 할 시간, 담당자들은 각자의 머리로 고민에 빠져들기 시작한다. 이제까지 해온 일이 있고, 살아온 방식이 있기에 그들이 생각한 변화의 방법은 이전과 그다지 다를 것이 없었다. 결국, 그들은 다시 모여 변화에 대해 한마디씩 늘어놓기 시작하고, 시간에 맞춰 계획이 세워지고 보고서가 만들어진다. 그렇게 수립된 계획안은 '변화' 또는 '개선'이라는 단어만 추가되었을 뿐 이전과 크게 다르지 않은 결과물이 되어버린다.

조직에서 추진하는 일들이 실패를 한다면, 거의 대부분 이와 같은 코스를 밟으며 망가져 간다. 그러면 어떻게 해야 우리 조직을 제대로 변화시켜 나갈 수 있을까?

IBM 기업가치연구소에 따르면 기업이 기존과 다른 탁월한 성과를 창출하기 위해 새로운 변화를 시도한다면, 성공적인 과정을 만들어나가기 위해서는 통상 다음의 다섯 단계를 밟아 나가야 한다고 한다.

첫 번째는 '비공식 단계'다. 변화의 필요성을 느끼기 시작했고, 조직 내 어디선가 변화의 시도가 시작되었지만, 표준화되거나 정립된 방법이 없어 최고경영진이 변화관리를 주도하는 단계다.

그 단계가 성공적으로 진행되면 두 번째는 '초기 단계'다. 프로젝트 단위의 활동에 변화관리를 반영시켜 보고, 고위급 관리자 혹은 변화를 주도해야 하는 부서나 담당자를 중심으로 변화 관련 안내가 시작되는 단계다. 사실 많은 수의 조직들이 이 단계를 넘지 못하고 변화가 좌초되고 만다.

세 번째는 '공식화 단계'다. 이때부터는 표준화된 조직 변화관리 방법이 활용되기 시작한다. 문서로 된 변화계획이 공유되고, 특정 분야에 대해서는 상세한 변화관리 매뉴얼이 생성된다. 특정 프로젝트에 변화관리 활동과 역량을 집중시켜 성공 사례를 만들기 위한 노력이 집중되는 시기가 바로 이 단계다.

네 번째는 '확대 단계'다. 조직의 변화 역량 확대에 주력하게 되고, 모든 직책자들을 대상으로 변화관리 교육이 실시되며, 변화관리의 책임과 권한을 부여받은 중간관리자의 역할이 급격하게 커지는 시기다.

마지막 다섯 번째는 '체질화 단계'다. 변화관리 활동이 하나의 활동으로 통합되고, 공식적인 방법과 도구를 활용한 모니터링 및 효과 측정이 진행된다. 다양한 변화에 유연하게 대처하여 변화관리가 기업 전체의 문화로 정착하는 단계다.

변화는 이렇게 진행된다. 몇몇 사람이 모든 것을 주도하기보다는 초기에 단 몇 사람으로 시작해서 점점 다수의 인원으로 확대하는 과정을 통해 그들에게 필요한 교육을 제공하고, 단계적 시스템을 마련하고, 제도적인 지원방안을 준비하는 것이다. 이렇게 한 단계를 성공적으로 마무리하면, 다음 단계에서는 보다 많은 다양한 계층의 사람들에게 변화를 확산시키고, 또 동시에 그에 맞는 제도와 시스템을 마련하여 다음 단계로 나아가도록 하는 변화의 과정이 하나의 문화가 되도록 만들어야 성공할 수 있다.

이런 과정과 단계를 무시하고 특정한 사람에게만 모든 책임을 지우고, 그에게 변화를 만들어 내라고 광야에 내던지니 제대로 된 변화가 일어나지 못한 것이다.

은밀하게 위대하게 변화를 지배하라

한때 '보이지 않는 손'이라는 말이 유행한 적이 있다. 원래 이 말은 '경제학의 아버지'로 불리는 18세기 스코틀랜드 출신의 경제학자이자 철학자 애덤 스미스가 자신의 저서 《국부론》에서 쓴 표현으로 사리사욕을 추구하는 이기적인 개인의 영리활동이 역설적으로 사회 전체에 미치는 공공의 이익에 도움이 된다는 의미로 사용되었다.

즉, 개인은 자신의 사적인 욕구를 충족시키기 위해 최대한 자신의 이익만을 추구하더라도, 그런 개인들의 사적 욕구들이 서로 경쟁을 하면서 '시장경제의 가격 매커니즘'이라는 하나의 균형점을 찾게 되고, 자연스럽게 공공의 이익이 증진되는데 기여하게 된다는 이론이었다.

한 가지 재미있는 것은 '보이지 않는 손'이라는 표현은 정작 《국부론》에서 단 한 번밖에 쓰이지 않았다는 사실이다. 그리고 '보이지 않는 손'이라는 표현은 책에서 쓰인 원래의 의미가 아닌 다른 뜻으로 더 자주 사용되고 있다. 이른바 무언가 배후에 있는, 그래서 직접 나서지 않지만 막대한 영향력으로 사사건건 조종하고 통제하는, 그런 존재를 일컫는 말로 애용되는 것이다.

과거 모든 사람이 한곳에 모여 같이 일하고, 그렇게 같이 일하는 시간이 길수록 더 열심히 일하는 조직으로 인정받는 시기가 있었다. 리더는 명확하게 지시를 내리고, 팔로워는 지시를 철저하게 이행하는 것이 최고의 미덕이었던 시기도 있었다. 그때는 모든 것이 사람에 의해 시작되었고, 또 모든 것이 사람에 의해 실행되었다. 그러나 시대가 바뀌었다.

조직은 수평화되었고, 높은 교육수준의 젊은 구성원들은 더 이상 명령에 복종하고 리더의 지시에 휘둘리고 싶어 하지 않는다. 창의적인 일을 주도적으로 하고 싶어 하고, 사사건건 보고하고 일일이 간섭받고 싶어 하지 않는다. 재택근무나 원격근무가 일상화되면서 리더가 구성원들을 눈앞에 두고 확인하는 것도 쉽지 않게 되었다. 이럴 때 필요한 것이 새로운 의미의 '보이지 않는 손'이다.

사전에 명확하게 목표를 공유하고, 목표를 어떻게 실현시킬지에 대해 자유롭게 아이디어를 나눈 뒤, 어떤 식으로 일할 것인지 구성원과 합의하여, 일종의 약속을 한 뒤에는 업무가 자연스럽게 진행될 수 있도록 '보이지 않는 손'을 작동시켜야 한다.

그 '보이지 않는 손'은 지금까지 이야기했던 바와 같이 단계적으로 형성시킨 시스템과 문화다. 리더가 눈앞에 없어도 자신이 해야 할 책임은 철저하게 지키도록 관리하는 시스템, 그리고 최선을 다해 열심히 일하는 동료들에게 미안해지지 않도록 노력하는 문화, 이 두 가지가 갖춰졌을 때 '보이지 않는 손'은 작동된다. 이 '보이지 않는 손'이 제대로 작동하는 조직은 모든 것이 리더에 의해 움직이는 조직과 차원이 다른 퍼포먼스를 보여주게 될 것이다.

일일이 사람을 쫓아다니며 "돈 갚아라", "나를 위해 충성하라", "배신하지 마라"라고 다그치기보다는 그들이 빌린 돈을 제대로 갚고, 충성을 다하며, 절대로 배신하지 못하도록 시스템을 만들고 분위기를 조성한 코시모 데 메디치가 오늘날의 우리에게 주는 교훈이다.

RENAISSANCE'S WORKERS

III.

Tertia Fabula[15]

르네상스 워커스는 어떻게 일을 시켜왔는가?

15 '첫번째 이야기'라는 뜻의 라틴어.

Starker noch als das blei in der flinte hat das blei im setzkasten die welt verandert.

산탄총에 든 납(총알)보다

글자통에 든 납(활자)이 더 많이 세상을 바꿨다.

- 구텐베르크[16] -

16 신성로마제국 출신의 금속 세공업자이자 인쇄업자로, 유럽 최초로 금속활자를 발명하여 보급시켰다.

RENAI
SSANCE'S
WORKERS

나눠서 지배하라

Divide et Impera[17]

17 권력분할과 임파워먼트의 중요성을 강조한 말로, 마키아벨리가 자신의 책 《군주론》에도 사용하였다.

Michelangelo di Lodovico Buonarroti Simoni (1475-1564)

참 무서운 질문,
당신은 무슨 일을 하는 사람입니까?

인간의 변치 않은 꿈, 영구기관

어린 시절 우리가 즐겨보던 공상과학 만화에는 인간의 상상력으로 탄생시킨 수많은 기계들이 등장한다. 그중 가장 많이 등장하는 것은 물론 거의 주인공급의 비중을 차지하는 기계가 세 가지 있다. 인간 이상의 능력을 지닌 로봇, 시간 여행을 할 수 있는 타임머신 그리고 별도의 에너지 없이 영원히 움직이는 영구기관이 바로 그것이다.

로봇은 이미 상당 부분 개발이 진행되어 생산현장이나 위험한 지역에서 사람 대신 작업을 하고 있고, 타임머신은 아직까지 개발은 요원해 보이기는 하지만 그래도 여러 학자들을 통해 이론적 접근이 조금씩 진척되고 있는 것 같다. 하지만 영구기관은 여전히 '불가능' 또는 '허구'의 영역에 머물러 있다.

별도의 에너지 공급을 받지 아니하고 가동되는 영구기관이나 공급받은 열에너지를 100퍼센트 역학적 에너지로 전환 가능한 영구기관 모두 이러한 영구기관을 만들기 위해서는 각각 '열열학 제1법칙'과 '열역학 제2법칙'을 위배해야 하기 때문이다. 그럼에도 불구하고 인류는 오랜 기간 포기하지 않고 영구기관 개발에 매달려왔다. 그리고 그것이 언젠가는 가능하리라는 믿음을 버리지 않았다.

그렇다 보니 사람들의 그런 믿음을 활용해 돈을 버는 사기꾼들이 등장했다. 18세기 초 일반인은 물론이고 왕과 귀족까지 감쪽같이 속여서 갑부가 된 요한 베슬러 같은 인물이 대표적이다.

'오르피레우스Orffyreus'라는 별명이 더 유명했던 이 사내는 1680년 독일 작센 지역의 평범한 농가에서 태어났다. 청년이 된 그는 한 연금술사의 제자로 들어가 불로장생의 약물을 만드는 연구에 동참하기도 했는데, 이후 그가 택한 직업은 시계 수리공이었다.

시계 장인의 도제로 들어가 태엽의 원리와 톱니바퀴의 작동원리 등을 배운 그는 앞서 연금술사 밑에서 일하며 추구했던 영구, 불멸, 무한 등의 이상을 태엽과 톱니바퀴 등을 활용한 기계로 구현할 방법을 찾기 시작했다. 하지만 오르피레우스 역시 현실적으로 그런 기계를 만드는 것이 불가능하다는 것을 깨닫게 되었다. 그럼에도 그는 여러 가지 모양의 톱니바퀴와 다양한 무게의 추를 정교하게 결합하여, 한번 힘을 가하면 영원히 멈추지 않고 움직이는 영구기관을 만들었다고 광고하기 시작했다. 반응은? 폭발적이었다.

산업혁명이 시작되기 직전, 기계공업에 대한 관심이 최고조에 달했던 독일에서 별다른 동력 없이 영원히 움직이는 장치의 등장은 마치 신의 세계에 닿기 위해 쌓았던 바벨탑이 눈앞에 있는 것 같은 감흥을 불러일으켰다. 사람들은 열광했고, 그의 '자동 바퀴'를 보기 위해 기꺼이 대가를 지불했다. 그 인기가 얼마나 대단했던지 귀족과 부유층 사이에는 그가 만든 영구기관을 자기 소유로 만들기 위해 상상을 뛰어넘는 거액을 제안하는 사람도 있었고, 그의 환심을 사기 위해 고가의 선물과 현금다발을 안기는 이들도 있을 정도였다.

하지만 오르피레우스는 자신의 영구기관을 다른 사람에게 절대로 팔지 않겠다고 선언했다. 상황이 이렇다 보니 러시아 황제는 "10만 루블을 낼 테니 잠시만이라도 빌려달라"고 애원하는 지경에 이르렀다. 그러나 오르피레우스는 자신이 직접 선보이는 전시회를 제외하고는 절대로 대여도 판매도 하지 않았다. 이 영구기관 자체가 철저한 속임수였기 때문이다. 사실 영구기관 하단에는 밖에서 보이지 않는 공간이 있었고, 이곳에 조수가 미리 들어가서 숨은 채 줄을 당겨 바퀴를 돌리는 방식으로 사람들을 속인 것이었다.

이후로도 수많은 과학자와 발명가 또는 발명가인 척하는 사람들이 영구기관을 만들기 위해 자신의 인생을 바쳤으며, 만들지 못했음에도 만들었다고 사람들을 속였고, 사람들은 번번이 그들에게 속아 넘어갔다.

지금 이 순간에도 외부의 자극이나 통제 없이도 스스로 살아 움직이는 인재를 확보하고 육성하기 위해 수많은 기업들이 엄청난 노력을 퍼붓고 있다. 물론, 영구기관처럼 아무런 에너지를 제공하지 않는 것은 아니다. 급여와 보너스, 적절한 포상과 격려 등 기업은 다양한 에너지를 제공하고 있다. 하지만 그런 에너지에 일희일비하지 않고 스스로 알아서 일을 시작하고, 유지하고, 적절하게 대응하는 이른바 셀프 모티베이트된 인재를 확보하고 육성하는 방법은 영구기관 이상으로 우리 인류가 애타게 찾아왔던 분야다.

특히, 팬데믹 이후 일상이 된 재택근무와 원격근무 그리고 팬데믹이 아니더라도 점차 수평화되는 조직과 다양성을 존중받고자 하는 구성원들이 등장하면서, 누군가의 지시나 통제에 의해서가 아니라 스스로 자신의 일을 찾고 스스로에게 동기부여하는 구성원의 필요성은 날이 갈수록 늘어나고 있다.

그렇다면 어떤 사람들이 스스로 동기를 부여할 수 있는 인재일까? 그런 사람에게는 어떤 공통점이 있을까? 우리 주변의 구성원들을 그런 인재로 육성하기 위해서는 어떠한 노력이 필요할까? 그리고 리더는 어떤 지원을 해줘야 할까?

당황스럽게 얇은 베스트셀러

한때 우리나라는 물론 전 세계적으로 베스트셀러에 오르며 화제가 되었던 책 한 권이 있다. 출판사와 출간 시기에 따라 제목은 조금씩 달랐지만, 보통 《가르시아 장군에게 보내는 편지》라는 제목으로 출간된 책이다.

사실, 이 책은 명성이 무색할 정도로 내용이 단순하기 그지없고, 페이지 수도 48페이지밖에 되지 않는다. 저자 역시 제목에 등장하는 가르시아 장군이나 책에 주로 등장하는 로완 중위와는 전혀 상관없는 미국의 한 편집자였고, 그가 작가 생활을 겸하며 마치 습작처럼 집필한 짧은 글 'A message to Garcia'가 책의 형태로 출간된 것이 바로 《가르시아 장군에게 보내는 편지》였다.

실제로 이 책을 서점에서 처음 실물로 접했을 때의 허탈함 아니 그를 넘어서는 당황스러움은 아직까지 생생하게 기억이 난다. 마

침 젊은 커플 역시 나와 거의 동시에 이 책을 집어 들었는데, 그들의 입에서 터져 나온 첫 마디는

"뭐야……,
이 책 파는 거야?"

였다. 그럼에도 불구하고 이 책은 전 세계적으로 1억 권이 넘게 팔리는 공전의 대히트를 기록했다. 미국 작가가 영어로 쓴 책이었음에도 불구하고 러시아군 당국은 이 책을 러시아어로 번역해서 병사들에게 나눠주고 전장에 투입되기 전까지 반드시 읽도록 했다.

우리나라에 이 책이 전해지게 된 과정도 상당히 흥미로운데, 러일전쟁 당시 포로로 잡힌 러시아 병사를 심문하던 일본군 장교는 포로들이 모두 똑같은 책을 한 권씩 갖고 있다는 것을 발견했다. 분명히 중요한 작전명령서이거나 군사교범이라고 생각한 일본군 장교는 러시아어를 할 줄 아는 병사에게 번역을 지시했다.

그러나 그가 받아본 내용은 예상과 달리 한편의 동화와 같은 이야기가 전부였다. 하지만 읽으면 읽을수록 빠져들게 만드는 이야기에 매료된 그는 번역된 책을 일본군 대본영에 보고했고, 대본영의 고위 지휘관 역시 책의 내용에 빠져서 이를 각지의 일본군에게 배포

하도록 지시했다. 해방 이후, 일본어로 된 《가르시아 장군에게 보내는 편지》가 우리말로 번역되어 출간되면서 우리나라에서도 큰 인기를 끌게 되었다.

책의 내용은 단순하다. 19세기 말 스페인과 전쟁을 치르던 미국의 제25대 대통령 매킨리는 이이제이以夷制夷, 즉 '적의 적(쿠바 반군)'을 부추겨서 '적(스페인)'에게 타격을 입히기 위해 반군 지도자인 가르시아 장군에게 비밀리에 편지를 보내고자 했다. 편지의 내용은 "미국이 가르시아 장군을 지원하겠으니 걱정 말고 스페인을 공격하라"였다. 하지만 대부분의 반군 지도자가 그렇듯이 가르시아 장군 또한 베일에 싸인 인물이었다. 그가 어디서 누구의 도움을 받아 전쟁을 치르고 있는지에 대해 아는 이가 없었다.

매킨리 대통령의 지시를 받은 지휘관마다 하나같이 불가능한 임무라며 손사래를 쳤다. 결국, 대통령은 능력이 탁월하다고 추천받은 로완 중위를 불러 아무런 전후 맥락도 이야기하지 않은 채 "가르시아 장군에게 이 편지를 전하라!"라는 명령을 내렸다. 물론 책에서는 그럴싸하게 포장했지만 아마도 대통령 스스로도 자포자기하는 심정으로 명령을 내리지 않았을까 싶다.

명령을 받은 로완 중위는 "가르시아 장군이 누구입니까?"라던가 "가르시아 장군은 어디로 가면 만날 수 있습니까?"라던가 "이 편지를 왜 전해야 합니까?" 같은 일체의 질문을 하지 않은 채 "예, 알겠습니다"라는 대답만 한 뒤 대통령 집무실을 빠져나왔다. 그리고선 쿠바 해안에 침투하여 스페인 정부군의 점령지를 목숨을 걸고 횡단하여 천신만고 끝에 가르시아 장군을 만나 매킨리 대통령의 편지를 전하는데 성공하게 된다는 이야기가 이 책의 내용이다.

참 단순하고 뻔한 내용이지만, 이 책의 독자들 특히 리더들은 열광했다. 사실 리더라고 하더라도 팔로워들에게 어떠한 지시를 내릴 때, 그 문제에 대한 해답을 알고 내리는 사람은 거의 없다고 봐도 무방하다. 심할 경우에는 문제 자체가 뭐가 문제인지조차 모르고 일단 지시부터 내리는 경우도 비일비재하다.

그럴 때, 지시를 받은 팔로워가 "이 문제의 핵심은 무엇입니까?", "해결책을 어디로 가서 어떻게 찾아야 하죠?", "그게 이 문제의 해답인지 어떻게 확인하죠?" 등의 질문을 던진다면 당혹스럽기 그지없을 것이다.

그런데 매킨리 대통령의 그 '밑도 끝도 없는 임무(이자 자신도 종종 지시하곤 하는 형태의 임무)'에 대해 어떠한 토씨도 달지 않고 묵묵히, 하지만 현명하게 '알아서' 달성하는 로완 중위의 모습에서 전 세계의 리더들은 '진정한 부하직원', '진정한 구성원'의 이상적인 모습을 발견한 것이었다.

로완 중위의 모습에 감동한 리더들은 한마음 한뜻이 되어 '전혀 로완 중위답지 못한' 현재 자신의 부하직원들에게 '좀 보고 배워라'며 바로 이 책 《가르시아 장군에게 보내는 편지》를 뿌려댔다. 그렇게 인류 역사상 가장 얇은 초특급 베스트셀러가 탄생한 것이다.

다시, 로완 중위를 찾습니다

1970년대 말, 메릴랜드 대학의 번즈 교수는 그의 책에서 상사와 부하직원 간의 유무형적 보상과 처벌을 통해 거래 관계가 형성되는 '거래적 리더십'의 상대되는 개념으로 상사의 카리스마와 전폭적인 지원, 부하직원의 주인의식과 한계를 넘어서는 도전정신을 강조하는 '변혁적 리더십'의 가치와 중요성에 대해 설명했다.

'변혁적 리더십'에 대한 연구결과가 발표되자, 이를 가장 반기고 적극적으로 받아들인 것은 다름 아닌 대한민국과 같은 개발도상국이었다. 부족한 자원과 사회기반을 오로지 탁월한 인력으로 극복할 수밖에 없었던 한국과 같은 나라들로서는, 카리스마 넘치는 리더가 사명과 비전을 부하직원들에게 신속하고 과감하게 전달하고, 부하직원들은 부족한 자원을 가지고도 문제 상황을 해결하고 높은 성과를 창출하는 변혁적 리더십은 환영할만한 리더십 유형이었다.

실제로 당시 한국 기업에서 높은 자리에 발탁된 리더들은 대부분 '변혁적 리더십'을 보유한 사람들이었다. 그들이 한국에서 발휘한 변혁적 리더십의 형태는 앞서 로완 중위에게 지시를 내린 매킨리 대통령의 모습과 무척이나 닮았다.

현대의 창업자 정주영 회장은 자동차 수리 경험이 전부였던 공업사 사장이었음에도, 고유 모델의 자동차를 만들어 수출하겠다는 목표를 세우고 자신의 동생 정세영 회장에게 그 임무를 맡겼다. 목표를 세웠다고는 하지만 구체적인 계획은 아무것도 없었다. 그러나 정세영 회장은 그 허황된 꿈을 현실로 만들어갔다. 아무런 기술적 기반이 없었기에 미국의 포드자동차와 파트너십을 맺고 부품을 들여다가 조립해서 파는 일부터 시작했다. 어느 정도 기술력이 쌓이자 이탈리아 디자인회사, 일본 자동차회사와 손잡고 '포니'라는 독자 모델을 개발해 해외로 수출까지 해내고야 말았다.

정주영 회장은 특히 이 '변혁적 리더십'에 능해서였는지 유독 그가 창업한 현대그룹에는 정세영 회장 말고도 변혁적 리더십의 교과서에 실릴만한 인물들이 많이 배출되었다.

운동권 출신 말단 사원으로 출발해 30대 사장의 신화를 쓴 현대건설의 이명박 회장, IMF 여파가 한창이던 대한민국에 'Buy Korea' 열풍을 이끌었던 현대증권의 이익치 회장, 정주영 회장을 수행해 요코하마 조선소를 다녀온 뒤 울산 모래사장에 세계 최대의 조선소를 세워낸 현대중공업의 이춘림 회장 등 수많은 인재들이 정주영 회장에게 '가르시아 장군에게 보내는 편지'와 같은 방식의 임무를 부여받고, 어떻게든 그 임무를 완수해 내고야 말았다.

삼성의 창업자 이병철 회장도 꼼꼼하기로 유명했지만 의외로 변혁적 리더십을 발휘한 대표적인 리더였다. 화재로 불타버린 생산라인의 책임자 성평건을 불러 아무렇지도 않다는 듯 생산라인을 복구하도록 시킨 뒤, 복구를 마치자 그에게 내려진 것은 징계가 아닌 누구도 해보지 않았던 반도체 생산라인 건설이라는 대업이었다. 그리고 그에게 내린 지시는 "6개월 내에 공장이 가동되도록 할 것"이었다.

반도체 선진국에서 온 전문가들도 모두 불가능하다고 말한 시간이었다. 그러나 오직 단 한 사람 성평건 본부장은 로완 중위가 되어 문제를 해결하지 못하는 이유를 찾는 대신, 지시에 대한 질문을 하는 대신, 오직 지시를 수행하기 위해 철야로 작업에 매달렸다. 결국, 삼성은 사상 최단기간에 반도체 불모지였던 한국의 시골마을에 세계 수준의 반도체 공장을 지어내고야 말았다.

지금은 과거의 기억으로 사라진 대우그룹의 김우중 회장 역시 마찬가지였다. 대우가 전 세계를 상대로 장사를 벌일 무렵, 김우중 회장은 미국이나 일본은 차마 직원들을 보내지 못하는 험한 오지로 대리급, 과장급 직원을 딸랑 혼자 내보내며 '지사장'이라는 타이틀을 달아주었다.

변변한 휴대전화도 없던 시절 가방만한 위성전화기 한 대와 정글도 한 자루를 손에 쥔 채 미얀마, 우즈베키스칸, 수단, 마다가스카르로 파견된 직원들은 '왜 가는지?', '가서 무엇을 팔아야 하는지?' 조차 모른 채 현지에 도착해서 '메이드 인 코리아', '메이드 바이 대우' 제품을 갖다 팔고, 그 나라에서 돈이 될만한 것들을 가져다가 한국과 전 세계를 상대로 되팔았다.

이처럼 한국은 갓 독립한 나라, 겨우 전쟁을 끝낸 나라, 변변한 자원 하나 없는 나라라는 특수 상황 속에서 변혁적 리더십을 보유한 리더와 함께 수많은 로완 중위들을 탄생시켰다. 그리고 한국판 매킨리 대통령과 로완 중위는 전 세계를 누비며 한국산 제품들을 팔고 또 팔았다.

하지만 이후 우리나라 경제는 전과 비교할 수 없을 정도로 발전했고, 사회의 모습 또한 변모하면서 변혁적 리더십을 대체할 다양한 리더십 유형이 등장했다. 한국판 로완 중위들이 해냈던 역할 역시 체계적인 시스템으로 대체되면서 《가르시아 장군에게 보내는 편지》는 이제 잊힌 한때의 베스트셀러로 여겨지고 있다.

그러나 또 상황이 바뀌었다. 팬데믹 시기만큼은 아니지만 비대면 근무가 하나의 근무형태로 자리 잡았고, 회식과 같은 대인 접촉이 많은 소통을 선호하지 않는 구성원들이 늘어나고 있다. 예전과 같은 방식으로 구성원의 동기부여가 어려워지자 리더들은 마치 영구기관과 같은, 추가적인 동기나 에너지의 투입 없이도 스스로 열정을 갖고 일할 수 있는 사람이 필요하게 되었다. 어떻게 그런 사람을 찾을 수 있을지, 함께 일하는 구성원들을 어떻게 그런 인재로 육성할 수 있을지에 대한 고민이 깊어졌다.

우리는 그러한 고민에 대한 해답을 르네상스 시기의 한 예술가에게서 찾고자 한다.

메디치가 사랑한 사나이

'세계에서 가장 부유한 사나이', 모든 것을 할 수 있고 모든 것을 가져서 '미스터 에브리띵'이라고 불리는 사람인 사우디아라비아의 실질적인 국가지도자 빌 살만의 실제 이름은 다음과 같다. 무함마드 빈 살만 빈 압둘아지즈 빈 압둘 라흐만 빈 파이잘 빈 투르키 빈 압둘라 빈 무함마드 빈 사우드Mohammad bin Salman bin Abdulaziz bin Abdul

Rahman bin Faisal bin Turki bin Abdullah bin Mohammed bin Saud. 길어서 읽기조차 힘든 이 이름은 본인의 혈통을 밝히는 아랍 특유의 작명 방식으로 인해 생겨난 이름이다. 이름에서 반복되는 'bin'이라는 단어는 '아들'이라는 의미로 '사우드의 아들인 무함마드의 아들인 압둘라의 아들인……살만의 아들 무함마드'가 이름의 뜻이 되겠다.

이런 형태의 작명 방식은 중세 유럽에도 있었다. (그리고 현재 유럽의 왕족과 귀족 가문에도 여전히 남아있다) 중세 유럽에서 고귀한 집안의 출신들은 이름만 봐도 알 수 있었다. 신분이 높고 명망이 있는 집안 출신일수록 이름이 길고, 그 이름에 다스리는 지역, 가문의 유명한 어르신 이름 등이 더해져 굉장히 다채로웠다.

그런 점에서 보면 르네상스를 대표하는 위대한 예술가인 미켈란젤로 역시 태어날 무렵에는 금수저 출신이었음이 분명하다. 미켈란젤로 디로도비코 부오나로티 시모니Michelangelo di Lodovico Buonarroti Simoni라는 긴 이름을 가진 그는 피렌체 공화국 카센티노 협곡의 아름다운 도시 카프레세에서 태어났다.

몰락한 귀족 가문이었던 부오나로티가에서 태어난 미켈란젤로는 어린 시절 가난했지만 어머니의 사랑을 듬뿍 받으며 자랄 수 있었다. 다만, 그 행복했던 시간이 너무도 짧았다. 이미 미켈란젤로를 낳을 때부터 병약했던 어머니 프란체스카는 미켈란젤로가 6살이 되었을 무렵 눈을 감았기 때문이다.

홀로 어린 아들을 키울 수 없었던 아버지 로도비코는 미켈란젤로를 유모의 집에 맡겼다. 이렇게 스토리가 전개되면 '유모와 유모의 가족들에게 핍박을 받다가 귀인을 만나, 그 집을 탈출해서……'로 이야기가 흘러가는 것이 일반적이지만, 미켈란젤로의 경우는 달랐다. 유모의 남편은 세티냐노의 석공이었다. 피렌체 인근에 위치한 세티냐노는 마을은 작았지만 큰 예배당과 로마시대의 건물들이 그대로 남아있는 곳이었다. 그곳에서 돌을 다루던 유모의 남편은 자연스럽게 교회와 로마시대 건축물에 대해 해박할 수밖에 없었다.

동네에 또래의 친구가 없었던 미켈란젤로는 유모의 남편을 따라다니면서 자연스럽게 돌을 고르는 법과 끌과 망치를 써서 돌을 다루는 법을 몸으로 익히게 되었다.

돌을 다루는 일이 적성에 맞았던 미켈란젤로는 본격적으로 조각을 배우고 싶었지만, 마을의 행정관이었던 아버지는 아들을 예술가로 키우고 싶지 않았다. 본인은 비록 몰락한 귀족 신분으로 말단 관리에 지나지 않았지만, 자신의 아들만큼은 제대로 법률 공부를 시켜 고위 관리가 되었으면 했다. 그러나 예술가가 되고자 하는 미켈란젤로의 생각은 변함이 없었다. 아버지와 삼촌들에게 두들겨 맞으면서 여러 차례 혼나기도 했지만, 그의 고집은 꺾을 수 없었다.

그는 주위의 숱한 반대를 무릅쓰고 당대의 유명 화가이자 그림 선생이었던 도메니코 기를란다요의 문하로 들어갔지만, 그의 재능은 이미 기를란다요가 가르치거나 어떻게 할 수 있는 수준이 아니었다. 2년 뒤, "천재 소년이 나타났다"라는 소문을 들은 로렌초 데 메디치에 의해 그는 메디치궁에 들어가게 된다. 메디치가의 지원을 받아 공부를 하고 그림을 그리게 되면서, 그는 엄청난 행운을 얻게 된다. 그리고 그 행운은 곧 미켈란젤로가 르네상스 시기의 뛰어난 조각가가 아니라 위대한 예술가가 되는데 크게 기여한다.

미켈란젤로를 후원한 로렌초는 그를 마치 자식처럼 대했다. 실제로 식사 때면 자신의 자녀들과 같은 식탁에서 식사를 하도록 했으며, 종종 자신의 서재로 불러 이런저런 이야기를 나누기도 했다.

당시 메디치가는 피렌체의 유력 가문을 뛰어넘어 이탈리아 고급 사교문화를 주도했고, 그 사교문화의 중심지가 메디치궁이었다. 날이면 날마다 당대 유럽 최고의 지성들이 메디치궁을 방문했고, 로렌초는 그들을 초대한 자리로 미켈란젤로를 불러 함께 자리할 수 있었다. 그곳에서 식사를 하는 동안 손님들이 나누는 대화를 통해 미켈란젤로는 고대 그리스 철학과 정치학, 로마의 행정학과 건축학, 중세 종교학과 미학에 대한 전문지식을 들을 수 있었다. 당대 최고의 지식과 최신의 정보를 취득할 수 있었던 것이다. 덕분에 메디치궁을 떠나게 될 무렵 그는 탁월한 예술가일 뿐만 아니라 최고의 지성과 교양을 겸비한 인재로 거듭날 수 있었다.

삐딱한 그러나 덕분에 끊임없는 노력을 하게 만든 성격

미켈란젤로는 당시로서는 믿기 어려울 정도로 장수한 88세에 눈을 감았다. 10대 시절부터 작품활동을 시작해 죽기 직전까지도 붓과 끌을 손에서 놓지 않았다고 하니, 그는 물경 70년이 넘는 시간 동안 이 세상에 작품을 탄생시킨 셈이다. 인류 역사에 남을 수많은 걸작을 남기다 보니, 미켈란젤로의 대표작을 꼽는 것이 쉽지 않을 정도이다. 그래도 미켈란젤로의 대표적인 작품을 몇 점 꼽아본다면…….

우선 젊은 나이에 그를 거장의 반열에 올려준 조각상 '피에타'가 있다. 예수의 시신을 품에 안은 성모 마리아를 묘사한 조각상은 자신의 아들이자 신의 아들인 예수를 잃고 상심에 빠진 성모의 얼굴 모습과 대리석 소재임에도 불구하고 성모의 치마 주름까지 섬세하게 묘사한 미켈란젤로의 조각 실력이 사람들의 큰 반향을 불러일으킨다.

인기가 많은 것으로 치면 피렌체 갤러리아 델 아카데미아에 전시된 '다비드상'도 못지않다. 완전히 탈의한 다비드의 높이가 무려 5미터에 달하는 이 조각은 완벽한 조형미와 역동성도 찬탄을 일

미켈란젤로의 피에타. 미켈란젤로의 서명이 있는 유일한 조각상이다. 만물을 창조하신 하느님께서도 그 어디에 서명을 남기지 않은 점을 깨닫고, 이후로는 어떠한 작품에도 서명을 남기지 않았다는 일화가 있다.

으키지만, 조각을 바라보는 대중들의 시선 각도와 거리감까지 고려하여 조각상의 비율을 맞춘 세심함에 많은 사람이 경탄을 금치 못했다.

미켈란젤로는 사람들이 자신을 조각가로 기억하길 바랐지만, 그가 남긴 회화 작품을 보면 그럴 수만은 없을 것 같다. 교황 율리오 2세의 강권에 떠밀려 맡긴 했지만, 바티칸 대성당 시스티나 예배당에 남긴 프레스코 천장화는 "인류 역사상 가장 위대한 회화 작품"이라는 찬사를 받았다.

놀라운 결과물과 화려한 찬사에 비해 이 작품이 그려질 무렵에 대한 자료를 보면 미켈란젤로는 참으로 하기 싫은 작업이었을 것이 분명하다. 천장화의 특성상 그림을 그리는 자세의 불편함은 물론이고 안료 등이 계속 얼굴에 떨어져, 그는 이 그림을 그리고 평생 눈 건강 때문에 고생했고 관절 역시 시원치 않았다고 한다.

이처럼 열악한 상황에서 미켈란젤로는 어떻게 스스로 마음을 다잡고 작업에 매진해 지금 우리가 경탄하는 걸작들을 만들어 낼 수 있었을까?

많은 이들이 그 원동력으로 그의 독특한 성격을 꼽는다. 사실 우리에게 잘 알려지지 않았지만, 서양에서 출간된 책을 보면 상당수가 그의 괴팍한 성격에 대해 기술하고 있다. 보다 정확하게 이야기하면 자존심 세고 남을 함부로 대하며 자기 잘난 맛에 산 인물로 묘사한다. 때문에 혹자는 그를 일컬어 르네상스 최악의 나르시스트라고 평가하기도 한다.

그가 자기 잘난 맛에 저지른 일들을 다 기술하면 책 한 권으로도 모자랄 정도다. 미켈란젤로가 같은 시기를 살았던 레오나르도 다빈치, 라파엘로 산치오의 이름만 들어도 손사래를 치며 못 깎아내려 안달 났던 모습은 지금까지 각종 영화, 드라마, 소설 등에서 주요 에피소드로 다룰 만큼 유명했던 일이다.

물론, 미켈란젤로가 그들을 인간적으로 미워해서 공격했던 것은 아닌 듯하다. 자신이 잘했던 조각, 회화, 건축 등은 물론 과학기술, 천체물리학, 생물학 등 다방면에 재능을 발휘했던 다빈치에 대해서는 같은 천재로서 묘한 경쟁심이 불타올랐던 것 같다. 한 세대 후배 격이었지만 미켈란젤로는 호락호락 물러설 생각이 없었다.

반대로 후배였던 라파엘로의 경우, 그가 재능을 보이며 자신에게 도전하는 듯한 느낌을 주었기에 미켈란젤로는 싹부터 밟아 놓겠다는 식으로 덤벼들었다. 그 정도로 미켈란젤로는 자존심이 강하고 자신의 능력에 대한 강한 자부심이 있었다.

스물넷이라는 나이에 세기의 걸작 '피에타'를 공개하자 피렌체 예술계는 말 그대로 발칵 뒤집혔다. 도저히 인간의 손으로 조각했다고 믿어지지 않는 정교한 표현과 아름다운 조형미에 대중들은 열광했다. 하지만 사람들은 '피에타'에만 열광할 뿐 그를 조각한 인물이 누구인지 그다지 관심을 기울이지 않았다.

자존심과 자부심이 하늘을 찌르던 미켈란젤로로서는 참을 수가 없었다. 결국, 그는 야심한 밤에 성당에 몰래 잠입해서 성모 마리아의 옷깃에

'피렌체의 미켈란젤로가 만들었다

(MICHAEL·ANGELVS·BONAROTVS·FLORENT·FACIEBAT)'

라는 글자를 새겨 놓아 버리고 말았다. 이외에도 그가 자신의 재능과 성취에 자부심을 느끼고, 그를 이해하지 못하거나 그에게 도전하는 사람과 치열하게 다툰 기록들은 수도 없이 많다.

그런데 역설적으로 그의 이런 삐딱한 성격, 지나칠 정도의 자부심이 그에게는 셀프 모티베이션을 일으키는 요인이 되었다. 그는 어려운 작품 요청이 들어와도 불평하고 포기하기보다는 '다른 사람은 다 포기해도 미켈란젤로는 할 수 있어', '남들이 다 안 하려 해도

미켈란젤로라면 해야지'라는 식으로 스스로에게 지속적으로 동기를 부여하는 사람이었다. 자기 잘난 맛이 제일 중요했던 그의 성격이 오히려 동기부여 요인이 된 것이다.

또한, 매번 놀라운 작품을 만들 때마다 그의 든든한 후원자 로렌초 데 메디치가 아낌없이 쏟아낸 찬사와 칭찬 역시 그가 셀프 모티베이션을 이뤄내는데 풀무질을 하는 역할을 했다.

260억 원짜리 기차를 넘어뜨린 작은 나사 하나

몇 해 전 어느 추운 겨울, 부산역을 출발해 광명역으로 향하던 KTX 열차가 목적지인 광명역을 앞두고 탈선하는 사고가 발생했다. 사고가 난 열차는 우리나라의 최신 기술을 활용해 개발한 '산천' 계열의 열차였고, 공교롭게도 이 열차에 대통령 전용 열차 3칸이 붙어 있었기 때문에 사고의 여파는 상당이 컸다.

철도 당국과 열차를 개발한 차량 제작사는 곧바로 대대적인 조사에 착수했다. 우리나라 독자기술로 개발한 '산천'에 자체적인 기술 결함이 있어 발생한 사고로 판명된다면 '고속철도 국산화'라는 원대한 계획에 큰 차질이 빚어질 수 있기 때문이다. 그러나 아무리 조사를 해도 사고 원인을 찾을 수 없었다. 열차의 구동계와 제어부, 제동장치는 전혀 결함이 없었고, 사고 당시에도 완벽하게 정상 작동한 기록이 남아있었다.

그 사고의 원인은 전혀 엉뚱한 곳에서 발견되었다. 사고는 열차가 아닌 선로, 그것도 선로에 딸린 선로 분배기에서 일어난 것으로 판명되었다. 선로 변경을 조정하는 분배기를 수리해야 했는데, 일과 시간에는 열차가 빈번하게 운행되는 탓에 심야에 공사가 진행되었다. 야심한 밤에 공사를 진행되다 보니 작업자들의 피로감은 극대화되었고, 결국 작업자 중 한 사람이 분배기 내부에 들어가는 작은 너트 하나를 깜빡 잊고 제대로 조이지 않은 것이었다.

당일 작업일지를 보면 새벽 1시가 넘어서 작업이 진행되었다고 하니, 졸음에 떠밀려 그랬을 수도 있고, 경험이 적은 초보 작업자가 실수를 했을 수도 있다. 아무튼 그 작은 '너트 하나' 때문에 260억 원짜리 열차 6량이 탈선을 했고, 몇 시간가량 대한민국의 주요 고속철도망이 마비되는 사태가 벌어지고 말았다.

그렇다면 과연 그가 제대로 조이지 않은 것은 '너트 하나'일까? 너트를 조이던 그때 작업자가 머릿속으로 '이 너트 하나에 우리나라 철도 기술을 총집약시킨 260억 원짜리 고속철도와 그 안에 탄 백여 명의 목숨이 달렸다'라고 생각했다면, 과연 그렇게 허술하게 작업을 끝마칠 수 있었을까?

이 사건을 통해 우리는 역설적으로 셀프 모티베이션의 중요성에 대해 재인식하게 된다. 너트를 조이던 작업자가 자신의 일을 단순히 너트를 조이는 일이 아니라 우리나라 고속철도가 무사히 도착지에 도착하는 것을 좌우하는 중요한 일이라고 인식했다면, 아마도 그렇게 허술하게 작업하지는 않았을 것이다. 혹은 함께 작업하는 동료들이 끊임없이 너트 조이는 일의 중요성을 인정하고 격려해줬다면 사고는 일어나지 않았을 것이다. 마지막으로 작업 시간이 모두가 힘들고 피곤해하는 심야 시간대가 아니라 낮 시간대였다면 아마도 조금은 더 자신의 일에 몰입해서 작업을 끝마칠 수 있었을 것이다.

이를 일반적인 업무에 있어서 셀프 모티베이션에 대입해 본다면, 리더들이 구성원들의 셀프 모티베이션을 고취시키기 위해 해야 할 일들이 분명해진다.

우선 첫째, 본인이 하는 일의 본질적인 가치와 그 일을 제대로 했을 경우 혹은 제대로 못했을 경우 겪게 될 문제점에 대해 끊임없이 상상할 수 있도록 해야 한다. 그런 상상 훈련을 통해 구성원들은 업무를 할 때마다 자동적으로 자신이 해야 할 일의 가치와 영향력을 생각할 수 있게 된다.

둘째, 해당 업무에서 흥미 요소를 찾아낼 수 있도록 해야 한다. 물론, 업무에서 즐거움과 재미를 찾는 것은 다소 무리일 수 있다.

그러나 작은 성취감, 소소한 포상, 고된 업무 뒤의 달콤한 휴식 등을 통해 맡은 일이 고된 노동만이 아님을, 때로는 재미있는 작업일 될 수도 있음을 느끼게 해줘야 한다.

셋째, 구성원 간 서로 격려하고 응원하는 분위기를 만들어줘야 한다. 육상 선수가 같은 구간을 달릴 때, 함께 달리며 격려해 주는 동료가 있거나 친구들이 찾아와 열띤 응원을 펼치면 기록이 5퍼센트 이상 향상된다는 실험 결과가 있다. 우리가 일할 때도 곁에서 응원의 메시지를 보내주고 격려하는 동료가 있다면 셀프 모티베이션이 보다 강화될 것이다.

마지막으로 근무환경을 제대로 갖춰줘야 한다. 열악한 환경에서 열정과 의지로 모든 것을 해결하고, 스스로 동기를 부여하라고 하는 것은 너무나도 무책임한 태도다. 구성원이 스스로 최상의 퍼포먼스를 창출할 수 있도록 적절한 환경을 갖춰줘야 한다.

최고의 걸작도, 최악의 망작도 결국 시작점은 같다

피렌체의 상징인 두오모 성당에서 남동쪽으로 1킬로미터도 못 미치는 곳에 '성 십자가 성당'으로 불리는 '산타 크로체 성당'이 있다. 2017년 성당 내부의 석조 구조물이 떨어져 관광객이 사망하는 사고가 발생하여 잠정 폐쇄되었지만, 사고 전까지만 하더라도 두오모와 함께 피렌체를 대표하는 건축물로 관광객이 몰려드는 명소였다.

산타 크로체 성당은 흔히 '세계에서 가장 큰 프란치스코회 성당'으로 유명세를 떨쳤지만, 실제로 이곳을 찾는 관광객들은 이곳에 잠든 이들을 만나보기 위해 이곳을 찾는다. 대부분의 유서 깊은 유럽 성당이 예배당의 역할과 함께 유명인들의 무덤 혹은 추모 공간의 역할을 하고 있다고 하지만, 산타 크로체 성당은 유별나다고 할 정도로 많은 유명인들이 잠들어 있거나 그들을 추모하는 시설물을 소장하고 있다.

대표적인 인물들만 추려봐도, 지동설을 주장한 이탈리아의 과학자 갈릴레오 갈릴레이, 《군주론》을 지은 정치가이나 사상가였던 니콜로 마키아벨리, 오페라 '세빌리아의 이발사' 등을 남긴 음악가 조이키노 로시니 등이 이곳에 잠들어 있다. 그리고 미켈란젤로의 무덤 역시 이곳 산타 크로체 성당 내부에 있다.

1564년 2월, 89번째 생일을 3주 앞두고 로마에서 눈을 감은 미켈란젤로는 그 위대한 삶만큼이나 사후의 시간마저 세상을 떠들썩하게 만들었다. 그가 생을 끝마치기 몇 년 전, 당시 교황 피우스 4세는 천년 가까이 방치되었던, 로마제국의 목욕탕 건물을 개보수하여 성당으로 바꾸는 작업을 추진하였다. 기독교 신자 1만여 명을 강제동원하여 지어진 '디오클레티아누스의 욕장'을 성당으로 리모델

링하여 강제노동으로 숨진 영혼을 달래고 세속적인 권력 위에 존재하는 교황의 권위를 드높이겠다는 욕심에서였다.

공사를 총괄하는 감독으로 '당연히' 최고의 명성을 구가하던 미켈란젤로가 선임되었다. 이 무렵 미켈란젤로는 거의 눈이 먼 상태로 기력은 쇠할 대로 쇠한 상태였지만 교황의 간곡한 부탁이자 명령을 거부할 수 없었다. 결국 2년 뒤, 로마제국 기독교 신자들의 원망과 눈물로 지어진 목욕탕은 그들의 영혼을 위로하는 '천사와 순교자들의 성모 마리아 성당'으로 변모했다. 그러나 미켈란젤로는 작업을 끝마치기 직전 숨을 거두고 만다.

문제는 그의 유해를 두고 로마와 피렌체가 모두 소유권을 주장한 것이다. 주요한 작품활동을 하고 말년의 삶을 보낸 로마와 육체적 정신적 고향임을 자처하는 피렌체의 대립은 거의 전쟁을 불사할 정도였다. 로마 시민들은 미켈란젤로 유해의 매장을 서둘렀다. 장례를 치르고 매장까지 해버리면 피렌체 시민들이 양보할 것이라는 생각에서였다.

그러나 미켈란젤로에 대한 피렌체 시민들의 애정은 로마 시민들이 상상한 것 이상이었다. 미켈란젤로의 유해를 되찾기 위해 수십 명의 특임대가 결성되었고, 그 후원을 피렌체를 지배하는 유력 가문과 원로들이 맡았다. 그 기세에 로마는 두 손을 들고 만다. 20여 일간 가매장되었던 미켈란젤로의 유해는 수많은 피렌체 시민들의 환호를 받으며 피렌체로 옮겨와 영원한 안식에 들어갈 수 있었다.

유해를 돌려받은 피렌체 시민들은 그가 로마에서 눈을 감을 때 했다는 마지막 유언을 전해 들을 수 있었다. 그 유언은 바로

"안코라 임파로(Ancora Imparo)"

였다. 우리말로 번역하면 "나는 아직도 배우고 있다"라는 뜻이다.

이 말만큼 미켈란젤로의 삶을 제대로 말해주는 문장이 또 있을까? 그가 한시도 멈추지 않고 창작열을 불태우며 세상에 위대한 작품을 남길 수 있었던 그 원동력의 정체를 밝혀주는 문장일 것이다.

미켈란젤로는 그의 유언처럼 세상에 대한 호기심을 바탕으로 자신이 하는 일에 어떠한 가치가 있고, 그 일이 향후 세상에 어떤 영향을 미칠 것인지를 늘 생각하는 사람이었다. 그리고 이러한 생각을 통해 스스로에게 더 큰 가치를 부여하고, 그 일을 하는 자신에게 스스로 동기를 부여했던 인물이었다. 그는 아마도 마지막 죽음을 맞이하는 순간에도 자신은 죽는 것이 아니라 '죽음이라는 것을 배우고 있는 것'이라고 생각하지 않았을까?

스스로 동기를 부여하기 쉽지 않은 세상이다. 나 스스로를 일으켜 세우려는 힘보다 늘 더 강한 힘이 나를 눌러 앉히는 상황이 벌어진다. '스스로 힘을 내라!'라는 주제를 담은 책들로 가득했던 서점에는 '괜찮아, 수고했어', '뭘 하려 노력하지 마, 그냥 즐겨'라는 주제의 책들이 대신 자리 잡고 있다.

이런 때일수록 "안코라 임파로"의 자세로 끊임없이 학습하고 무언가를 창작하여, 스스로를 역사로 만들어 간 미켈란젤로의 삶을 우리 안에 들여야 하지 않을까?

Fausto Veranzio (1551-1617)

잘 보이는 리더가 과연 최고의 리더일까?

원래 인텔의 자리에 있어야 할 기업

한때 '조용필 흉내' 또는 '서태지 흉내'라는 말이 있었다. 흔히 중요한 무대에서 당대 최고의 인기가수였던 조용필, 이후에는 서태지와 아이들이 마지막 피날레를 장식했던 것에 빗대, 누군가가 행사에서 마지막 발언을 하려고 하면 농담처럼 "자기가 무슨 조용필인 줄 알아"라거나 "지가 서태지인 줄 아나 봐"라며 핀잔을 주었던 것을 일컬어 만든 우스개 단어였다.

물론, 지금은 잘 쓰이지 않아 흔적조차 찾아볼 수 없는 표현이긴 하다. 비슷한 단어로 '여배우병', '주인공병' 등의 단어가 있다. 이 역시 각광받는 자리, 부각되는 역할에만 치중하고 주위의 사람들을 신경 쓰지 않는 이들에게 붙여지는 이름표이다.

그런데 리더들 중에는 여전히 조용필 흉내, 서태지 흉내에 빠져있는 사람들이 있다. 더 나아가 여배우병, 주인공병에 걸려 자신만이 돋보여야 하고, 모든 스포트라이트는 자신에게 쏟아져야 한다고 믿는 이들도 있다.

물론, 일정 규모 이상의 조직에서는 구성원들에게 영향력을 미치고 그들을 한 방향으로 이끌기 위해 어느 정도 쇼맨십이 있어야 한다. 때로는 다소 과한 행동이나 언사를 통해 자신의 존재감을 부각시켜야 할 때도 있다. 그러나 그런 모습이 지나쳐 리더만이 돋보이고 구성원들의 존재감을 찾아볼 수 없을 정도가 되면 곤란하다.

온갖 언론매체 등을 통해 CEO나 리더는 각광받는 존재가 되었음에도 불구하고, 해당 기업은 소비자의 외면을 받아 점차 존재감을 잃어가다가 이내 기업의 존망 자체를 걱정해야 하는 처지에 몰린 기업을 우리는 심심치 않게 발견할 수 있다.

이런 리더는 과거에도 문제였지만, 코로나 팬데믹 사태를 겪고 새롭게 재편된 업무 환경에서는 더 심각한 문제를 야기할 수 있다. 특히, 구성원의 다수가 MZ세대로 채워지는 요즘에는 혼자 주인공이 되고, 홀로 히어로가 되려는 리더는 이전에는 상상조차 할 수 없었던 치명적인 문제를 조직에 가져다줄 수도 있기 때문이다.

지금이야 반도체 기업이라고 하면 우리나라의 삼성전자와 하이닉스, 대만의 TSMC, 미국의 인텔 등을 손에 꼽지만, 1950년대 무렵만 하더라도 이들 기업이 차지한 자리를 홀로 독점하고 있던 기업이 있었다. 쇼클리 반도체가 바로 그 주인공이다. 물리학 박사 출신의 윌리엄 쇼클리가 설립한 쇼클리 반도체는 한때 미국은 물론 전 세계 반도체 시장을 주름잡으며 승승장구한 기업이었다.

캘리포니아에 길게 뻗은 계곡에 연해 있는 도시 팔로 알토에 자리 잡았던 쇼클리 반도체에는 당시 새로운 시대의 개막을 알리는 이 혁신적인 물건(반도체)에 푹 빠진 천재들과 괴짜 개발자들이 몰려들었다. 그렇게 이 계곡은 세계에서 가장 혁신적인 지역, 새로운 세상을 만들어 가는 지역인 '실리콘 벨리Silicon Valley'로 변모했다.

그럴 수 있었던 데에는 다른 무엇보다 창업자인 윌리엄 쇼클리의 남다른 능력과 경험이 한몫했다. 그는 MIT에서 박사학위를 취득하고, 당시 가장 혁신적인 기업 연구소로 손꼽히던 벨 연구소에 입사했다. 그리고 그곳에서 '인류 역사상 가장 중요한 발명' 중 하나로 꼽히는 트랜지스터의 개발을 주도했다. 그 공로를 인정받아 1956년에는 노벨 물리학상을 수상하기도 했다.

한마디로 그는 반도체 역사 그 자체였으며, 업계 최고의 슈퍼스타였다. 때문에 쇼클리 반도체는 창업한지 불과 몇 년 되지 않은 기업임에도 MIT, 스탠퍼드, 칼텍 등 유수의 명문대에서 학위를 취득한 공학자들이 앞다퉈 입사를 희망하는 기업으로 인정받았다.

그러나 딱 거기까지였다.

쇼클리 반도체의 스토리는 해피엔딩과는 거리가 멀어도 한참 먼 곳으로 흘러가 버렸다. 1957년 연구소의 핵심을 이루던 8명의 직원이 집단으로 퇴사한 것이다. 그들뿐만 아니라, 그들에 동조한 다른 직원들까지 하나둘씩 퇴사하여 제대로 된 연구를 수행하기 힘든 지경에 이르렀다.

문제는 이직 사태로 끝난 것이 아니라는 점이다. 최초에 퇴사한 8명은 그냥 퇴사자 정도가 아니라 윌리엄 쇼클리에 버금가는, 아니 어떤 면에서는 그를 능가하는 탁월한 능력을 갖추고 있었다. 그들 중에는 이후 반도체 역사에 길이 남을 '무어의 법칙'을 주장한 고든 무어와 또 다른 천재 개발자로 유명했던 밥 노이스도 끼어 있었다.

그들은 의기투합하여 페어차일드라는 기업으로 이직했다.

원래 페어차일드는 카메라와 관련 기자재를 만드는 회사였지만, 사내기업의 형태로 반도체 사업부를 만들어 쇼클리 반도체에 대항할 경쟁 제품을 만들어 냈다. 이후 고든 무어와 밥 노이스는 페어차일드를 퇴사하여 창업을 하는데, 그 회사가 바로 인텔이다.

자본도 장비도 제대로 된 공장도 부족했지만, 쇼클리 반도체에서 퇴사를 빙자한 해고를 당했다는 공통분모를 가진 창업자들의 끈끈한 팀워크로 인텔은 편집증적인 집중력을 발휘해 경쟁사들을 하나둘씩 따라잡았다.

반면, 인재가 다 빠져나간 쇼클리 반도체는 하루가 다르게 창의성과 혁신성을 잃기 시작하더니, 이내 생존 동력을 완전히 잃어버리고 말았다. 결국, 이후의 역사는 모두가 아는 것처럼 인텔은 반도체 업계의 최강자로 성장했고, 쇼클리 반도체는 역사의 뒤안길로 사라져 버리고 말았다.

주인공병에 걸린 리더가 망친 최고의 기업

다시 시계를 쇼클리 반도체가 전성기를 누리고 있던 1957년 무렵으로 돌려보자. 그때 무슨 일이 있었기에 "쇼클리라는 위대한 인물과 함께 일하고 싶습니다"라며 제 발로 찾아왔던 인재들이 한순간에 빠져나가게 된 것일까?

앞서도 이야기했듯이 쇼클리 반도체를 창업한 윌리엄 쇼클리는 대단한 인물이었다. 접합 트랜지스터 기술을 개발하며 수많은 논문을 집필했고 다양한 특허를 보유했으며, 대통령의 국방 관련 기술고문으로 활동하며 트루먼 대통령의 스승 역할을 하기도 했다. 정통 공학도치고는 언변도 출중하여 과학기술, 특히 반도체 기술과 관련한 대중 강연도 자주 열었다. 그가 한번 강연을 하면 청중들이 물밀듯이 몰려들었고, 그의 강연이 중계되는 날이면 방송을 듣기 위해 수백만 명이 라디오 앞을 지켰다. 그런데 이런 천재성이, 스타성이 그의 발목을 잡았다. 아니, 그 스스로 발목을 잡혔다.

그는 오로지 자기 혼자만이 스타가 되어야 직성이 풀리는 사람이었다. 더불어 조직에서 자신만이 권력자가 되어야 한다고 생각하는 사람이었다. 다른 직원들이 돋보이거나 외부로부터 존중받고 인기를 끄는 것을 원하지 않았다. 외부 학계에 논문을 발표하거나 강연의 연사로 나가는 것을 막았으며, 혹여 뒤늦게 그런 사실을 알기라도 하면 불같이 화를 내며 "산업스파이 아니냐?", "경쟁사에 정보를 빼돌리려고 그런 활동을 하는 것 아니냐?"라며 의심의 눈초리를 거두지 않았다.

자신의 권한을 나눠주는 데는 더더욱 인색했다. 사소한 의사결정 하나를 하더라도 반드시 자신의 결재를 받도록 했으며, 허락 없이 진행된 일에 대해서는 트집을 잡아서 어떻게든 처벌을 가했다. 수시로 몇 시간이 넘게 걸리는 개인 면담을 진행했는데, 말이 면담이지 거의 취조에 가까웠다. 몇 시간 동안 물었던 질문을 또 묻고, 했던 대답을 또 하도록 해 상대방은 지레 질려 "쇼클리 사장의 말이 맞고, 그가 결정한 모든 것이 옳다"라고 인정할 수밖에 없도록 만들었다.

물론, 매사에 치밀하고 주도적이었던 성격 덕분에 쇼클리가 이끌었던 조직이 눈부신 성과를 낼 수 있었던 면도 없지는 않다. 그러나 곧 한계에 부딪혔다. 탁월한 인재들이 더 이상 창의성을 발휘하지 않았고, 쇼클리가 내린 의사결정에 아무 말도 하지 않았다. 그저 '예스'만을 남발했다.

그를 못 견딘 고든 무어와 밥 노이스 같은 탁월한 인재들은 과감히 이탈을 선언했고, 나가서는 그간 표출하지 못한 창의성과 추진력을 마음껏 쏟아부어 쇼클리 반도체를 능가하는 제품들을 우후죽순처럼 내놓았다.

쇼클리를 떠난 이들은 철저하게 실력 위주로 최대한 다양한 사람들을 불러모았으며, 수평적인 조직을 만들고 리더뿐만 아니라 구성원 모두가 의견을 내고 함께 의사결정을 할 수 있도록 했다. 리더의 이야기에 누구라도 반론을 제기할 수 있었으며, 핵심적인 의사결정을 하거나 중요한 발표 무대에 CEO가 아닌 그 일에 대해 가장 잘 아는 사람이 스포트라이트를 받으며 설 수 있었다.

윌리엄 쇼클리가 연일 언론의 주목을 받는 사이 쇼클리 반도체는 무대 뒤편에서 쫓겨난 사람들이 만든 인텔에 사정없이 밀려나고 있었다.

결국, 인텔은 쇼클리 반도체를 꺾고 세계적인 반도체 기업으로 성장했고, 여전히 세계 최고의 기업 중 하나로 승승장구하고 있다. 반면, 쇼클리 반도체는 시장에서 완전히 사라져 버리고 말았다.

어쩌면 우리는 '띵띵띠딩'하는 특유의 사운드 시그널과 함께 '인텔 인사이드Intel Inside'라는 로고 대신 '쇼클리 인사이드Shockley Inside'라는 로고를 보며 하루를 시작해야 했을지도 모른다. 하지만 주인공병에 걸린 리더의 고집이 일을 그르치고 말았다.

그렇다면 앞으로 우리는 어떻게 해야 할까?

어떻게 하면 윌리엄 쇼클리처럼 주인공병에 걸리지 않고 구성원 모두가 조용필, 서태지가 되는 조직을 만들어 갈 수 있을까? 자기 자신만 돋보이는 것을 고집하지 않고 함께 일하는 다른 이들을 돋보이게 만드는 그런 리더가 될 수 있을까?

그 해답을 르네상스 시기의 '위대한 낙하산' 파우스토 베란치오Fausto Veranzio로부터 찾아볼까 한다.

타고난 낙하산

1551년 1월의 첫날, 크로아티아의 역사적인 도시 시베니크를 지배하는 귀족 가문에 '지독하게 운 좋은 사나이' 파우스토 베란치오가 태어났다. 귀족 집안의 자손이니 당연히 '운이 좋은 출생'일 테지만 유독 베란치오의 '운이 좋았음'을 강조하는 것은, 그가 태어나서 어린 시절을 보내고 사회생활을 한 뒤 죽음에 이르는 일생 내내 당대의 귀족들 가운데에서도 유독 두드러지게 기가 막힌 행운이 연속으로 이어지는 운 좋은 삶을 살았기 때문이다.

태어날 때부터 그의 곁에서 든든한 후견인이 되어 준 삼촌 안토니오 베란치오는 헝가리 옛 수도 에스테르곰의 대주교였다. 게다가 황제의 외교 정책에 큰 입김을 제공하는 거물 외교관이기도 해, 그의 집에는 늘 당대 유럽의 거물들이 드나들었다.

특히, 안토니오와 교분이 깊었던 인물로는 역사에 남은 유명한 종교개혁가 에라스무스가 있었고, 비텐베르크 대학의 교수로 독일 근대신학 발전의 기틀을 세운 멜란히톤은 아예 몇 달간 그의 집에 기거하면서 종교와 사회 등에 대해 밤낮을 가리지 않고 열띤 토론을 거듭했다. 베란치오는 그런 분위기 속에서 자연스럽게 또래들은 꿈도 못 꿀 고급 정보와 심오한 학설을 학습할 수 있었다.

이후 삼촌 안토니오는 당대 유럽 문화의 중심지인 베네치아로 이주하게 되는데, 베란치오 역시 삼촌을 따라 함께 이주한다. 이곳에서 그는 삼촌이 써준 추천서 덕분에 명문 파도바 대학에 입학한다. 전공은 법학이었지만, 파도바 대학이 물리학과 기계공학 등 이공계가 강했던 학교였던지라 틈틈이 해당 과목들도 청강하며 공부할 수 있었다. 대학을 마친 그는 다시 한번 삼촌의 주선으로 신성로마제국 황제 루돌프 2세의 궁정 공무원으로 취업하게 된다. 이때 그의 취직 성공기를 살펴보면 다시 한번 그가 얼마나 운이 좋은 사람이었는지 탄복하게 된다.

당시 신성로마제국의 황제였던 루돌프 2세는 헝가리의 왕도 겸하고 있었다. 그는 헝가리 사람 중에 법률을 잘 아는 관리와 과학기술 정책에 조언을 해 줄 학자를 필요로 했는데, 법학을 전공하고 취미로 이공계 과목들을 공부했던 베란치오는 모두를 충족시켜 줄 수 있었던 거의 유일한 사람이었다.

주어진 여건에 따라 또 때로는 삼촌의 강권과 추천으로 어쩔 수 없이 학교를 다니고 전공을 선택하고 경험을 쌓았는데, 그 모든 것이 우연히도 딱딱 맞아떨어진 것이다.

물론, 그도 인간인 이상 행운만 계속되었던 것은 아니다. 1598년 유독 금슬이 좋았던 아내가 사망하자 깊은 실의에 빠지게 된다. 극단적인 생각을 할 정도로 상심이 컸던 그는 종교에 의지하고자 했다. 그러자 베란치오의 기막힌 운은 다시금 작동하기 시작했다.

당시 그가 머무르던 헝가리 차나드 지방의 대성당에는 주교 자리가 공석이었다. 명문가의 자제이자 중앙 권력과도 가까웠던 우리 지역의 도련님이 아내를 잃고 법적인 싱글이 되었는데 종교에 심취했다는 소문이 돌기 시작하자, 곧 베란치오를 주교로 추대하자는 지역 여론이 들끓기 시작했다. 이때만 하더라도 주교나 추기경이 국정을 다스리는 관료 역할을 하기도 하고, 반대로 멀쩡히 결혼까지 한 관료가 성직자로 변신하거나 심지어 겸직을 하는 경우도 없지 않았다. 그래도 파격적인 변신이었던 것은 틀림없다.

그는 결국 교황청의 정식 서품을 받아 차나드의 주교가 되었다. 우여곡절 끝에 성직자의 길로 들어서게 되었지만 베란치오는 종교에 진심이었다. 주교 임기를 마친 뒤, 고향과도 같은 베네치아로 돌아와서도 성 바오로 수도회에 들어가 종교인의 삶을 계속 이어나갔다. 그리고 그곳에서 여생을 보내며 자신의 창의력과 열정을 마음껏 뽐내기 시작한다.

진짜 낙하산을 만든 인간 낙하산

어찌 보면 파우스토 베란치오만큼 일생을 속 편하게 자기 하고 싶은 일들을 하며 산 사람도 드물 듯하다. 별다른 노력을 하지 않은 것 같은데, 주위 사람들 덕분에 모든 일이 너무나도 술술 잘 풀렸다. 그러나 베란치오를 '진정한 낙하산'이라고 일컫는 이유는 다른 데 있다.

그는 레오나르도 다빈치가 130년 전에 그렸던 스케치 한 장을 우연히 마주하고, 그 그림에 푹 빠져들었다. 사람이나 사물을 높은 나무나 절벽에서 안전하게 내려오도록 하는 장치에 대한 스케치라는 설명이 붙은 다빈치의 그림을 보고, 그는 어떻게 하면 그 장치를 실제로 만들 수 있을지 궁리에 궁리를 거듭했다. 그리고 다빈치의 스케치를 그대로 따르되 일부분을 자신의 생각대로 변형했다. 다빈치의 스케치에는 평평한 사각형 천이 그려져 있었지만, 그는 바람을 받으면 부풀어 오르는 돛단배의 돛 모양으로 천을 재단했다.

그 천의 네 귀퉁이를 굵은 줄로 단단히 동여맨 뒤 자신의 허리춤에 묶었다. 그리고는 자신이 사는 베네치아에서 가장 높은 산 마르코 광장의 종탑에 올랐다. 베네치아가 한눈에 보이는 곳에서 그는 뛰어내렸다. 1617년의 일이었다. 현재와 같은 낙하산의 효시인 셈이다.

'비행하는 인간'이라는 뜻의 '호모 볼란스Homo Volans'라고 명명된 최초의 낙하산을 매고, 그는 자그마치 98미터 높이의 종탑에서 뛰어내렸다. 그의 실험 이후 수많은 이들이 연구와 실험을 거듭하며 낙하산의 형태와 기능을 개선해 나가기 시작했지만, 별다른 진전

《마키네 노베》에 수록된 낙하산. 《마키네 노베》에는 낙하산을 비롯하여 케이블카 등 56가지의 기술적 개념을 소개하고 있다. 이 책에서 소개된 개념 중 일부는 현재까지도 사용되고 있다.

은 없었다. 1912년이 되어서야 러시아 발명가 그레브 코텔니코프에 의해 현대와 같은 모습의 낙하산이 완성된다.

많은 사람들이 '어차피 설계는 다빈치가 다 했고, 베란치오는 단지 그것을 만든 것에 지나지 않는데, 그게 뭐가 대단하다고?'라고 생각할 것이다. 그러나 과학자들의 생각은 그렇지 않다. 다빈치의 스케치는 기본적인 컨셉에 불과할 뿐이며, 다빈치의 스케치대로 만들었을 경우 산 마르코 광장의 종탑은커녕 10미터 높이에서도 크게 다쳤을 것이라는 것이 중론이다. 그를 다시 재해석하여 현실화시키고, 직접 성능을 입증한 것은 오롯이 베란치오의 공이라고 할 수 있다.

그럼에도 베란치오는 자신의 공을 앞세우지 않았다. 그저 겸손하게 자신은 레오나르도 다빈치가 영감을 주고 설계를 남겨준 덕분에 낙하산을 만들 수 있었다고 할 뿐이었다. 덕분에 자신은 현대적 개념의 낙하산을 최초로 만든 인물로 남았고, 다빈치는 천재적인 재능에 대한 재인정과 함께 낙하산의 개념을 정립하고 기본 구조를 설계한 인물로 명성을 더할 수 있었다.

그런데 베란치오는 비단 이때만 그런 것이 아니었다. 우리가 새로운 시대에 필요한 리더십에 대해 고민하면서 그를 르네상스에서 불러온 이유가 바로 여기에 있다.

다른 이와 함께 빛날 줄 알았던 사람

파우스토 베란치오에 대해 설명한 수많은 인터넷 인물사전을 살펴보면, 베란치오 역시 르네상스 시기에 활약했던 위대한 인물들과 비슷하게 일생 동안 다양한 직업들을 가졌다는 것을 알 수 있다. 정치가, 관료, 법률가, 종교인 등 여러 직업을 전전한 수준이 아니라, 각각의 직업에 재직할 때마다 굵직한 업적을 남긴 것도 다른 르네상스 동료들과 비슷하다.

그런데 그의 직업란에는 특이한 직업 하나가 더해져 있다. 그것은 바로 '박식가uomo universal'라는 직업명이다. 말 그대로 이것저것 많이 아는 사람이다. '아니, 뭘 많이 아는 게 어떻게 직업이 되지?' 라고 생각할 수도 있지만, 실제로 성직자와 함께 그를 대표하는 직업은 '많이 아는 사람'이라는 뜻의 박식가였다.

직업명 그대로 그는 엄청난 양의 학식을 자랑했다. 아내의 죽음을 제외하면 큰 굴곡 없는 삶을 살았기에, 그는 자신의 에너지를 온갖 학문을 익히고 연마하는데 쏟아부었다. 때문에 그는 법학, 물리학, 기계공학, 정치학, 행정학, 농학, 수학 등 온갖 영역에서 전문가 수준의 학식을 보유할 수 있었다. 그중에서 그가 역사에 이름을 남긴 것은 기계공학 분야였다. 박식가가 직업일 정도로 다양한 학문에 밝았고 수많은 직업을 가졌던 그였지만, 기계공학에서 그의 재능은 가장 빛을 발했다.

베란치오가 사망하기 1년 전에 출간한 《마키네 노베Machinae novae》라는 책에는 56가지의 기술적 개념이 담긴 그림 49점이 있는데, 이 책은 그가 삶을 마무리하는 의미에서 자비로 소량 출간했음에도 전 유럽에 책에 대한 소문이 퍼져 나갔고, 이후 수백 년간 서구 과학기술을 설명하는 책으로 널리 사랑을 받았다.

하지만 이 책 어디에도 베란치오는 자신의 이름이나 업적을 앞세우고 있지 않다. 신기술을 개발하거나 신제품을 발명하면 자신의 이름을 앞세우고 본인의 업적임을 강조하는 것이 일반적인 사람들의 모습이었지만, 그는 그렇게 하지 않았다. 앞서 예로 들었던 낙하산만 하더라도 다빈치의 스케치를 발전 보완시킨 그의 공을 숨긴 채, 모든 공을 레오나르도 다빈치에게 돌릴 정도였다.

기계공학 분야에서 가장 빛을 발했다고는 하지만, 신학과 언어학 측면에서도 그의 재능은 결코 범상치 않았다. 1595년 베란치오는 5개 국어를 풀이한 사전을 출간했는데, 이탈리아어, 게르만어, 헝가리어, 라틴어 그리고 크로아티아 지역의 방언이었던 달마시안어를 각각 해석할 수 있도록 한 책이었다. 모두 5천 단어 이상을 해석하여 5개 국어로 상호 번역한 사전은 당시로서는 상상하기 힘들 정도로 힘든 작업이었고, 크로아티아 지역의 문화적 수준을 한 단계 업그레이드시킨 위대한 업적이었다.

그러나 이 책에 마저도 자신의 이름을 앞세우지 않았다. 대신 책의 가장 잘 보이는 위치에 크로아티아어로 번역한 십계명, 주기도문 그리고 사도신경을 기록해 놓았을 뿐이다.

이쯤 되면 많은 이들이 그저 베란치오를 겸손하고 남 앞에 서기 싫어하는 내성적인 사람으로 생각할 것 같다. 그러나 베란치오는 그런 성격이 아니었다. 수많은 사람들로 북적이는 산 마르코 광장 위로 낙하산을 타고 뛰어내린 것만 봐도 쉽게 짐작할 수 있겠지만, 그는 어려서부터 사람들과 함께 어울리며 진정한 성과를 만들어 내는 것이 무엇인지, 모두에게 소중한 가치를 만들어 내는 방법이 무엇인지에 대해 끊임없이 성찰한 사람이었다.

일찍이 공직사회에 들어가 강력한 왕권을 자랑하던 황제를 모시며 자신과 조직을 모두 성장시키는 바람직한 리더십에 대해 고민하고 훈련한 사람이었다. 덕분에 그는 과학자로 활동할 때나 법률가로 활동할 때나, 이후 신앙에 귀의하여 주교의 지위에 올라섰을 때도 자신뿐만 아니라 타인도 각광받도록 하는 것과 조직 모두를 발전시키고 성장시키는 것에 대해 관심을 쏟았고 실제로 그렇게 행동할 수 있었다.

그런 베란치오의 미덕을 비즈니스 현장에서 가장 잘 실현하고 있는 기업이 있다. 이제는 우리나라 기업인 LG, 삼성과 100년이 넘는 전통을 자랑하는 미국과 유럽의 기업들을 제치고 세계 가전기업 매출 1위의 자리를 굳건히 지키고 있는 '하이얼'이 바로 그 주인공이다.

사실, 하이얼은 1980년대까지만 하더라도 중국의 수많은 국영기업 중 하나에 지나지 않았다. 지금이야 사정이 많이 달라졌지만, 당시 중국의 국영기업은 비효율 비상식의 극치였다.

1949년 공산화와 함께 중국 공산당 정부는 1920년부터 독일제 냉장고 부품을 조립하여 팔던 소규모 공장을 빼앗아 국영기업화했다. 공장은 조립공장의 수준을 면치 못하다가, 1980년대 본격적으로 시작된 경제개발 및 개방 정책에 힘입어 1984년 '칭다오 냉장고 회사'로 사명을 변경하고 소유 구조도 개선했다. 이후 1991년에는 '칭다오-하이얼 그룹'으로, 다시 이듬해에는 사명에서 '칭다오'를 빼고 현재의 이름인 '하이얼 그룹'으로 바꿨다.

하지만 시대에 따라 사명만 바뀌었을 뿐, 1980년대 중반까지만 하더라도 냉장고 10대를 만들면 3~4대는 반드시 불량일 정도로 품질관리가 엉망인 전형적인 국영기업이었다. 항상 일정하게 3~4대가 불량이고 특정 위치나 기능에서 불량이 발생한다면, 그 부분을 집중적으로 개선하면 될 것이었다. 하지만 당시 사정은 불량 대수도 들쭉날쭉 불량 부위도 이곳저곳으로 총체적 난국이었다.

그때 새 공장장이 부임했다. 칭다오시에서 부국장으로 근무하던 장루이민이라는 사람이었다. 그는 부임 후 1년간은 내부사정을 파악하느라 시간을 보냈지만, 이후로는 세계 각국의 선진 기업을 방문해 '그들은 어떻게 품질을 관리하고 개선하는지'에 대해 배우기 위해 애썼다.

기술이전 계약을 체결한 독일의 냉장고 제조기업 리페르의 공장을 방문한 그는 독일 기술자들의 품질관리 수준에 큰 충격을 받았다. 자신의 눈에는 완벽에 가까운 제품이었는데 말단 기술자 한 명이 '불량이 우려된다'라는 의견을 기록하더니 전체 라인을 스톱시켜 버린 것이었다. 고참 기술자와 공장 관리자는 신속하게 달려와 라인을 정지시킨 젊은 기술자와 열띤 토론을 하더니 해당 제품을 그대로 불량품으로 처리하고 공정을 재조정하기 위해 모두가 힘을 모았다. 일련의 모습에 큰 감명을 받은 그는 중국으로 돌아가면 자신의 공장에도 이런 수준의 품질관리를 도입해야겠다고 다짐했다.

그런데 출장에서 돌아온 그가 처음으로 마주한 것은 한 고객이 보낸 장문의 편지였다. 편지에는 제품의 품질 문제와 직원들의 어설픈 응대에 대한 분노와 신랄한 비판이 담겨 있었다. 장루이민은 편지를 읽고 출고를 기다리던 400대의 냉장고를 일일이 뜯어봤다. 그랬더니 무려 76대가 제대로 작동조차 안 되는 수준의 불량품이었다.

그는 지금이야말로 독일 리페르 공장에서 했던 다짐을 본격적으로 실현시켜 나갈 때라고 판단했다. 그 본보기가 될만한 이벤트를 벌이기에도 딱 알맞은 시기라고 생각한 것이다. 그 자리에서 조장들에게 불량 판정을 받은 냉장고 76대를 모두 공장 복도로 가지고 나오라 지시했다. 그에 더해 모든 라인을 멈추고 현장의 모든 직원들을 불러 모았다. 그리고 모인 직원들에게 공사장용 망치를 일일이 손에 쥐여주었다.

"부숴 버리세요!"

처음에 머뭇거리던 직원들은 공장장이 직접 문짝을 때려 부수기 시작하자, 한두 명씩 냉장고 해체에 동참했다. 냉장고 하나를 부술 때마다 한마디씩 이어진 품질에 대한 그의 연설은 76대를 모두 부숴버릴 때까지 계속해서 이어졌다. 1985년의 일이었다.

당시 냉장고 한 대는 중국인 노동자의 2년 치 연봉에 달할 정도로 고액이었다. 76대면 공장의 존립이 걱정될 정도의 거액이었다. 그러나 장루이민은 거침이 없었다. 일부 임직원들은 부서지는 냉장고를 보며 눈물을 흘리기까지 했다. 이런 극약처방이 효과가 있어서였을까? 이후 관리자들은 한시가 멀다 하고 현장을 돌아다니며 불량품이 나오지 않도록 닦달했고, 직원들은 불량품을 줄이기 위한 조치에 동참했다. 불량품 역시 눈에 띄게 줄어들었다.

그러나 장루이민 공장장에게는 또 다른 고민이 생겼다. 리더(공장장이나 현장 관리자)들이 돌아다니며 채근하고 다그치면 불량률이 뚝 떨어지는가 싶다가 조금만 순찰을 덜 돌거나 하면 불량률이 다시 치솟는 것이었다.

어떻게 하면 이 문제를 해결할 수 있을까를 고민하던 그의 눈에 노자老子가 지은 《도덕경》의 문구 하나가 들어왔다.

> "太上, 不知有之. 其次, 親而譽之.
> 其次, 畏之. 其次, 侮之"

우리말로 풀어 해석해 보자면 "최고의 통치자는 백성들이 그가 있는지 알지 못한다. 그 다음가는 통치자는 백성들이 그를 가깝게 여기고 기린다. 그 다음가는 통치자는 백성들이 그를 두려워한다. 그 다음가는 통치자는 백성들이 그를 업신여긴다"라는 뜻이었다.

이 문구를 본 장루이민은 무릎을 쳤다. 자신의 생각에는 리더로서 본인이 강력한 자극을 주고 품질 개선에 대한 강력한 의지를 밝혔으니 직원들이 순순히 그를 따를 거라고 생각했지만, 직원들 스스로 느끼고 실천하는 것이 아니었기에 리더들이 보는 곳에서는 잘하는 듯하다가 리더들이 없으면 원래의 모습으로 돌아간 것이었다.

그는 조직 운영의 방식부터 바꿨다. 자신과 몇몇 간부들이 주도했던 모든 활동을 구성원들이 참여하고 그들이 선택하여 의사결정에 기여하는 방식으로 바꾼 것이다. 나이가 어리고 입사한 지 얼마 되지 않았다 하더라도 아이디어가 좋고 열정이 있다면, 그의 제안을 받아들이고 그가 주도하여 해당 아이디어를 프로젝트로 진행해 볼 수 있도록 지원했다.

그렇게 사내에서 다양한 개선 활동들이 시작되었고, 아무 직책은 없지만 개선과 혁신을 주도하는 자발적인 리더들이 사원 중에 여럿 생겨났다. 회사의 적극적인 지원과 외부기술의 도입까지 더해지면서 하이얼의 품질은 엄청난 속도로 개선되었고, 이후 하이얼은 "중국 가전기업답지 않다"라는 찬사를 받으며 글로벌 가전시장의 강자로 우뚝 서게 되었다.

그로부터 더 나아가 장루이민 회장은 2005년 '런단허이人単合一'라는 경영철학을 발표하고 개별 직원들을 스타로 만드는 일에 몰두하고 있다. 런단허이는 "직원과 가치 있는 주문서(고객)의 조화" 라는 뜻으로 '각각 개별 임직원이 모두 경쟁력 있는 시장 목표를 가져야 한다'는 뜻을 담고 있다.

즉, 직원 한 사람 한 사람이 소사장이라는 생각으로 움직여야 하고 그럴 수 있는 권한을 그들에게 부여해야 한다는 개념이다. 그렇게 스타 경영자를 꿈꾸는 수만 명의 사장들을 거느리게 된 하이얼은 다른 중국기업들의 쇠락대열 속에서도 현재까지 큰 부침 없이 성장해 나가고 있다.

유명한 리더가 유능한 리더는 아닐 수 있다

"스타 플레이어는 명감독이 될 수 없다"라는 말이 있다. 실제 사례를 보더라도 '레전드', '히어로', '신神' 등의 호칭으로 불리었던 스타 플레이어들이 감독으로 취임해서 실적 부진으로 임기를 채우지도 못하고 물러나는 경우를 비일비재하게 볼 수 있다.

반면, 선수 시절에는 크게 빛을 보지 못했음에도 감독으로 많은 성과를 내며 명장 소리를 듣는 이들이 있다. 가장 대표적인 인물이 우리가 잘 아는 히딩크 감독이다. 그는 원래 프로선수가 되기 위해 축구를 한 것이 아니라, 스포츠 마케팅과 지도자 공부를 하기 위해 스포츠 전문학교에 들어갔다가 주변의 권유로 선수 겸 코치로 축구를 시작한 케이스다. 중앙 미드필더로 활약했지만, 결코 스타라고 할 수 없는 커리어였다. 그럼에도 불구하고 그는 각국의 대표팀과 유럽 최고 리그의 감독으로 훌륭한 성적을 거두었다.

이런 사례는 스포츠 분야에서만 찾아볼 수 있는 것이 아니다. 비즈니스의 세계에서도 흔하게 발견할 수 있다. 물론, 입사할 때부터 천재로 불리며 승승장구해 다른 이들보다 빠른 초고속 승진을 통해 스타 경영인이 되는 경우도 많지만, 그보다는 착실하게 조직에서 자기 몫을 하며 성장하여 리더의 자리에 올라선 뒤 함께 일하는 구성원들을 지원하고 조직의 성장을 이뤄낸 이들이 더 많다.

스타 플레이어는 자신을 중심으로 모든 조직이 돌아가는 경험을 한 사람이고, 모든 플레이어들이 자신을 위해 헌신하는 것을 당연하게 생각하며 뛰어온 사람이다. 오로지 본인이 잘하고 돋보이는 것만 생각하며 노력하는 것으로 족하다. 하지만 조직 운영은 다르다. 조직의 책임자로서 리더십은 스타 플레이어일 때와 달라야 한다. 자신이 돋보이고 모든 이가 자신을 위해 헌신하기를 기다려서는 안 된다. 자신보다 못한 사람, 자신의 지시를 이해하지 못하는 사람도 함께 품고 같이 이끌어 나가야 하는 사람이다.

기업과 같은 조직에서도 마찬가지다. 통상적으로 기업에서 리더의 자리에 오른 사람은 팔로워 시절부터 동료에 비해 뛰어난 업무 성과를 거두며 조직의 주목을 받아온 사람들이다. 당연히 다른 이들에 비해 '더 잘한다'라는 칭찬과 '더 잘해야 한다'라는 중압감에 사로잡혀 성장해왔을 것이다.

리더의 자리에 오르고 더 좋은 리더로 성장하려면 주위에 내가 도와줘야 하는 사람, 나보다 더 돋보여야 하는 후배를 찾는 것에 노력을 아끼지 말아야 한다. 하지만 스타 플레이어 생활을 오래 해온 이들은 이런 점에 있어 익숙지 않기 때문에 감독이 되어서도 경영자가 되어서도 자신이 주목받는 일과 자신이 돋보이는 일을 위주로 판단하려는 경향이 있다. 따라서 뒤처지는 사람을 배려하기보다는 배제하려는 모습을 보이고 결국 조직의 실패를 가져오는 것이다.

어떠한 조직이건 리더는 정점에 서 있는 존재다. 때문에 원하지 않아도 돋보이고 주목을 받는 자리일 수밖에 없다. 따라서 굳이 더 돋보이는 스타가 되려 하기보다는 몸 담고 있는 조직과 함께 스타가 될 수 있는 방법을 찾아보는 것이 어떨까?

'최고의 낙하산'으로 시작했지만, 다른 이들과 함께 또는 다른 사람을 빛나게 만드는 '진짜 최고의 낙하산'을 펼쳐 보이며 르네상스 최고의 인물로 성장한 파우스토 베란치오처럼!

Giorgio Vasari(1511-1574)

혼자 빛나는 이는 리더가 아니다

잠깐, 위대했던 경영인

일본이 확실이 과거에 비해 임팩트가 떨어지는 국가가 되었다는 것을 실감하는 요즘, 사람들에게

"혹시, 일본을 대표하는
세계적인 최고경영자 중 아는 사람 있으세요?"

라고 물어보면 많은 사람이 선뜻 답을 내놓지 못할 것이다. 아무리 생각해봐도 '세계적인'이라는 수식어가 수긍되는 인물은 쉽사리 떠오르지 않는다.

하지만 2000년대 초반까지만 하더라도 그렇지 않았다. 소니를 세계적인 기업의 반열에 올려놓았다는 평가를 받았던 이데이 노부유키 회장. 교세라의 창업자이자 추락하던 일본항공을 다시 살려 내 '경영의 신'이라고 불렸던 이나모리 가즈오 회장. 고급차 라인인 렉서스와 하이브리드카를 대중화시킨 프리우스의 개발을 이끌며 도요타를 세계적인 자동차 제조사로 성장시킨 도요타 쇼이치로 사장 등이 포진하고 있었다.

서점에 나가보면 이들이 쓴 책 혹은 이들에 대해 쓴 책들이 베스트셀러 서가를 차지하고 있었고, 각종 교육기관에서는 이들의 경영철학과 리더십을 배우는 교육과정으로 넘쳐났다. 일본에 대한 우리의 보편적인 감정과 별개로 우리나라 정치인과 기업인들은 경쟁적으로 이들을 찾아가 "한 수 가르쳐주실 것"을 청했고, 원하건 원치 않건 그들은 우리나라 기업 경영에 있어 일정 부분 스승의 역할을 해줬다.

그런 일본의 경영자 중에서도 임팩트만큼은 최고를 자랑하던 이가 있었으니, 앞서 언급한 세 명의 경영자와 비슷한 시기에 파나소닉을 이끌었던 나카무라 구니오 회장이다.

일본에서 '원조 경영의 신'으로 추앙받았던 마쓰시타 고노스케가 1918년 창업한 마쓰시타 전기기구 제작소는 이후 나쇼날, 파나소닉, 테크닉스 등의 이름으로 제품을 팔다가 2008년 사명을 파나소닉으로 정식 변경한다. 1990년대까지 시가총액 기준 일본 최대의 가전업체 자리를 굳건하게 지키고 있었다. 그러나 1990년대 중반에 접어들면서 도시바, 히타치 등 기존의 경쟁사와 소니, 샤프 등 신흥 강자들의 거센 도전에 밀려 잠시 휘청거리기도 했다.

그때 경영의 전면에 등장했던 인물이 바로 나카무라 구니오 회장이었다. 그는 과감한 조직 개편과 제품라인 조정, 신기술에 대한 적극적인 투자 등을 바탕으로 회사의 손익 구조를 바꾸고 구태의연함과 패배감에 사로잡혀 있던 조직 분위기를 일신하기 시작했다. 그가 가장 싫어했던 말은

"검토해 보겠습니다"

였다. 그는 어떠한 일이든 일단 "검토해 보겠다"며 그 자리에서 의사결정을 미루는 태도가 파나소닉에 위기를 불러온 장본인이라 생각했다. 그는 어떠한 지시사항에 대해서건 "예"와 "아니오"로만 대답하도록 했다.

화끈한 나카무라 구니오식 경영은 금방 빛을 발하기 시작했다. 수많은 경영학자와 언론의 예상을 깨고 2000년대 초반 극적인 턴어라운드를 이룬 파나소닉은 대형 PDP TV와 그에 사용되는 패널 생산을 통해 단숨에 가전업계 1위라는 과거의 영광을 되찾을 것처럼 보였다. 실제로 PDP TV 점유율 30퍼센트로 확고부동한 세계 1위 자리를 차지하고 있었다. 파나소닉의 부활은 경영대학원의 연구 사례로 활용되었고, 나카무라 구니오는 일본을 넘어 세계적인 최고경영자로 각광받았다. 그러나 놀랍게도 영광은 불과 몇 년 만에 물거품처럼 사라져 버리고 말았다.

파나소닉은 2011년과 2012년 연속으로 7천억 엔 이상의 적자를 기록했고, 역대 최대 규모의 투자를 통해 야심 차게 건설했던 아마가사키 공장은 불과 1년 남짓 가동을 한 뒤 물량 부족과 신제품 라인 증설 불가 등의 이유로 문을 닫고 말았다. 얼마 뒤 나카무라 구니오 회장 역시 '용퇴'라는 이름이 붙기는 했지만, 그간의 책임을 물어 해임되고 말았다.

그 사이에 도대체 어떤 일이 있었던 것일까?

나카무라 구니오 회장은 실패를 모르는 사람이었다. 사원 시절부터 사장 자리에 오를 때까지 늘 최고였고, 항상 주목받았으며, 늘 각광받아온 인물이었다. 때문에 자신의 의사결정이 곧 법이었고,

회의 석상에서도 자신의 말을 끊거나 반대하는 의견을 조금이라도 내면 자신에 대한 반역으로 받아들였다.

모든 기자회견이나 발표도 그가 직접 해야 했고, 의사결정에 있어 다른 리더들이 개입할 여지는 일절 없었다. 그러다 보니 어느새 나카무라 구니오 회장을 보좌하는 주변 인물 중에는 능력 있는 인물들이 사라지고, 오로지 그의 명령에 "하이!(はい, 예)"만을 내뱉거나 그의 지시를 이행하는데 급급했던 이들만이 남았다.

나카무라 구니오 회장을 중심으로 똘똘 뭉친 그들은 오로지 회장의 눈치만 보며, 회장의 지시를 가장 잘 이행할 방법만 찾았다. 그러는 사이 파나소닉은 성장의 기회를 놓치고 긴 침체의 늪에 빠져 버리고 말았다.

라인과 사단이 성공할 수 있었던 비결

나카무라 구니오 회장을 비롯해 조직을 이끄는 리더라면 통상적으로 자신을 따르는 사람을 곁에 두고 싶어 한다. 아니 이것은 비단 리더뿐만이 아니라 대다수의 사람에게서 볼 수 있는 현상이다. 때문에 리더를 중심으로 무리가 형성되는 것은 지극히 당연한 모습으로 받아들여진다.

이를 가장 쉽게 발견할 수 있는 곳은 엔터계다. 시청자의 흥미를 불러일으키기 위해 과장은 했겠지만 '규라인', '유라인' 등 리더가 되는 특정 연예인을 중심으로 활동하는 연예인 무리가 있다. 특정 방송에서 장난처럼 붙인 이름이지만, 실제로 방송을 살펴보면 유독 같이 활동하는 모습을 쉽게 발견할 수 있다. 또는 무슨 무슨 사단이라고 불리며, 특정 작가나 감독과 함께 작업을 하는 사람들도 있다. 〈기생충〉으로 세계 무대에 이름을 알린 봉준호 감독과 함께 하는 봉준호 사단, 특색있는 아이디어와 참신한 스토리텔링으로 유명한 장진 감독과 함께 하는 장진 사단, 그리고 우리나라 시청률 역사를 다시 썼다는 평을 듣는 인기 드라마 작가 김수현 선생과 함께 하는 김수현 사단이 대표적이다.

특정한 사람(대부분 조직의 최고 리더)을 중심으로 움직이는 집단치고는 말 안 나오는 곳 없고, 특히 연예인처럼 개성 강한 이들이 모이면 잡음이 안 날 수가 없다. 그러나 앞서 언급한 라인과 사단들은 별다른 불협화음 없이 잘 지내는 것을 넘어 승승장구하고 있다는 표현이 적합할 정도이다. 어떻게 그럴 수 있었을까?

이들이 오래도록 승승장구할 수 있었던 까닭은 그리 복잡한 이유가 아니다. 이들을 이끌고 있는 이경규, 유재석, 봉준호, 장진, 김수현과 같은 인물들에게는 한 가지 공통점이 있기 때문이다. 그것은 바로 자신보다도 자신이 이끄는 혹은 자신을 따르는 이들을 더 반짝 반짝 빛나게 해주기 위해 노력한다는 점이다.

이경규 씨는 경륜이 오래된 만큼 방송에서 버럭 하는 모습이 일종의 밈meme으로 자리 잡은 캐릭터를 가진 인물이다. 그런데 그가 유일하게 버럭 하지 않을 때가 있다. 그것은 세칭 규라인이라고 일컫는 인물이 새로 작품을 시작하거나 공중파에 데뷔할 때다. 이때만큼은 자신이 먼저 철저하게 망가져서 해당 멤버가 그를 활용해 방송 분량을 만들 수 있도록 돕는다.

유재석 씨 역시 마찬가지다. 〈무한도전〉을 할 때나 〈해피투게더〉를 진행할 때나 〈놀면 뭐하니〉, 〈유 퀴즈 온 더 블록〉을 진행할 때 그는 일명 자신의 라인이라 칭해지는 멤버가 등장하면 그들의 말에 맞장구를 쳐주고, 이야기가 짧게 끝날 것 같으면 거기에 자신이 살을 더 붙여 방송에 나올만한 명장면으로 만들어 주는 것으로 유명하다. 때문에 그가 맘먹고 달려들면 누구나 다 스타가 된다는 이야기까지 생긴 것인지 모른다.

봉준호 감독, 장진 감독, 김수현 작가는 자신이 직접 화면에 등장하는 사람이 아니다. 따라서 태생적으로 자신의 페르소나를 제대로 만들어 대중에게 선보이는 것으로 자신의 영향력을 발휘해 왔다.

세 사람의 공통점은 '함께 일하기가 너무 힘들다'라는 것이다. 작은 것 하나도 그냥 넘기는 법이 없고, 완벽을 추구하며, 반복적인 연습과 제대로 될 때까지 밀어붙이는 것까지 그들은 참 공통점이 많고, 그런 공통점은 함께 일하는 사람을 때로는 지치게 만든다. 그러나 또 다른 공통점은 모두가 '함께 일하고 싶어 한다'라는 것이다.

이들은 모두 배우의 장점과 잠재력을 잘 이끌어내는 것으로 유명한 사람들이다. 그들은 배우 스스로도 몰랐던 장점을 영상과 대사를 통해 살려주고, 깨닫지 못했던 잠재력을 드러나게 해주는데 일가견이 있다. 그들은 모두 자신이 빛나기보다는 함께 하는 구성원들이 빛나게 함으로써 스스로도 빛이 난 인물들이다.

그렇기에 수많은 이들이 그들과 함께 작업하고 싶어 하고, 대중들 역시 그들이 몰려다니는 것을 용인하는 것은 물론이거니와 오히려 긍정적인 시각으로 바라보고 있다. 이러한 사례는 사업의 영역, 경영의 현장에서도 유용하다. 그런데 이런 형태의 리더십을 이미 르네상스 시기에 펼쳐 보인 인물이 있었다.

피렌체 어디서나 늘 있었던 씬스틸러

영화 〈국제시장〉을 보면 재미난 장면이 있다. 주인공의 삶 속에서 스쳐 지나가듯 만나는 인물들이 알고 보면 대한민국 역사를 이끌었던 유명한 인물인 것이다. 어린 주인공이 실의에 빠져 있을 때 그에게 "시련은 있어도 실패는 없다"라며 자신의 허황된 꿈에 대해 이야기하는 젊은 사업가가 알고 보니 현대그룹을 창업한 정주영 명예회장이라던가, 옷감을 사러 온 이상한 말투의 남자가 한국을 대표하는 디자이너 앙드레 김이라던가, 식당에서 낮술을 마실 때 옆 테이블에 앉아있던 씨름부 소년이 천하장사 이만기 선수였다던가 하는 식으로 말이다.

만일, 이탈리아 르네상스를 배경으로 영화를 찍는다면 '이 사람'을 주인공으로 하면 비슷한 장면이 나올지 모르겠다. 16세기 초, 아레초에서 태어나 피렌체와 로마를 중심으로 활동했던 조르조 바사리Giorgio Vasari가 바로 그 주인공이다. 1511년 피렌체 공화국의 도시 아레초에서 태어난 그는 어린 나이부터 그림을 곧잘 그렸다. 그가 그린 그림을 특히 좋아했던 사촌 루카 시뇨렐리는 당시 최고의 회화 선생님으로 꼽히던 굴리엘모 다 마르칠라에게 그를 추천했다.

마르칠라는 정통 회화를 공부한 화가 출신이 아니었지만, 잠시만 가르쳤음에도 바사리의 사물을 보는 시각과 대상의 형체와 색상을 표현하는 섬세함이 예사롭지 않다는 것을 알 수 있었다. 자신이 품을 대상이 아니라고 깨달은 마르칠라는 회화의 기본만 가르친 뒤, 피렌체를 중심으로 활동하던 거장 안드레아 델 사르토에게 바사리를 보냈다. 더 큰물에서 제대로 배우도록 하기 위한 배려였다.

당시 사르토는 피렌체에서 활동하는 화가는 물론, 조각가, 음악가, 작가, 외교관 등 온갖 부류의 명사들과 교류하던 문화계의 아이콘이었다. 그의 문하생으로 머물며 조르조 바사리는 자연스럽게 피렌체의 숱한 저명인사들과 친분을 맺고, 그들로부터 영향을 받게 된다.

얼마 지나지 않아 그는 화가이자 건축가로 왕성한 활동을 벌인다. 당시 메디치가의 코시모 1세 데 메디치Cosimo I de' Medici는 피렌체의 치안판사로 선임되는데 제대로 된 사무실 없이 여기저기를 전전하며 업무를 보고 있었다. 이에 코시모 1세는 평소 친분이 있던 조르조 바사리에게 사무실 설계를 요청한다.

바사리는 흔쾌히 설계에 착수했고, 1560년부터 설계에 따라 건축에 들어간다. 이 건물은 별다른 수식어 없이 이탈리아어로 사무실을 뜻하는 우피치Uffizi라는 이름이 붙여졌고, '사무실 건물'이라는 뜻의 '팔라초 우피치Palazzo Uffizi'라 불리던 이 건물이 바로 그 유명한 우피치 미술관이다.

건축가로서 조르조 바사리의 업적은 여기서 그치지 않는다. 그는 흔히 '겸손의 성모 성당'이라 불리는 건물도 설계했다. 피렌체

조르조 바사리가 설계한 우피치 미술관. 1737년 메디치가의 마지막 상속녀 안나 마리아 루이사가 200년간 수집한 미술품을 피렌체에 기증함으로써 이탈리아를 대표하는 미술관으로 탈바꿈했다.

에서 그다지 멀지 않은 피스토이아라는 지역에 위치한 성당의 부속 건물에 그가 도입한 팔각형 모양의 돔 디자인은 이후 가톨릭 교회를 설계하는 건축가들에게 지대한 영향을 미치게 된다. 바티칸의 성 베드로 대성당 건축에도 참여한다. 이때는 설계자가 아니라 친분이 있던 미켈란젤로의 조력자로 고령의 그를 대신해 공사장 이곳저곳을 다니며 공사가 설계대로 이뤄지고 있는지 프레스코화 작업은 계획된 공간에 제대로 작업되는지를 살피는 감리 역할을 주로 맡았다.

바사리는 건축가로서 맹활약했지만 화가로서도 못지 않은 활약을 했다. 두오모라는 별칭으로 더 유명한 산타 마리아 델 피오레 대성당의 내부 둥근 천장에 그려진 천장화 '최후의 심판'이 대표적인 그의 작품이다.

그리스 신화 속 크로노스가 대지의 신이자 자신의 어머니였던 가이아의 복수를 위해 태초의 신이자 자신의 아버지였던 우라노스를 해쳤다는 이야기를 바탕으로 한 '우라노스의 거세' 또한 당대에는 숱한 논란을 불러일으킨 문제작이다. 이외에도 '피에타', '겟세마니 동산' 등 주로 종교를 모티브로 그린 작품과 '자화상' 등이 많은 사람의 사랑을 받고 있다.

사실 60년 정도 먼저 태어나 당대는 물론 이후로도 역사에 길이 남을 위대한 업적을 너무 많이 너무 여러 방면에 걸쳐 남긴 레오나르도 다빈치가 있어서 그렇지, 조르조 바사리 역시 다방면에 걸쳐 천재적인 역량을 발휘해 눈부신 성과를 남긴 것으로는 당대 누구와 비교해도 전혀 꿀리지 않는 사람이었다.

다른 이들 자랑에 혈안이 된 사람

그러나 그가 진정 많은 이들에게 사랑받고, 전 세계 학자들에게 중요한 인물로 인정받는 것은 이런 건축가나 화가로서의 탁월한 업적과 삶 때문만은 아니다. 그는 자신의 주변에서 예술혼을 불사르고 있는 예술가들이 사람들의 무관심 속에 그들의 작품과 작품을 의뢰한 후원자의 명성 뒤로 숨겨지는 것에 무척이나 안타까워했다.

바사리 자신은 메디치가의 적극적인 지원 아래 명성을 떨치고 있었지만, 자신만 돋보이고 혼자만 잘 나가는 것을 원치 않았다. 바사리는 평상시에도 가난한 예술가들과 교류하며 그들의 작품활동을 지원했고, 힘든 동료가 있으면 도와주고 멋진 작품을 완성시킨 동료가 있으면 칭찬을 아끼지 않으며 대중들에게 알릴 방법을 찾았다. 그를 통해 예술가들 모두의 위상이 높아지고, 피렌체 예술계가 전반적으로 성장할 것이라고 믿었다.

미래세대에 대한 준비 역시 그의 관심사였다. 1562년 가을,

바사리는 자신을 깊이 신뢰하고 후원하던 코시모 1세를 찾아갔다. 그가 찾아온다는 소식을 들은 코시모 1세는 그에게 챙겨줄 후원금을 미리 준비하고 있었다. 흔히 있는 일이었다. 그 돈을 용돈으로 쓸지 작품활동에 쓸지 전혀 상관하지 않았다. 잠시 후 궁으로 들어온 바사리는 탁자 한쪽에 놓인 돈뭉치를 쓱 보더니 묘한 웃음을 지어 보였다.

"대공, 오늘은 이 돈으로 안 되겠습니다.
조금 더 쓰셔야겠습니다"

돈이 부족하다는 말에 코시모 1세는 웃으며 시종을 시켜 돈을 좀 더 꺼내오도록 했다. 다른 이의 눈으로 보자면 당장 매를 때려 내칠만한 무례를 흐뭇한 미소로 대할 정도로 바사리에 대한 코시모 1세의 신임과 애정은 두터웠다. 그러나 바사리는 고개를 가로저으며 말했다.

"대공, 그 정도를 말한 것이 아닙니다.
오늘은 제가 짊어지고 가지 못할 만큼 주셔야겠습니다"

그 말에 바사리가 무언가 다른 것을 원한다는 것을 깨달은 코시모 1세는 문을 열고 들어온 이후 여태 서 있는 바사리에게 자리에 앉아 이야기해 보라는 손짓을 했다. 바사리는 자리에 앉자마자 준비해 온 이야기들을 쏟아내기 시작했다.

피렌체가 이탈리아는 물론 유럽 예술의 중심지가 된지는 오래되었지만 아직까지 체계가 덜 잡혀 있어 언제라도 다른 지역에 그 지위를 뺏길지 모르는 상황이고, 외부에서 몰려드는 예술가는 많지만 내부에서 발굴돼 성장한 신예 예술가들이 많지 않다는 것이었다. 또한, 몇몇 거장들을 제외하면 대다수의 예술가들이 작품활동만으로는 생계가 어려우니 그들에게 고정적인 급여가 지급되는 직장을 만들어 주면 좋겠다는 의견이었다.

그 해답으로 바사리가 제시한 것은 미술학교의 설립이었다. 건물을 준비하고 교사를 채용해 급여를 지급하고 학생들을 보살피기 위해 추가적인 비용이 필요했다. 그때나 지금이나 학교를 개교하는 것은 보통 일이 아니었지만, 한쪽은 문화예술에 관심이 많았던 메디치가의 지도자였고 다른 한쪽은 피렌체 최고의 입담을 자랑하는 사람이었다. 그래서 그랬는지 모르겠지만 코시모 1세는 그 자리에서 유럽 최고의 미술학교를 설립할 거금을 쾌척했다.

그 돈을 기반으로 피렌체 최고의 환경을 갖춘 미술학교 Accademia delle Arti del Disegno가 이듬해 1월 문을 열었다. 개교한 이후로는 바사리 스스로 해당 학교의 교사가 되어 서른여섯 명의 후학을 길러냈다.

그뿐만이 아니었다. 그는 후대 사람들이 자신의 동료들(르네상스 시기의 이탈리아 예술가)에 대해 조금 더 잘 알고, 작품세계를 보다 잘 이해했으면 좋겠다는 생각을 했다. 특히, 후대의 예술가들에게 현재의 피렌체 예술가들이 얼마나 대단한 사람들이었고, 얼마나 치열하게 창작활동을 했으며, 얼마나 멋진 작품들을 남겼는지 생생하게 알려주고 싶다는 욕심에 새로운 프로젝트[18]를 준비했다.

조르조 바사리는 약 200명의 피렌체 예술가들을 총망라해 그들의 삶과 예술에 대해 상세하게 기록하는 작업에 착수했다. 당시만 해도 자료 수집이 어려운 시절이었고, 특히 예술가에 대한 정보라는 것이 대부분 세간에 떠도는 평판이나 루머 수준의 낭설이었기에 작업은 쉽지 않았다. 그러나 평상시에 교분을 나눠온 수많은 예술가와 예술가 지망생들이 큰 도움이 되었다.

힘겨운 작업 끝에 1550년 바사리는 흔히 《미술가 열전》이라고 불리는 《뛰어난 화가, 조각가, 건축가들의 생애Le vite de' più eccellenti pittori, scultori e architettori》라는 책을 출간했다. 워낙 많은

18 시간 순서로는 미술학교 개교보다 이 프로젝트를 추진한 것이 약 10년 이상 먼저 있었던 일이다.

예술가를 다루다 보니 일부 내용에 오류가 있거나 상당 부분 축약된 곳도 있었지만 《미술가 열전》은 출간과 동시에 미술사학을 전공하는 사람이라면 반드시 읽어야 하는 필독서가 되었다.

게다가 피렌체의 동료들을 빛나는 존재로 만들기 위한 그의 노력은 한 번에 그치는 것이 아니었다. 책이 출간되고 약 10년 뒤에는 이탈리아 전역을 누비며 《미술가 열전》에 기재된 예술가들이 어떻게 살고 있고, 그들의 작품이 어디로 흘러갔는지 그리고 새롭게 창작된 걸작은 없는지를 직접 취재하였다. 그를 통해 1568년 발간된 최종본 《미술가 열전》은 훨씬 더 정확하고 풍성해진 자료로 지금까지 미술사학을 전공한 이들에게 바이블 역할을 해주고 있다.

스타 직원을 만들어야 회사가 스타가 된다

조너선 아이브, 김태원, 나영석, 이 세 사람의 공통점은 무엇일까?

조너선 아이브는 다들 잘 아는 것처럼 애플의 디자인을 이끌어온 인물이고, 김태원 옹은 벽제갈비에서 냉면을 만들던 명인이다. 마지막으로 나영석 PD는 여러 개의 인기 프로그램을 제작한 스타 연출자다. 어떻게 보면 전혀 비슷한 점이 없고, 연관성이라고는 눈곱만큼도 찾아볼 수 없는 세 사람 사이에는 놀라운 공통점이 있다. 그것은 바로 '자신보다 더 유명한', '자기보다 더 영향력 있는' 부하직원을 용인하고 오히려 적극적으로 지원한 리더들이 그들의 뒤에 있었다는 점이다.

많은 스타 디자이너가 그러하듯 조너선 아이브는 오만하고 고집스러운 것으로 유명하다. 그가 디자인한 케이스에 제품의 기능을 다 집어넣지 못하면 디자인을 수정하는 것이 아니라 "나는 디자인을 조금도 수정할 생각이 없으니 기술개발부서에서 다른 모든 것을 디자인에 알아서 맞추시오"라고 지시하기 일쑤였고, 그 결정에 대해 타협이란 절대로 없었다. 보이는 행동 및 말투와는 달리 실제 성격은 의외로 차분하고 소심해서 업무를 할 때는 자신의 사무실에 누구도 들어오지 못하게 할 정도면서, 업무 외 시간에는 클럽에 죽치고 앉아 유명 연예인 및 스포츠 스타들과 함께 어울리며 자기 스스로를 셀럽이라 생각하는 쉽지 않은 인물이었다.

그럼에도 그는 탁월한 실력을 바탕으로 데스크탑인 아이맥을 시작으로 아이팟, 아이폰, 아이패드까지 이어지는 애플의 디자인 철학을 정립한 인물로 꼽힌다. 때로는 그의 행동이 눈에 거슬릴 만도 한데, 그의 리더였던 스티브 잡스는 그에게 힘을 실어주었다. 때론 주인 노릇 하려는 태도를 눈감아 주었고 오히려 격려하기까지 했다. 애플의 디자인 철학에 있어 조너선 아이브가 기여한 부분을 적극 홍보했고, 산업디자인계의 스타가 될 수 있도록 적극 지원했다.

몇 해 전 노환으로 작고한 김태원 옹은 우리나라 평양냉면계의 최고 전문가이자 장인으로 평가받는 인물이다. 냉면에 대한 그의 고집은 대단해서 자신의 실력과 미각을 인정하지 않는 식당은 아무리 많은 돈을 줘도 뛰쳐나오는 것으로 유명했다. 그런 그를 마지막으로 고용했던 곳은 한우갈비 프랜차이즈인 '벽제갈비'의 서브브랜드 '봉피양'이었다.

벽제갈비를 창업한 김영환 회장은 자신도 고기 맛과 냉면 맛을 내는데 일가견이 있는 인물이었지만, 자신이 영입한 김태원 옹에게 냉면에 대한 모든 권한을 일임했다. 첫 출근한 김태원 명인에게 평양냉면 맛의 기준을 잡아달라 부탁하고, 자신은 맛에 대해서는 일절 관여하지 않았다. 대신 자신은 김태원 명인이 제 역할을 할 수 있도록 돕고, 그의 명성이 알려지도록 홍보하는데 집중했다. 김태원 명인은 평양냉면 맛을 기가 막히게 잡아냈고, 얼마 지나지 않아 평양냉면 애호가들은 봉피양의 평양냉면에 열광했다. 봉피양은 역사가 오래되지 않은 프랜차이즈 업체였고, 그나마 냉면 전문점이 아니라 식사 메뉴의 일부로 평양냉면을 내는 고깃집이었음에도 불구하고 평양냉면 애호가들이 줄지어 찾았다.

마지막으로 나영석 PD와 그의 리더 이명한 PD의 사례는 말을 않아도 다들 잘 알 것이다. 나영석 PD를 스타 연출자로 만든 〈1박

2일>은 '야생 버라이어티'라는 신조어를 만들며 일요일 예능의 최강자로 군림했지만, 사실 시작할 당시 <1박 2일>의 메인 PD는 이명한 PD였다. 이명한 PD가 <1박 2일>을 연출하며 기반을 다져놓았고, 나영석 PD가 연출하던 시기에 그 모든 것이 만개하며 전성기를 맞이한 것이었다. 이후 이명한 PD는 타 방송사의 총괄프로듀서(CP)로 이직하게 되었는데, 나영석 PD를 스카우트하면서 그에게 전권을 부여한다.

이후 이명한 CP는 철저하게 뒤에서 나영석 PD가 창의적인 아이디어를 쏟아낼 수 있도록 물심양면 지원을 아끼지 않았고, 그들이 만들어 낸 프로그램은 연이어 대박을 터뜨렸다. 결국 나영석 PD는 대한민국을 대표하는 스타 연출자가 될 수 있었다.

영웅은 영웅을 알아본다

조직의 성과는 누구에 의해 이뤄지는 것일까? 조직의 성과는 누구를 통해서 이뤄지는 것일까?

많은 이들이 '리더' 또는 '일반 구성원' 아니면 '둘 다'라고 답할 것이다. 모두 맞는 말이다. 조직의 성과는 조직 전체에 의해 이뤄지고 조직 모두를 통해 이뤄진다. 그 과정에 있어 리더가 상당 부분 중요한 역할을 해줘야 하기에 리더에 의해 또는 리더를 통해 이뤄진다고 볼 수 있다. 또한, 조직을 이루는 구성원의 대다수는 직책을 부여받은 리더가 아닌 일반 구성원이므로 일반 구성원에 의해 혹은 그들을 통해 성과가 이뤄진다고 말하는 것도 틀린 답은 아닐 것이다.

그런데 간혹 리더만으로 혹은 리더만에 의해 성과가 이뤄진다고 믿는 사람이 있다. 더 나아가 리더가 조직의 모든 명운까지 좌지우지할 수 있는 중요한 인물이니 리더가 모든 것을 다 알아야 하고, 모든 일에 앞장서야 하며, 모든 것을 책임져야 한다고 생각하는 이들도 있다.

그러나 지난 기간, 특히 최근 몇 년의 상황 변화를 통해 이는 옳지 않은 이야기임을 우리는 깨닫고 있다. 복잡다난한 문제가 수시로 터지고, 그에 대한 즉각적인 대응이 필요해졌으며, 그를 위해 필요한 신기술과 신지식이 과거와는 비교할 수 없는 속도로 쏟아져 나오는 이 시대에 리더가 모든 것을 다 알고, 다 하고, 다 책임질 수 없게 되었다.

대신 리더들은 자신과 함께 일하는 구성원들이 더 쉽게 일하면서도, 더 많은 성과를 내고, 그를 통해 더 빨리 더 큰 역할을 할 수 있도록 돕는 것이 핵심적인 능력이 되었다.

과거 직원은 철저하게 기업의 소유이자 부속물로 여겨졌다. 사적인 공간에서 작은 실수를 하더라도 "회사의 명예를 실추시켰다"라는 이유로 사규에 의한 처벌을 받아도 감내하는 분위기였다. 회사의 이름이 언제나 앞서야 했으며, 직원이 회사의 이름보다 자신의 이름을 앞세우는 것은 있을 수 없는 일이었다.

하물며 회사보다 더 유명한 직원은 상상조차 할 수 없었다. 겸업 역시 마찬가지였다. 예전에는 겸업금지 조항이라 하여 직원들에게 회사일을 제외한 다른 일을 못하게 사규에 못 박는 것이 속칭 국룰이었다. 그러다 보니 대기업에 다니던 모 인기 유튜버는 회사의 압력에 의해 수십만 명의 구독자가 있던 채널을 닫기도 했다.

그러나 몇 해 전부터 상황이 다른 방향으로 흘러가기 시작했다. 우선 과거에는 회사에서 성과가 시원치 않거나, 별 볼 일 없는 한직에서 근무하거나, 회사생활에 별 뜻이 없는 사람들이 눈을 돌려 부업을 하거나 겸직을 하고는 했다. 하지만 어느 때부터인가 회사를 좋아하고, 회사생활을 오래 할 뜻이 있으며, 심지어 회사에서 탁월한 인재라 평가받는 직원들이 겸업에 나서기 시작했다.

책을 쓰고, 강연을 하고, 방송에 출연하고, SNS 인플루언서로 활약하는 등 다양한 활동을 시작했다. 물론, 처음에는 과거처럼 회사에서 적극적으로 금지하는 움직임도 있었다. 그러나 그 결과는 과거와 전혀 달랐다. 집필을 중지하고, 강연을 취소하고, 유튜브 채널을 닫고, SNS 계정을 폭파하는 것이 아니라 오히려 반대로 회사를 그만뒀다. 그중에는 앞서 이야기한 것처럼 회사에서 인정받는 탁월한 인재들도 다수 포함되어 있었다.

그뿐만이 아니었다. 명성을 얻거나, 인플루언서로 활동하던 직장인들이 자신의 책이나, 방송, SNS를 통해 퇴직하게 된 사유를 밝히는 순간 수많은 독자, 시청자, 팔로워들이 댓글이나 직접 전화 등을 통해 항의하거나 해당 회사에 비난을 퍼부었다. 심할 경우에는 불매 의견이 올라오거나 직접 행동으로 나서는 경우까지 생겨났다.

이런 과도기를 거쳐 현재는 회사 업무에 직접적인 방해가 되지 않거나 경쟁사를 이롭게 하는 행위가 아닌 경우에는 어느 정도 겸업을 허용하는 분위기다. 아니, 더 나아가 사내 모델, 사내 강사 등을 모집해 회사의 간판으로 내세우는 경우도 이제는 당연한 일이 되었고, CIC[19]같은 형태를 적극 도입하여 그 회사의 대표를 일반 임직원 중에서 선발하는 일도 빈번해졌다.

이런 일 또한 우리가 직원을 어떻게 바라보고, 어떻게 관리 및 지원해야 하는지를 다시 생각하게 하는 계기가 된다. 과거 우리는 직원을 리더를 위해 일하는 존재, 회사에 소속되어 회사가 모든 것을

19 Company-In-Company. 사내 혁신과 사업의 효율적 운영을 추진하기 위해 회사 내에 스타트업, 사내 벤처 같은 형태의 소규모 회사 설립하는 형태의 조직 운영 방식.

컨트롤 할 수 있는 존재로 여겼다. 그러나 조직이 수평화되고, 개인의 자율과 자유도가 크게 늘어나면서 그런 시각은 구성원들로부터 먼저 바뀌고 있다.

이런 시기에 과거와 같이 오로지 회사, 오로지 리더만 각광받는 모습으로는 구성원들의 공감을 사기 어려울 뿐만 아니라 이탈을 막을 수가 없을 것이다. 제대로 된 리더라면 일반 구성원들을 스타로 만들어줘야 한다. 그들이 각자의 업무에서, 자신의 영역에서 최고의 실력자이자 스타 플레이어가 될 수 있도록 지원해 줘야 한다.

마치 르네상스 시기 조르조 바사리가 수많은 주변인을 스타로 만들면서 자기 자신도 그런 반열에 올라선 것처럼 …….

RENAI
SSANCE'S
WORKERS

RENAI
SSANCE'S
WORKERS

큰 힘에는
큰 책임이 따른다

Andrea Palladio (1508-1580)

맥락과 이야기로 심장을 뛰게 하라

척하면 착인 나라, 척하면 '뭐?'인 나라

에드워드 홀이라는 인류학자가 있었다. 아는 사람도 많겠지만, 그는 참 독특한 이력의 소유자였다. 1940년대 초, 컬럼비아 대학에서 박사학위를 취득한 홀은 뉴멕시코 지역으로 향했다. 지금이야 산타페, 앨버키키 등과 같은 대도시가 번창할 정도로 개발이 되었지만, 홀이 방문했던 당시만 해도 뉴멕시코는 미개발된 황무지였다.

땅의 주인 역시 아메리카 원주민, 우리가 흔히 쓰는 말로 인디언들이었다. 홀이 찾아간 이들은 나바호족으로 쉽사리 이방인을 받아들이지 않기로 유명한 종족이었다. 그러나 홀은 특유의 친화력과 담대함으로 그들과 어울리며 빠르게 그들의 언어와 문화를 습득했다. 이후에는 애리조나로 옮겨가 역시 그곳에 거주하는 호피족과 함께 지내며 그들 특유의 문화, 특히 종교와 예술활동에 대한 연구에 매진했다. 그를 통해 그는 아메리카 원주민의 언어와 문화에 대해 미국에서 가장 정통한 인물이 되었다.

그런 연구가 어느 정도 마무리되자, 에드워드 홀은 이번에 중앙아시아 지역으로 건너갔다. 그곳에 사는 튀르크족의 언어와 문화를 연구하기 위해서였다. 이번에도 학교나 연구소에 몸담는 방식이 아니라, 튀르크족 마을로 무작정 찾아가 그곳에서 먹고 자고 어울리며 그들의 언어구조와 문화 등을 직접 몸으로 체험하며 익혔다.

덕분에 당시 서구 학자들의 관심을 크게 받지 못해 별다른 연구성과가 없었던 중앙아시아 튀르크족 사회에 대해 가장 해박한 학자로 급부상하게 되었다.

이민족, 이문화에 대한 그의 관심은 거기서 그치지 않았다. 유랑을 마치고 미국으로 돌아온 그는 당시 미국에서 급속도로 늘어나던 중남미 출신의 미국 거주자 히스패닉의 언어와 문화에 대해 연구하기 시작했다. 중남미 국가에서 유입된 사람들과 카리브해 연안 국가에서 유입된 사람들 그리고 그들의 2세, 3세인 사람들과 접촉하며 그는 히스패닉 문화와 그의 원류가 되는 중남미 문화와의 연관성과 특수성에 대해 연구를 거듭했다.

그를 토대로 그는 미국 학자 중 가장 많은 외국 언어와 문화에 대해 실제 방문 연구를 한 학자 중 한 명으로 꼽히게 되었다. 에드워드 홀의 가족들은 이제 그가 떠돌이 생활을 마치고 학교로 돌아가 평범한 교수 또는 연구원으로 살아가리라 생각했다.

그러나 시대가 그를 가만히 내버려 두지 않았다. 1950년대는 마셜 플랜의 본격적인 추진과 함께 미국 정부의 전략적 해외 진출이 활발하던 시기였다. 진출하려는 지역의 정보를 전방위적으로 끌어모아야 했고, 해외 문화에 대한 연구에 많은 지원이 이뤄지던 시기였다. 에드워드 홀 박사는 대사관, 군부대, CIA 등 해외에 파견되는 요원들을 훈련시키는 프로젝트의 책임자를 맡게 된다. 덕분에 다른 문화에 대한 그의 학식과 정보는 더욱 늘어날 수밖에 없었다.

그런 오랜 경험과 풍부한 데이터를 기반으로 1959년 그는 자신의 '문화인류학 4부작'의 첫 번째 저작인 《침묵의 언어Silent Language》를 출간하며 '이문화 커뮤니케이션 연구'라는 학문 분야를 새롭게 창시했다. 그는 책에서 문화별로 문맥상 맥락을 잘 이해해야만 소통이 원활한 문화와 맥락보다는 정확한 정보전달이 더 중요한 문화로 구분했다.

이를 '저맥락 문화Low Context Culture'와 '고맥락 문화High Context Culture'라 명명했는데, 의사소통에 있어 말이나 문자에 의존하는 부분이 클수록 맥락보다는 정확한 정보의 중요성이 큰 '저맥락 문화'이고, 말이나 문자에 의존하는 부분이 적을수록 정보보다는 맥락 파악의 중요성이 큰 '고맥락 문화'라고 주장했다. 영국, 네덜란드, 독일과 남부지역을 제외한 미국이 전형적인 저맥락 문화이고 중국, 프랑스, 대부분의 아랍 그리고 한국과 일본이 전형적인 고맥락 문화로 분류되었다.

예를 들어, 대표적인 고맥락 문화인 중국 사람에게 "언제 밥 한번 먹자"라는 이야기는 대부분 '당신과 친하게 지내고 싶다'라는 단순한 인사치레에 지나지 않는다. 말하는 사람도 듣는 사람도 그다지 큰 의미를 두지 않는 편이다. 그러나 대표적인 저맥락 문화인 네덜란드 사람에게 이 같은 이야기를 하면 "그래요? 그럼, 우리 언제 어느 레스토랑에서 만날까요?"라는 질문을 받게 될지도 모른다.

다른 경우로 헤어샵에 갔을 때, 우리나라에서는 이발사가 "어떻게 잘라드릴까요?"라고 물으면 대부분 "시원하게 쳐 주세요"라거나 "알아서 깔끔하게 정리해 주세요"라고 말한다. 그러나 대표적인 저맥락 국가인 독일에서는 그렇게 말하는 사람을 찾아보기 힘들다. 대부분 "윗머리는 3mm 정도, 뒷머리는 2mm 정도만 남기고 밀어

주세요"라고 이야기하는 모습을 쉽게 발견할 수 있다. 만일 그렇지 않고 우리나라에서처럼 이야기하면 어찌할 바 몰라서 곤혹스러워하거나 머리를 자르는 동안 몇 번이고 "이 정도 길이가 맞냐?"라고 물어올 것이다.

개떡같이 말해도 찰떡같이 들어온 대한민국

저맥락 문화가 고맥락 문화와 가장 큰 차이를 보이는 부분은 사람들 사이의 관계 형성에서다. 저맥락 문화에서는 관계 형성이 빠르게 이뤄지고 빠르게 끝난다. 사회구조는 분산되어 있으며 상호작용을 하는 데 있어 비언어적 요소는 중요하지 않다. 구두로 내리는 지시는 명확해야 하며 구성원들도 각 개인이 원하는 바를 명확하게 이야기해 합리적인 솔루션을 만들어내는데 집중을 한다.

그 과정에서 발생하는 정서상의 문제는 결과를 위해 극복해야 할 대상이지 고려해야 할 대상은 아니다. 프라이버시를 중요하게 생각하기에 개인별 공간이 명확하고 가급적 그 경계는 서로 떨어져 있어야 한다. 각 개인의 시간이 중요하기에 그를 빼앗는 행위, 예를 들어 갑작스러운 약속 요청이나 공적인 업무를 개인 시간에 처리하거나 반대로 개인 업무를 업무 시간을 이용해 처리하는 것은 금지되어 왔다.

반면, 고맥락 문화에서는 관계가 느리게 형성되는 대신 관계 형성을 이루기까지 다양한 요인, 예를 들어 호감, 신뢰, 제3자와의 관계 등이 활용되므로 관계의 해체도 느리게 이뤄진다. 사회구조는 주로 중앙집권화되어 있으며 상호작용을 하는 데 있어 언어적 요인만큼이나 목소리, 몸짓, 표정, 옷차림 등과 같은 비언어적인 요소도 중요하다.

리더와 구성원 모두 자신이 원하는 방향을 명확하게 말로 전달하기보다는 상대가 전체적인 분위기 속에서 자연스럽게 깨닫기를 바라는 경향이 있다. 함께 하는 이들은 시간과 공간을 공유하는(혹은 공유해도 되는) 사람들이라고 생각하는 경향이 있기에 상대방의 시간과 공간을 같이 쓰는 것, 예를 들어 갑작스러운 제안으로 시작되는 술자리나 주거공간을 나눠 쓰는 월세방 등을 크게 문제 삼지 않고 수용해 왔다.

그중 우리나라는 대표적인 고맥락 문화로 꼽힌다. 그렇다 보니 우리나라 조직에서는 오랫동안 "개떡같이 말해도 찰떡같이 알아듣는다"라는 말이 널리 회자되었다. 말로 끝나는 것이 아니라, 능력 있는 직원이라면 리더가 개떡같이 말해도 찰떡같이 알아듣고 업무를 처리해야 했고, 더 나아가 아예 말하지 않아도 알아서 일을 찾아 해내는 것을 미덕으로 여겨왔다.

리더 역시 마찬가지다. 구성원들이 입에 발린 소리를 해도 그 안에 내포된 그들의 숨겨진 니즈를 찾아내어 조직 운영에 반영해야 했고, 심지어 그들이 침묵하더라도 미리미리 분위기를 감지하고 속마음을 알아채서 적당한 조치를 취해야만 했다. 그러지 못하는 리더는 센스 없는 리더, 무능력한 리더로 낙인찍히기도 했다.

그렇게 우리의 모든 의사소통 체계와 협업 체계 등은 고맥락 문화에 적합하도록 발전되어 왔다. 직접적인 의사소통보다는 선배, 고참 사원을 통한 전달식 정보 공유가 만연했고, 언어적 정보 소통이 없더라도 척하면 착하는 끈끈한 문화를 만들기 위해 회식, 워크숍, 야유회 등을 통해 많은 노력을 해왔다. 그러나 시대가 변했다. 딱히 팬데믹 때문만은 아니다. 사회가 필요에 의해 먼저 변하기 시작했는데, 팬데믹이 불을 붙인 것뿐이다. 우리 사회는, 특히 기업에서 일하는 방식 및 조직문화는 점차 고맥락 문화에서 저맥락 문화로 이동하고 있다. 그러다 보니 같은 조직에서도 서로가 서로의 문화를 이해하지 못해 마찰을 빚는 상황이 빈번해지고 있다.

고맥락 사회를 유지하기 위해 우리가 만들어 왔던 다양한 노력인 회의, 회식, 단체활동 등은 이제 아무런 힘을 발휘하지 못하고 있다. 상황이 바뀌면서 더 이상은 고맥락 문화만을 고집하기도 힘들어졌다. 이제는 우리 사회가 맥락Context과 우리가 주고받는 스토리에 대해 심도 있는 고민을 해봐야 할 시기가 아닌가 한다.

이럴 때 떠오르는 한 사람이 있다. 르네상스를 대표하는 건축가로 고작 돌덩어리에 불과한 재료를 가지고 건축물이 아닌 사람 사이의 이야기를 만들어 간 사람. 집을 통해 당대 사람들은 물론이거니와 인류의 역사와 즐겁게 이야기를 나눴던 '그 사람'의 이야기를 통해 고맥락 문화와 저맥락 문화가 혼재하며 다양한 마찰과 갈등을 빚어내고 있는 이 시대의 우리를 위한 이야기를 찾아보고자 한다.

혹시, 아시는 건축가 있으세요?

"혹시, 아시는 건축가가 있으세요?"

일반인들에게 위와 같은 질문을 던지면, 아마도 많은 이들이 "글쎄요……"라고 답하거나 조금이라도 건축에 관심 있는 사람이라면 모더니즘 건축의 아버지라 불리는 르 코르뷔지에나 20세기 마천루의 전형을 제시했다는 평을 받는 독일의 건축가 미스 반 데어 로에 정도를 떠올릴 것 같다.

조금 더 건축에 관심이 있다면, 하버드 대학 교수로 서울의 리움미술관을 설계한 램 콜하스나 그의 제자이자 여성 최초로 프리츠커상을 수상하고 동대문 디자인 플라자를 설계한 자하 하디드를 떠올릴지도 모르겠다. 혹은 우리나라를 대표하는 건축가인 김수근, 김중업, 승효상 등을 떠올리는 사람도 제법 있을 것이다.

하지만 안드레아 팔라디오Andrea Palladio라는 인물을 입에 올리는 분은 거의 없을 것 같다. 일단 다른 건축가들에 비해 지금으로부터 아주 오래전에 활동했던 인물이고, 우리 주변에서 그가 설계하거나 지은 건축물을 만나보기 쉽지 않으며, 그에 대한 기록 역시 많지 않기 때문이다.

그러나 그가 인류 건축사에 끼친 영향력은 지대하다. 다소 과장해서 말하면 앞서 언급한 시대별 위대한 건축가들이 끼친 영향력을 모두 합친 것보다도 더 큰 영향력을 인류 건축사에 끼쳤다는 평가를 받을 정도다.

그에 대해 일반인들의 관심은 적지만, 건축을 전공하는 학생들은 그에 대해 반드시 학습을 하게 되고 그가 인류 건축사에 미친 영향을 깨닫고 크게 놀라게 된다고 한다. 오죽하면 그의 철학을 수용하고 추종하여 그에 따라 자신의 건축 설계를 해나간 인물들을 '팔라디언'이라 칭하는데, 영국 건축의 아버지라고 불린 이니고 존스와 추밀원 고문 등을 지낸 벌링턴 백작 그리고 미국 제3대 대통령을 지내기도 한 토머스 제퍼슨 등이 대표적인 팔라디언이었다고 한다.

그렇다면 안드레아 팔라디오가 남긴 업적들은 어떤 것들이 있을까? 그리고 그는 어떻게 단기간에 그렇게 대단한 업적들을 남길 수 있었을까?

“르네상스 하면 이탈리아고,

이탈리아 르네상스 하면 곧 피렌체다”

라는 말이 있다. 그만큼 르네상스의 시작부터 끝까지 가장 많은 업적과 성과가 있었던 곳이 이탈리아였고, 그중에서도 가장 많은 인물들이 몰려들어 이탈리아 르네상스에 기여한 도시가 피렌체였기 때문이다.

물론 로마시대 유물과 예술품이 가장 많이 남아있었던 로마나 상업적으로 크게 부흥했기에 여러 문물이 오가고 예술가에 대한 후원도 풍성했던 베네치아와 같은 도시들도 있었지만, 그래도 피렌체의 존재감에는 한참 미치지 못한다. 게다가 피렌체에는 예술가들의 든든한 후원자 메디치가가 굳게 버티고 있었다.

그러나 건축 분야에 한정하여 살펴본다면 이야기는 조금 달라질 것 같다. 적어도 건축 분야에서는 피렌체가 절대 강자의 노릇을 하지 못할 것이다. 물론, 피렌체에도 르네상스 당시 걸작 건축물들이 많이 지어졌다. 우리에게 '두오모'로 잘 알려진 '산타 마리아 델 피오레 대성당', 수많은 영화의 배경으로 등장했던 '조토의 종탑', 메디치가의 가족묘지로 유명한 '산 로렌초 성당', 피렌체를 지배했던 가문들의 치열한 역사가 서려있는 '메디치 리카르디 궁' 등 훌륭한 건축물들이 피렌체라는 도시를 아름답게 메꿔나갔다.

하지만 이탈리아 북부 베네토주에 위치한 작은 도시 비첸차와 비교한다면, 피렌체의 건축물들은 조금 초라해 보일 수도 있다. 어째서 그럴까? 그것은 오로지 건축가 안드레아 팔라디오와 그의 든든했던 후원자 때문이다.

안드레아 팔라디오는 1508년 베네치아 공화국 파도바에서 태어났다. 그의 아버지는 돌로 만든 제분기를 설치해 주는 기술자였고, 팔라디오 역시 어린 시절부터 아버지 곁에서 석공 일을 배우기 시작했다. 이후 파도바의 석공 밑에서 도제 생활을 하던 팔라디오는 자신의 대부이자 조각가였던 빈첸초 데 그란디의 도움으로 비첸차의 석공 길드에 가입하게 된다. 그렇게 비첸차에서 석공으로 일을 하던 팔라디오는 귀인을 만나게 되는데, 그가 바로 인본주의자이자 당대 최고의 학자로 명성이 자자하던 잔 조르조 트리시노였다.

우연히 팔라디오를 만나게 된 그는 팔라디오가 과학적 사고와 수학 계산에 있어 천부적인 재능이 있음을 알게 되었고, 그저 석공을 천직으로 알고 있던 그에게 학교에 들어가 체계적인 공부를 해 볼 것을 권유한다. 그러고는 그에게 책 한 권을 추천하게 되는데, 그 책이 팔라디오의 운명을 바꿔놓았다.

팔라디오에게 건넨 책은 고대 로마의 전설적인 건축가 비트루비우스가 쓴 책이었다. 기원전 1세기경에 활약한 것으로 알려진 그는 율리우스 카이사르 밑에서 막사나 다리 등을 건설한 일종의 공병 장교 역할을 수행한 것으로 추정되는 인물이었다. 비트루비우스는 자신의 책 《건축술에 대하여De Architectura》를 통해 로마 건축을 집대성한 것은 물론, 그리스의 건축양식을 지금의 분류처럼 도리스 양식, 이오니아 양식, 코린토스 양식으로 분류하였다.

특히, 그의 대표적인 업적은 건축물을 인간의 몸을 기준으로 비례하여 넓이와 높이의 황금비율을 제시한 것이었다. 건축물이 아닌 인간의 몸을 기준으로 삼음에 따라 사람이 보다 편안하게 느끼고 편리하게 사용할 수 있는 공간 설계를 제시할 수 있었다. 레오나르도 다빈치는 그의 영향을 받아 인류 역사상 가장 유명한 인체 그림인 '인체 비례도'를 그렸는데, 이 때문에 서양 미술사에서는 '인체 비례도'를 다른 이름으로 '비트루비우스적 인간Vitruvian Man'이라고 부르곤 한다.

아무튼 이 책 덕분에 팔라디오는 건축을 돌덩이를 잘 다루고 높고 넓게 짓는 것이라는 생각을 버리고, 건축은 인간이 활용하는 공간을 더 아름답고 편리하게 가꾸는 것이라 생각하게 되었다. 즉, 건축물이라는 대상 혹은 돌이라는 재료 중심으로 해왔던 생각이 건축물 안에서 사는 사람 중심으로 큰 변화를 한 것이다.

도시, 그 자체를 만들어 낸 사람

이후 로마를 수차례 여행하며 로마시대 건축물에 대한 연구를 거듭한 그는 고대 건축에 대한 재해석을 통해 고전주의 양식을 기반으로 비례와 조화를 중시하는 그만의 건축 스타일을 정립해 나갔다. 때문에 독일의 대문호 괴테는 팔라디오가 설계한 건축물을 두고

"그의 건축물은
돌로 쌓은 그리스의 꿈이다!"

라며 극찬을 아끼지 않았다.

팔라디오는 비첸차를 중심으로 자신만의 스타일을 입힌 건축물을 건설해 나갔다. 특히, 그는 귀족들이 사는 저택이었던 빌라,

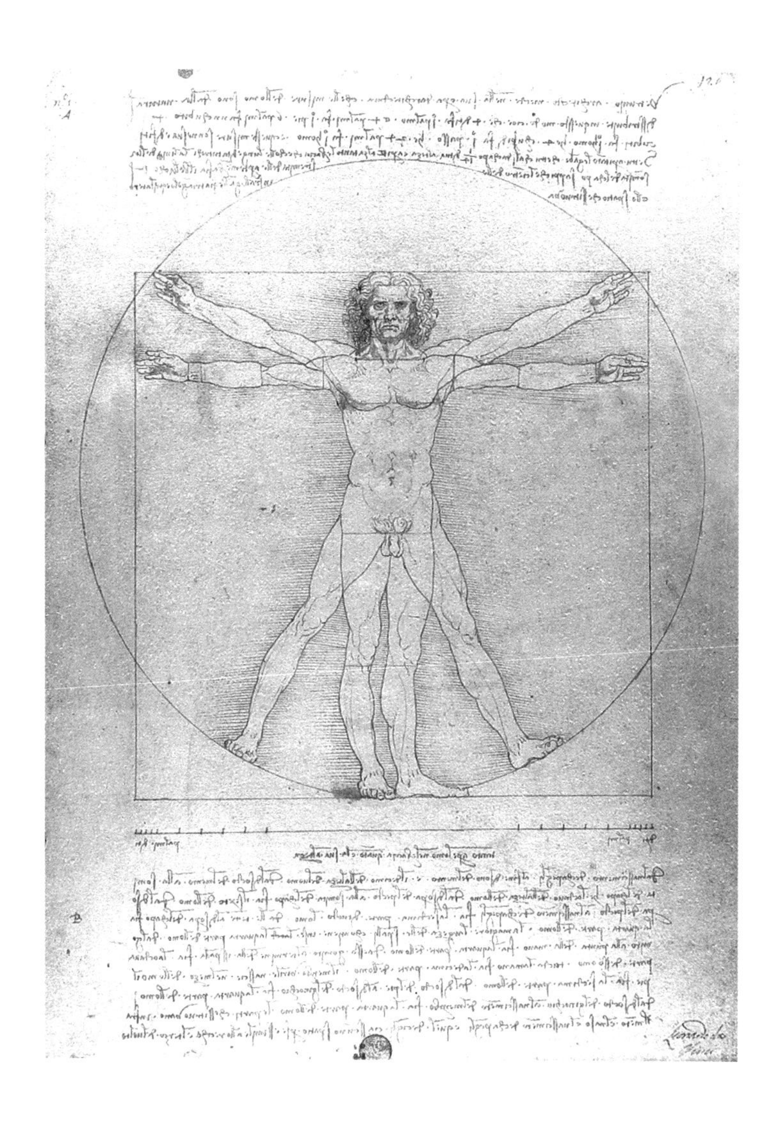

레오나르도 다빈치의 인체 비례도. 비트루비우스의 《건축술에 대하여》에서 “인체의 건축에 적용되는 비례의 규칙을 신전 건축에 사용해야 한다”라는 대목을 읽고, 그림을 그렸다고 전해진다.

종교 건축물, 공공 시설물 등의 건축에서 두각을 나타냈다. 그의 대표작을 몇 개 꼽아보자면, 유네스코 세계유산으로 등록된 빌라 포스카리, 빌라 바르바로, 빌라 알메리코 카프라 등이 있다. 그중에서도 비첸차 외곽에 지어진 빌라 알메리코 카프라는 '라 로톤다La Rotonda'라는 별칭으로 불리며 팔라디오의 건축 철학을 가장 잘 보여주는 빌라 건축물로 꼽히고 있다.

반면, 팔라디오가 설계한 대표적인 종교 건축물로는 베네치아 산 조르조 마조레 섬의 성당이 있다. 베네치아 앞바다에 위치한 섬 위로 뾰족하게 솟은 첨탑은 현실과 비현실의 경계에 있는듯한 묘한 감흥을 우리에게 선사한다. 비첸차에 있는 바실리카 팔라디아나 역시 그의 대표작 중 하나다. 이 건물은 로마시대 건축물 특유의 웅장함에 베네치아 특유의 회화적 섬세함을 접목시킨 것으로 유명하다. 현재는 비첸차 시립미술관으로 쓰이고 있는 팔라초 키에리카티 역시 고전적인 실루엣과 기하학적 균형으로 팔라디오 건축 기술이 가장 완벽하게 숙성된 상태로 형상화된 건물이라는 평가를 받고 있다.

이외에도 수많은 걸작 건축물들이 비첸차와 베네치아를 중심으로 산재해 있다. 특히, 비첸차 옛 시가지에는 그가 설계한 스물여섯 채의 건축물이 몰려 있어 사람들은 비첸차를 다른 이름으로

안드레아 팔라디오가 설계한 빌라 알메리코 카프라. 로마의 판테온에서 영감을 받아 설계한 이 건물은 지금까지 서구권 저택의 모델로 수많은 건축가들에게 영감을 주고 있다.

'팔라디오의 거리'라는 뜻의 이탈리아어인 '라치타 팔라디오La Cita Palladio'라고 부를 정도다.

그런데 우리가 안드레아 팔라디오를 높이 사는 것은 단순히 그가 남긴 위대한 건축물 때문만은 아니다.

건물을 짓거나 건물에 대해 이야기하거나

앞서 팔라디오를 아는 우리나라 사람들이 많지 않다고 했지만, 최소한 서양인들 사이에서 안드레아 팔라디오는 꽤나 유명한 사람이다. 그에 대한 이야기를 많이 하기도 하고, 그로부터 영향을 받았다는 건축가도 찾아보면 굉장히 많다.

이는 그가 워낙 위대한 건축물들을 많이 남겨서이기도 하지만, 그것만으로는 쉽게 설명하기 어려울 정도로 많은 서양인들이 팔라디오를 잘 알고, 그의 건축물들을 잘 이해하고 사랑하고 있다. 단순히 비교해 보아도 비슷한 시기에 활동했던 다른 건축가들이 설계하고 지은 건물에 비해 팔라디오가 세운 건물들은 압도적으로 많이 남아있다. 수많은 팔라디오의 팬들이 도시개발 등의 이유로 그가 설계한 건물이 철거의 위기에 처하면 무슨 수를 써서라도 그를 막았기 때문이다. 그렇다면 팔라디오는 어떻게 오랜 세월 사람들에게 영향력을 미치고, 그들의 사랑을 받을 수 있었을까?

안드레아 팔라디오가 설계한 산 조르조 마조레 대성당. 바다 위에 떠있는 듯한 성당한 완벽한 비율을 추구하는 전형적인 팔라디오의 양식을 느낄 수 있다.

팔라디오는 설계 능력과 건축 기술도 대단했지만, 그에 더불어 자신과 자신의 건축물에 대해 제대로 설명하고 사람들의 공감을 불러일으키는데 그 누구보다 뛰어났다. 그가 그린 건축도면은 대부분 영국 런던에 위치한 왕립 건축가협회 도서관과 비첸차 시립미술관에 소장되어 있다.

그의 설계도면을 본 사람들은 이구동성으로 "도면이 무척이나 아름답다"라는 이야기를 한다. 실제로 그의 도면은 정교하고 보기 편하게 그려져 있는 것으로 유명하다. 왜냐하면 그는 설계도면을 그릴 때, 자신이 그리기 편하게 그리기보다는 실제 건물을 짓는 사람의 입장에서 이해하기 쉽게 그리려고 노력했기 때문이다. 팔라디오는 설계도면을 일종의 커뮤니케이션 수단으로 생각했고, 설계도면에 자신의 건축철학과 설계 방향을 담아 보다 정확하게 사람들에게 전달하고자 했다.

건축에 대한 팔라디오의 소통 노력은 도면에서 그치지 않았다. 그는 바쁜 시간을 쪼개어 《건축 사서I quattro libri dell'architettura》라는 책을 집필했다. 총 4권으로 구성된 책에서 1~2권에는 건축을 위한 기초적인 준비작업과 개인주택의 형태별 특징에 대해 적었고, 3~4권에서는 고대 바실리카와 신전 그리고 도로 및 교량 등에 대해서 적었다.

이를 통해 고전 건축에 대한 견해와 자신이 건축물에 담고자 했던 지향점, 자기가 하는 설계만의 고유한 특장점 등에 대해 자세하게 밝힐 수 있었다. 더 나아가 팔라디오는 책의 내용을 축약하고 보다 많은 삽화를 집어넣어 건축을 전공하는 사람뿐만 아니라 일반인까지 쉽게 읽을 수 있는 책자를 만들어 출간하기도 했다. 덕분에 많은 사람들이 팔라디오라는 이름을 알게 되었고, 그가 추구하는 건축 설계와 그의 근간이 되는 그리스, 로마 등 고대 건축물의 특징과 아름다움 등을 이해하게 되었다.

사람들의 이해와 공감을 구한 뒤부터는 말 그대로 승승장구였다. 팔라디오는 고전 건축에 대한 완벽한 이해를 바탕으로 대칭과 조화를 강조하는 아름다운 건축물을 주로 설계했지만, 때로는 과격함이 느껴질 정도로 파격적인 시도를 하기도 했다.

그럼에도 불구하고 평생을 자신의 건축과 관련된 맥락에 대해 사람들과 꾸준히 소통하고 그들에게 친절하게 이야기함으로써, 그는 동시대 사람들은 물론이거니와 남겨진 자료로 그와 소통한 후대 사람들로부터도 공감과 지지를 얻게 되었다.

과연 공정성의 문제였을까?

몇 해 전부터 '공정함'이 학교에서, 직장에서, 사회 곳곳에서 주요한 화두가 되고 있다. 왜 갑자기 이런 현상이 일어난 것일까? 갑자기 우리가 대단히 불공정해지기라도 한 것일까? 아니면 하늘에서 대단히 공정한 세대가 뚝 하고 떨어지기라도 한 것일까?

놀랍게도 그 이유에는 앞서 이야기한 고맥락 문화와 저맥락 문화 간의 차이가 도사리고 있다. 대한민국이 고맥락 문화 사회에서 저맥락 문화 사회로 변모하면서 발생된 여러 가지 문제점들이 중첩되면서 공정성에 대한 감당하기 어려운 다양한 문제들이 발생하고 있는 것이다.

만일 어떤 사람이 "공정성의 뜻이 과연 무엇이라 생각하십니까?"라고 묻는다면 뭐라고 답할 수 있을까? 많은 이들이 정확하게 답하지 못하더라도 어느 정도는 어렴풋이 설명할 수 있을 것이다.

아마도 '공공의 정의' 혹은 '다수가 인정하는 정의'를 머릿속으로 떠올리는 이들이 대부분일 것이다. 한자로 풀이하면 뜻은 더 명확해진다. 공정성公正性은 곧 '공공公共의 정의正義'다. 이는 '공리성功利性', '다수결多數決', '최대 다수가 인정하는'이라는 뜻과도 연결이 되는데, 내가 조금 손해를 보더라도 공공의 이익을 위해서 혹은 다수의 사회구성원이 인정한 정의라면 따라야 한다는 사회적 약속을 저변에 깔고 있는 개념이다.

그러나 최근 들어 '공정성'을 언급하는 이들이 생각하는 '공정'은 사전적인 정의와 조금은 뜻을 달리한다. 가장 큰 차이는 '공정'이라는 단어를 이루는 2가지 요소 중 '공'의 뜻이 기존과 다르다는 점이다. 최근 '공정성'을 이야기하는 이들, 주로 젊은 세대들이 떠올리는 '공'은 공공, 공식적, 공무원, 공공기관을 의미하는 '공公'이 아니다. 그보다는 공통, 공감, 공용 등을 의미하는 '공共'에 가깝다.

이게 무슨 이야기냐 하면, 각종 언론보도 및 조사자료에 따르면 최근 '공정성'을 화두로 올리고 '공정성' 문제를 제기하는 이들이 '공정'에 대해 설명할 때, '공공의 정의'가 아닌 '내가 빠지지 않고 포함되어 논의하거나 고려된 공통共通의 정의', '나를 차별하지 않고 배려한 공평共平한 정의', '내가 이해할 수 있도록 미리 공유共有된 정의', 내가 가진 생각에 거슬리지 않고 공감共感되는 정의'로 인식한다는 것이다. 그런 점에서 보면 젊은 세대에서 제기하는 공정성 문제에 대해 기성 세대들이 잘 공감하지 못하거나 더 나아가 비판을 퍼붓는 것이 일면 이해가 되기도 한다.

이런 상황을 잘 들여다보면 이런 문제가 촉발된 지점이 보일 것도 같다. 그간 우리나라는 고맥락 문화가 만연한 사회의 전형적인 모습을 보여줬다. 그를 입증하는 한 가지 흥미로운 사례가 있다. 과거 초코파이의 CM송 가사이자 광고 카피가 큰 인기를 끌었던 적이 있다. 그 카피는 바로

"말하지 않아도 알아요"

였다. 이를 두고 한국인들은 "와, 낭만적이다", "정감이 있다"라며 좋아했다.

그런데 이 광고를 서양인에게 보여주자 전혀 뜻밖의 반응들이 튀어나왔다. 서양인들은 "이게 무슨 초능력자들만 먹는 파이라는 뜻이냐?", "무섭다, 어떻게 말하지 않았는데도 속마음을 알아챌 수가 있냐?"라며 질겁을 했다고 한다. 물론, 흥미를 끌기 위해 조금은 과장했을 수도 있지만, 어찌 되었든 우리 사회는 그만큼 서양 사회에 비해 고맥락 문화에 익숙했고 사람들이 그 문화에 익숙해질 것을 권해왔다는 것을 방증하는 사례일 것이다.

그러나 사회가 급변하며 인구구조 역시 그에 따라 변했고, 거기에 해외와의 교류가 빈번해지면서 젊은 세대를 중심으로 저맥락 문화로의 이동 현상이 보이기 시작했다. 이는 저맥락이 선진적이고 고맥락이 후진적이어서 발전했다는 따위의 이야기가 아니다. 그보

다는 고맥락 문화 일변도였던 우리 사회가 확장되고 발전하면서, 저맥락 문화까지도 포용하게 되었다는 의미에 더 가깝다.

그러다 보니 과거에는 굳이 설명하지 않아도 될 이야기, 이해를 구하지 않아도 될 대상, 설득하지 않아도 되는 문제가 최근에는 조직의 근간을 흔드는 심각한 문제로 확대되었다는 이야기를 심심찮게 들을 수 있게 되었다. 성과급과 관련해 수많은 대기업에서 있었던 구성원들의 불만 표출, 자유로운 재택근무와 관련한 조직 내 분란, 남녀 직장인의 급여나 승진 등을 두고 벌어지는 논쟁 등이 대표적이다.

Context가 중요하다, 한국에서는 특히 더 그렇다

맥락은 중요하다. 특히, 현대의 대한민국에서는 더 그러하고 앞으로는 더더욱 중요하게 여겨질 것이다. 이는 단순히 우리가 고맥락 문화의 사회라서 그런 것이 아니다. 그보다는 우리 사회가 고맥락 문화에서 저맥락 문화로 급격하게 변화해 왔고, 현재는 고맥락 문화와 저맥락 문화가 다른 어느 나라보다 복잡하게 혼재된 문화로 변모했기 때문이다. 그로 인해 직장에서나 사회적으로 극심한 갈등이 빚어지고 치르지 않아도 될 비용이 낭비되고 있다.

얼마 전 국정감사 기간에 모 의원실이 고용노동부로부터 제출받은 자료에 따르면 2019년 2,100여 건이었던 직장 내 괴롭힘 신고건수가 불과 2년만인 2021년에는 6,700여 건으로 세 배가량 늘어난 것으로 나타났다. 실제로 기업에서 HR 또는 감사 관련 업무를 하는 지인들에게 물어보면 업무량이 예전과 비교할 수 없을 정도로 크게 늘었다고 한다.

그런데 이는 단순히 직장 내 괴롭힘을 자행하는 나쁜 사람들이 급증했다거나, 사소한 불쾌감에도 이를 괴롭힘으로 신고하는 이들이 늘어났다거나 하는 이유만은 아닌 것 같다. 그보다는 어떠한 행동에 대해 서로 간에 이해하는 맥락이 과거에는 하나였다가, 요즘에는 여러 개로 나뉘면서 그 맥락들 사이에 벌어진 간극에서 발생하는 마찰의 결과인 듯하다.

범죄에 가까운 악의적인 괴롭힘, 갑질을 제외하고 최근 직장 내 괴롭힘으로 주로 제보되는 건들을 보면 과거 세대에서는 '친한 동료 사이의 관심', '선배의 후배에 대한 애정', '상급자의 하급자에 대한 장난'이라는 맥락으로 이해되던 일들이 많다. 그러나 시대가 바뀌어 그를 '선을 넘어선 무례', '선배의 후배에 대한 압박', '상급자의 하급자에 대한 갑질'이라는 맥락으로 이해하는 계층이 새롭게 조직에 진입하면서, 한 조직 내에서 숱한 갈등이 만들어지고 있다.

때문에 그를 막기 위한 조직 차원의 관심과 리더의 특별한 노력이, 그 어느 때보다도 많이 필요하게 된 시기다. 따라서 리더들은 다음과 같은 부분에 대해 각별히 신경을 쓰면 좋을 것 같다.

첫째, 서로 편하게 소통하고 공감할 수 있는 시간적 기회 또는 장소를 보다 많이 확보하는 것이 좋다.

문제는 과거처럼 특별한 시간을 정해 간담회를 하거나 고충상담실이나 심리상담실을 만들어, 그 안에서만 대화를 하려고 해서는 구성원으로부터 진정한 소통과 공감을 이끌어내기 어려워졌다는 점이다. 업무를 하는 순간순간 또는 언제 어디서든 자유롭게 의견을 개진할 수 있어야 하고 공감을 할 수 있도록 보다 다양한 소통 채널을 만들어야 한다. 리더들은 엘리베이터 안이나 식사를 기다리는 줄에서 혹은 잠시 스쳐 지나가는 짧은 순간 몇 마디로도 구성원의 상태를 체크하고 피드백을 줄 수 있는 '짧은 대화' 기법을 훈련해야 하고, 사무실 공간 운영을 하는 부서는 고전적인 형태의 사무실 외에도 구성원들의 동선에 잠시 머무르며 대화를 나눌 수 있는 '간이 정거장' 형태의 미팅 스폿을 조성하는 등의 신경을 써야 한다.

구성원의 다수를 차지하는 팔로워 역시 조직 구성원으로서의 자기 신분을 잊지 말고, 조직 내에서 공적인 소통이 필요한 내용에 대해서는 조직의 공식 채널을 적극 활용하고, 그를 외부 SNS나

커뮤니티 등 사적 영역으로 끌고 나가지 않는 프로페셔널다운 자세가 필요할 것이다.

둘째, 공감과 소통의 타이밍을 예전 기준보다 파격적으로 앞당겨야 한다.

급여 조정을 예로 들면 과거에는 삭감이 아닌 인상과 같이 좋은 일이라면, 그 일이 결정되고 지급되는 시기에 안내해도 큰 문제가 없었다. 그러나 지금은 그렇게 하면 애써 좋은 결과를 내고도 구성원들의 반발을 사기 십상이다.

현재 우리 기업의 젊은 구성원들은 사내 정보에 대해 공유받고 싶어하는 시점이 상당히 앞으로 이동해 있다. 물론, 그들의 니즈를 맞춰준다고 회사의 모든 논의가 시작되는 시점부터 모든 것을 공개하고 공유하기는 어렵겠지만, 최소한 예전보다는 파격적으로 앞당겨서 제도 및 정책 변화의 타당성을 함께 논의하거나 이른 단계서부터 구성원들을 참여시킬 방법을 고민해야 한다.

셋째, 공유의 방식을 좀 더 세련되게 매만져야 한다.

과거에는 '구성원이라면 대충 이 정도는 알고 있겠지?' 혹은 '이 정도로만 알려줘도 이해하겠지?'라는 생각에 전달 내용을 최대한 단순화시켜 상당히 불친절한 방식과 표현으로 주요 정보만 전달하는 것이 일반적이었다.

그러나 이제는 외부고객에게 우리 제품을 설명하는 수준 혹은 그 이상으로 친절하게 구성원의 눈높이에 맞춰 정보를 전달해야 한다. 그리고 더 중요한 것은 정보를 받아들인 구성원의 반응을 세심하게 체크하고 그를 반영해 다음번 소통의 내용과 형식을 지속적으로 개선해나가야 한다.

물론, 이런 일련의 업무와 과정들이 불필요하게 느껴지거나 부담스럽게 느껴질 수도 있다. 그러나 분명한 것은 시대가 바뀌었다는 것이다. 르네상스 시기 안드레아 팔라디오가 건축물을 돌덩이가 아닌 인간이 거주하는 공간이라 인식하는 순간 새로운 가치에 눈을 뜨게 되었고, 그를 통해 기존과 다른 수준의 건축물을 설계해 낼 수 있었던 것처럼. 또 그가 자신의 건축물을 그냥 지어 놓은 것만이 아니라 끊임없이 그에 대해 설명하고, 사람들의 반응을 체크하여 다음번 설계에 반영했던 것처럼.

우리가 보다 적극적으로 소통에 나서고 리더와 구성원이 함께 이야기를 만들어 갈 때, 우리 각각의 개인과 함께 일하는 조직은 이전과 또 다른 차원의 모습으로 발전해 나갈 것이다. 광고에서는 존재할지도 모르지만, 말하지 않아도 알아주는 사람은 없다. 적어도 우리가 일하는 현장에서는…….

Philipp Melanchthon (1497-1560)

리더는 담을 쌓는 사람이 아니라 다리를 놓는 사람이다

터지기 직전의 아슬아슬한 나라

얼마 전 우리나라의 한 경제연구소가 자신들이 개발한 지표를 활용해 OECD 27개국의 사회갈등지수를 측정해 발표한 일이 있었다. 조사결과에 따르면 우리나라의 갈등지수는 OECD 회원국 평균을 훌쩍 상회하는 것은 물론, 전체 조사 국가 중 4번째로 높은 수준을 보였다. 이 경제연구소는 사회갈등지수가 GDP에 어느 정도 영향을 주는 지도 측정했는데, 갈등지수가 10퍼센트포인트 하락할 때 1인당 GDP는 7.1퍼센트 증가하는 것으로 나타났다. 즉, OECD 회원국 중

4번째로 높은 우리나라의 갈등 수준을 평균 수준으로 완화시킬 경우 1인당 GDP가 무려 27퍼센트 이상 증가할 가능성이 있다는 뜻이다.

실제로 우리 주변을 둘러보면 갈등 상황으로 인해 겪게 되는 불편과 그로 인한 각종 비용의 낭비를 어렵지 않게 목격할 수가 있다. 다른 연구기관의 조사에 따르면 우리나라 사회가 각종 갈등으로 인해 연간 지불해야 하는 비용이 적게는 80조 원에서 많게는 246조 원에 이른다고 한다.

국가 차원에서 시선을 조금 좁혀 우리가 살아가는 주변을 둘러보더라도 상황은 크게 달라지지 않는다. 규모와 비용의 크기만 다를 뿐, 갈등으로 인해 지불하지 않아도 되는 비용을 낭비하는 상황을 어렵지 않게 찾아볼 수 있다. 세대나 계층 간의 갈등으로 인해 발생하는 생산성의 하락이나 각종 사건사고의 처리 비용, 성별 갈등으로 인해 특정 성별의 노동자가 노동력을 발휘할 기회를 상실함에 따라 발생하는 비용, 지역갈등, 정치적 반목, 종교적 마찰로 인해 발생하는 각종 추가 비용을 생각해보면, 우리가 풀지 못한 갈등이 얼마나 큰 낭비의 원인인지 잘 알 수 있다.

그런데 더 큰 문제는 그런 낭비를 불러오는 갈등요인이 앞으로 줄어들기는커녕 늘어날 것 같다는 점이다. 자신들의 손으로 산업화와 민주화를 모두 이뤄낸 역사상 가장 강력한 세대로 평가받는 베이비 붐 세대, 세계화의 명암을 모두 경험하고 IMF 구제금융과 금융위기를 사회초년병 시절에 겪은 X세대, 그리고 이제 새로운 시대의 중추적인 역할을 맡기 시작한 M세대와 M세대와 한 묶음 취급을 받지만 같은 세대가 아니라고 주장하는 Z세대까지. 이들이 모두 한 조직 안에서 함께 생활하고 일하며 또 다른 갈등의 씨앗을 싹 틔울 준비를 하고 있다.

학문적으로 한 세대라고 이야기하면 보통 30년을 말한다. 때문에 직장과 같은 조직에서 두 개 이상의 세대가 서로 각자의 주장을 하며 맞부딪힐 일이 많지 않다. 하지만 우리나라는 짧은 시간 동안 압축성장을 해오다 보니 한 세대가 완전히 사라지지 않은 상태에서 다른 세대가 등장하여 주도권을 노리게 되었고, 그 세대가 완벽하게 해당 조직을 장악하지 못한 상태에서 또 다른 세대가 등장하여 주도권을 내놓으라 요구하는 상황이 벌어지고 있다.

그간 조직의 중추를 이뤘던 X세대 리더들을 대신해 속속 새롭게 리더 역할을 맡고 있는 M세대, 그리고 그 빈자리를 빠르게 메워가고 있는 Z세대, 아직 자신들의 자리를 비켜줄 마음이 없는 X세대 리더들, 이들이 서로 제각각의 생각과 행동을 하면서 묘한 긴장관계를 형성하고 있다. 남녀 간의 갈등 역시 마찬가지다. 상대적 약자였던 여성이 적극적으로 사회 진출을 하면서 빠르게 세력을 늘려 가자, 그동안 주류세력으로 군림해 온 남성과의 마찰 역시 피할 수 없게 되었다. 개인들의 속마음이야 그렇지 않더라도 조직 생리상 자연스럽게 한정된 파이를 두고 성별 파워게임을 할 수밖에 없는 것이다.

특히, 한 가지 간과할 수 없는 것은 팬데믹 기간 중 활발하게 사용되기 시작하여 여전히 활용되고 있는 비대면 소통은 자칫 커뮤니케이션의 효율과 효과를 떨어뜨려 갈등을 해결하기는커녕 더욱 부채질하는 결과를 가져올 수도 있다는 점이다.

문제는 이게 끝이 아니라는 거

한 언론보도에 다르면 팬데믹 기간 아파트 층간 소음으로 인한 분쟁이 2배 이상 증가했다고 한다. 물론, 팬데믹 상황에서 상당수의 회사가 재택근무를 권장했고 대다수의 학교가 화상수업을 진행했기 때문에 모두가 집에 머무는 시간이 길어질 수밖에 없었고 자연스럽게 층간 소음으로 인한 분쟁이 많아졌으리라 추측할 수 있다.

그러나 전문가의 의견을 들어보면 꼭 그런 것만은 아닌 것 같다. 층간 소음으로 인한 분쟁은 대부분 심야나 새벽에 쿵쾅거리는 발소리를 내거나 크게 틀어 놓은 TV, 오디오 기기로 인한 소음이 원인인 경우가 대부분이라고 한다. 낮시간에 재택근무 등으로 집에 머무는 시간이 늘어난 것은 층간 소음 분쟁이 급격히 늘어난 이유로는 충분치 않다. 그보다는 재택근무와 화상수업 등으로 자유로운 생활을 누릴 권리가 제약되면서 사람들의 스트레스가 증가했고, 스트레스가 쌓인 사람들이 사소한 자극에도 신경질적인 반응을 하면서 타인과 갈등을 빚는 상황이 급증했다는 것이 전문가들의 의견이다.

실제로 최근 들어 이웃들과 갈등은 물론이거니와 같은 사무실에서 일하는 직장 동료와도 마찰 끝에 하지 말았어야 하는 선택을 하거나, 그 정도까지는 아니더라도 소소한 다툼을 자주 벌이는 사람들이 빈번하게 목격되고는 한다.

앞선 연구결과에 따르면 이런 갈등은 모두 비용이다. 사무실에서 발생하는 갈등은 필연적으로 커뮤니케이션의 단절이나 제한을 가져오고, 이는 곧 조직에서 정보의 소통이 원활하지 않고 협업이 원만하게 이뤄지지 못한다는 것을 의미한다. 과거와 달리 혼자서 독단적으로 할 수 있는 업무는 거의 사라졌고 정보의 원만한 공유와 적극적인 협업을 통해서만이 할 수 있는 업무가 늘어난 시대에, 이는 개인과 조직 모두의 경쟁력에 큰 손실을 미칠 수 있다. 때문에 각 조직은 물론 국가 차원에서도 갈등비용을 줄이기 위한 여러 가지 노력을 아끼지 않고 있으며, 구성원들을 대상으로 한 인식개선 캠페인도

쉬지 않고 진행하고 있다.

그럼에도 갈등 상황은 줄어들 기미가 보이지 않고 있다. 계속해서 새로운 세대들이 학교를 졸업하고 사회로 진출하면서, 이들이 각종 소비활동, 여론조성, 의사결정 등에 있어 빠르게 주류가 되어가고 있다. 그 빨라진 속도만큼이나 사회, 경제, 문화 모든 면에서 기성세대와 가치관의 차이로 발생하는 마찰 역시 늘어나고 있다.

이러한 마찰이 아직까지는 사회적 시스템으로 어느 정도 관리가 되고 있지만, 점점 늘어나는 세대별 경제 양극화와 성별 갈등은 고용시장의 불안정과 비혼 인구의 급증과 같은 기폭제와 맞물리게 되면 언제라도 사회 안정을 뒤흔드는 강력한 갈등으로 표출될 것이 분명하다. 또한, 점점 심각해지는 기회의 불평등 역시 갈등의 주요한 이유가 될 것이다. 공교육의 쇠퇴와 좁아진 취업의 문, 높은 주택 가격과 사회 전반적으로 극심해지는 경쟁 구도는 부모의 지원을 받지 못하는 젊은이들, 특히 사회적 약자에게 절대적으로 불리한 구조다. 이들이 제대로 된 기회를 제공받지 못한다면 또 다른 사회 갈등의 요인이 될 것이 분명하다.

마지막으로 높은 교육수준과 사회의식을 갖췄지만, 그에 비해 절충과 타협이라는 협상에 대한 훈련이 부족한 우리 국민의 특성 역시 갈등을 심화시키는 기폭제 역할을 할 것이다. 사안마다 의견을 내고 주장을 펼치지만, 서로 조금씩 의견을 양보하고 절충안을 찾는 훈련을 받지 못한 기성세대와 SNS 등을 통해 자신의 생각을 숨기지 않고 표출하는 MZ세대의 갈등은 작은 문제라도 자칫 큰 갈등으로 확산될 여지가 다른 어느 나라보다 크다. 이쯤 되면 '갈등 해소를 잘 하는 조직', '갈등 해소를 잘 이끌어내는 리더'가 진짜 좋은 조직, 진정한 리더라 할 만하다.

그런데 이런 상황이면 늘 떠오르는 인물이 하나 있다. '신의 이름으로 너를 죽이지 못하면, 내가 죽어야 하는' 격동의 한복판이었던 종교개혁의 현장에서 '화합과 갈등 해소의 아이콘'으로 여겨졌던 르네상스 시기의 종교개혁가 필리프 멜란히톤Philipp Melanchthon. 그라면 갈등의 시대를 살아가야 하는 우리에게 과연 어떤 메시지와 교훈을 줄 수 있을까?

공부가 마냥 좋았던 고아 소년

'종교개혁'하면 사람들은 흔히 마르틴 루터를 가장 먼저 떠올린다. 서양사나 종교사에 조금 더 관심이 있는 사람이라면 장 칼뱅, 울리히 츠빙글리 혹은 데시데리우스 에라스무스를 언급할 수도 있겠다.

하지만 주변의 많은 이들에게 물어봐도 '필리프 멜란히톤'이라는 이름을 입에 올리는 사람은 한 번도 만나보지 못했다. 그만큼 우리에게는 인지도가 없는 인물이라는 방증일 것이다. 하지만 독일은 물론 유럽 지역에서 종교개혁에 대해 물어보면 언급되는 인물에 반드시 멜란히톤이 끼어 있다. 종교개혁의 본 고장인 독일에서는 루터 정도까지는 아니지만 꽤 중요한 역할을 한 사람으로 꼽힌다. 실제로 그가 태어난 도시에 가보면 그의 이름을 사용한 카페나 식당을 여럿 만나볼 수 있고, 그의 얼굴을 그려 넣은 과자나 초콜릿, 열쇠고리나 마그넷 같은 기념품을 팔고 있는 것을 볼 수 있다. 한마디로 멜란히톤은 독일 그리고 유럽에서는 꽤나 유명세를 떨치는 인물이었다.

멜란히톤은 1497년 독일 중부의 작은 도시 브레텐에서 태어났다. 그의 아버지는 영주의 무기를 관리하던 병기 관리인이었다. 병기 관리인은 전쟁터는 물론 외국을 방문할 때에도 영주를 따라다녀야 했기 때문에 어린 멜란히톤은 할아버지와 함께 살게 되었다. 한창 어리광을 피울 나이에 부모와 떨어져 엄한 할아버지 밑에서 생활하게 되면서, 그는 어린 나이부터 세상을 진지하게 바라보는 시각을 갖게 된다.

1508년에는 포르츠하임에 있는 친척 할머니의 집에 맡겨지는데, 그 할머니의 오빠가 우연히도 독일 최초로 히브리어 교본을 집

독일 브레텐 크로이츠 교회에 있는 역사 그림. 중앙에 십자가에 못 박힌 그리스도와 함께 필리프 멜란히톤(좌)과 마르틴 루터(우)가 위치해 있다.

필하고 독일에서 그리스학과 히브리학의 기초를 닦았다고 평가를 받는 인문학자 요하네스 로이힐린이었다. 덕분에 멜란히톤은 어린 나이에 그리스어와 히브리어의 기초를 닦을 수 있었다. 이후 멜란히톤은 하이델베르크로 이동해 그곳에서 대학을 마치고, 1512년 튀빙겐 대학에서 석사학위를 받았다. 이 무렵 강의도 시작하게 되었는데, 학생들 사이에서 제법 명강사로 인기가 좋았다고 한다.

같은 시기 작센의 선제후였던 프리드리히 3세는 자신의 영지에 있는 비텐베르크 대학을 인문주의의 중심지로 만들고 싶었다. 그러기 위해서는 능력 있는 교수, 무엇보다도 그리스어와 라틴어에 능통한 교수가 필요했다. 프리드리히는 독일에서 최고의 그리스어 전문가로 명성이 자자했던 요하네스 로이힐린을 초빙했지만, 로이힐린은 '나보다 훨씬 뛰어난 신예 학자'라며 멜란히톤을 추천하게 된다.

실제로 로이힐린이 겸손함에 사양한 것도, 조카 손주를 띄워주기 위해 빈말로 추천한 것도 아니었다. 실제 이 무렵 멜란히톤의 그리스어 실력은 독일은 물론 유럽에서도 첫 손가락에 꼽힐 수준이였기 때문이다. 프리드리히 선제후의 초청으로 멜란히톤은 비텐베르크 대학으로 자리를 옮겨 교수 생활을 시작하게 되는데, 바로 그곳에서 그의 운명이 크게 달라진다.

1502년 개교한 비텐베르크 대학의 현재 정식 학교명은 '마르틴 루터 할레 비텐베르크 대학교'로 학교명에서 짐작할 수 있겠지만, 당시 비텐베르크 대학에는 종교개혁가 마르틴 루터가 교수로 재직하고 있었다. 서로에게 깊이 매료된 루터와 멜란히톤은 교감을 주고받으며 종교개혁의 길로 나서는데, 특히 멜란히톤의 탁월한 그리스어와 히브리어 실력은 루터에게 큰 도움이 되었다. 혹자는 멜란히톤이 먼저 마르틴 루터에게 일반 신도들이 읽을 수 있도록, 그리스어로 된 《신약성경》을 독일어로 번역하자고 제안했다고 한다.

특히, 멜란히톤이 종교개혁에 큰 기여를 한 것 중 하나는 1521년에 《신학총론Loci Communes》이라는 책을 집필한 것이다. 《신약성경》 로마서에 나오는 개념을 중심으로 주제를 배열해, '죄의 기원', '고해와 사죄', '기도' 등 당대 신학에 대한 모든 사항을 고찰하고 설명하고자 했던 이 책은 당시의 다른 종교개혁가들에게 큰 영향을 주었다.

멜란히톤은 당시에 신학을 연구하고 설명하던 기존의 체계와는 전혀 다른 방향과 방식으로 집필하고자 노력했다. 이 책은 일상의 종교활동이나 예배를 통한 신앙적 경험과 동떨어져 있는 이론적, 피상적인 서술은 줄이고 하나님을 경배하는 것을 강조하며 경건한 삶의 경험을 집중적으로 다루었다. "오직 은혜로 죄인을 의롭게 한다"라는 핵심문구로 대표되는 이 책은 루터 등이 주장한 내용을 체계적이고 읽기 쉽게 정리하였다는 평가를 받는다.

이외에도 그는 수많은 저술과 강연활동을 통해 신학을 학자의 영역이 아닌 일반 신도들의 영역으로 확장시키기 위한 활동에 매진한다. 때문에 이후 독일의 신학자들 사이에서 멜란히톤은 '독일의 스승'으로 추앙받게 된다.

화해시키는 것이 곧 직업이었던 사람

어린 시절 멜란히톤은 고향을 침략한 군대에 의해 마을 사람들이 몰살당하는 참화를 목격한다. 수많은 이웃과 친구들이 전쟁의 와중에서 목숨을 잃었고, 특히 병기 관리관이었던 아버지 역시 오염된 물을 마시고 목숨을 잃는 것을 현장에서 지켜볼 수밖에 없었다. 그때 분쟁의 기억이 강하게 남아서였을까? 멜란히톤은 이후 '화해주의자'라는 별명이 붙을 만큼 교회와 신도, 신도와 신도, 기존 종교지도자와 종교개혁가 사이에서 화해와 연합을 부르짖었던 사람이 된다.

교회를 개혁하겠다는 종교개혁론자들의 주장은 당연히 기존 교회와 성직자들의 반발을 살 수밖에 없었다. 가장 극심한 형태는 종교를 개혁하자는 측인 신교도 세력과 기존 종교를 수호하겠다던 구교도 세력 사이에서 벌어진 30년 전쟁이었고, 작게는 학교나 마을에서 빈번에서 벌어지던 종교개혁가와 기존 성직자 간의 토론과 논쟁, 사소한 말다툼까지 유형은 다양했다.

종교개혁의 영향으로 촉발된 각종 갈등 상황에서 멜란히톤은 평화로운 방식을 통해 최대한 원만하게 문제를 해결하고자 했다. 종교개혁이 일어난 지역에서 가톨릭 신앙을 고수하는 수도사와 수녀들이 흥분한 신교도들에게 목숨을 위협받으면 그것을 중재한 사람은 멜란히톤이었다. 그는 극렬 신교도의 대표를 만나 그들을 진정시키고, 구교도 성직자들을 몸소 지키며 목숨을 보존하도록 하였다. 그는 종교개혁을 끝마치더라도 신교도와 구교도의 평화로운 공존이 계속 이어져야 하고, 가톨릭 교회의 성직자들을 관리하는 행정적 측면의 교황 제도가 당분간 유지되어야 한다고 생각했다. 따라서 종교개혁 지도자들에게 지속적으로 이해를 구하며, 구교도 지도자들과 소통을 이어나갔다.

갈등과 마찰은 신교도와 구교도 사이에서만 일어난 것은 아니었다. 같은 신교도 사이에서도 다툼을 빈번하게 발생했다. 아니, 오히려 상대방에 대한 분노와 저주의 크기는 구교도와의 다툼 그 이상이었다. 멜란히톤은 종교개혁을 원하던 신교도 사이에서 일어난 갈등 역시 적극적으로 중재에 나섰다.

스위스에서 종교개혁을 추진하던 울리히 츠빙글리와 마르틴 루터가 신앙해석의 측면에서 갈등을 빚게 되자, 1529년 멜란히톤은 루터, 츠빙글리와 함께 3자대면을 하고 극적인 타협을 모색했다. 물론, 이 시도는 아깝게도 별 소득 없이 끝나고 말았지만, 화해주의자로서 멜란히톤의 활약상을 잘 보여주는 유명한 사례로 남아있다.

이후로도 멜란히톤은 종교개혁을 시도하는 중에 벌어진 신교도 진영 내의 수많은 갈등과 분쟁에 적극적으로 개입하였다. 양쪽을 진정시키고 화해와 중재를 위해 많은 회담을 주관했다. 사실, 멜란히톤은 사제도 목사도 아니었다. 그저 평신도였을 뿐이었다. 그럼에도 불구하고 양 진영의 화해를 위해 많은 노력을 기울인 것이다.

이렇게 종교개혁의 과정에서 발생한 수많은 갈등을 해소하고 화합을 이루기 위해 많은 노력을 기울였지만, 그렇다고 멜란히톤이 양측의 교리를 무시하고 무조건적으로 싸우지 않는 어정쩡한 평화 상태만을 추구한 것은 아니다. 분명한 기준과 명분을 갖고 도저히 받아들일 수 없는 의견에 대해서는 양측 모두에게 단호하게 대했다. 덕분에 멜란히톤은 개신교 내부에서 또는 개신교와 구교도 모두로부터 믿을 수 있는 중재자로 인정받을 수 있었고, 이후로도 죽을 때까지 수차례 협상을 성사시키며 화해주의자로서 그 명성을 이어나가게 된다.

갈등은 어떻게 만들어지고 사라지는가

'갈등'이란 학문적으로는,

"의존관계에 있는 복수의 사람 또는 집단이
서로의 이해, 가치, 목표, 감정 등으로 대립하거나 충돌하여
상대에게 부정적인 영향을 주고 있는 상태"

를 의미한다. 물론, 모든 갈등이 다 나쁜 것이고 반드시 해결해야 하는 것은 아니다. 때로는 건전한 갈등 상황을 통해 개인이나 집단이 더 나은 방향으로 성장하는 모습을 보이기도 한다. 그러나 상당수의 갈등은 통제가 불가능한 상황으로 나빠져 개인 관계나 조직 분위기를 극단적인 파국으로 몰고 간다. 또한, 갈등 상황으로 인해 목적과 수단이 전도되는 결과를 발생시키거나, 갈등 상황에서 단순한 승패에 몰입하는 이들로 인해 탈인간화가 가속되는 등의 문제를 일으키기도 한다. 따라서 많은 이들이 조기에 큰 피해 없이 개인 혹은 조직 간의 갈등을 해소하려고 노력하는 것이다.

네바다 대학 정치학 교수인 에릭 브람은 자신의 논문에서 갈등은 대략 7단계에 걸쳐서 진행되며, 일반적인 갈등은 숙녀들이 쓰는 모자 형태와 유사한 모습을 보인다고 설명했다.

초기에는 갈등이 표면적으로 드러나지 않는 '잠재적 갈등' 상태로 시작한다. 그러다 특정한 계기로 인해 잠재적 갈등요인이 자극을 받으면 두 번째 단계인 '갈등의 출현' 단계로 이동이 되는데, 대부분 뜻하지 않은 사건을 통해 갈등 상황이 표면으로 드러나게 된다. 이내 세 번째 단계인 '갈등의 증가' 단계로 접어들게 되는데, 이 단계에서는 다른 내외부의 요인들이 더해져 갈등 양상이 가파르게 극대화된다. 이러한 갈등이 극대화되면 정점에서 의외로 '교착상태'에 잠시 머무르게 된다. 이후, 인위적인 노력에 의해서건 자연스러운 현상에 의해서건 갈등이 줄어드는 '갈등의 감소' 단계가 진행되고, '갈등의 해결' 단계에 도달한 뒤에는 다음 갈등이 등장하기까지 첫 번째 단계인 '잠재적 갈등' 단계와 혼재된 '갈등 후 평화구축' 단계가 지속된다.

이상이 브람 교수가 제시한 갈등 곡선 또는 갈등 단계 이론인데, 실제로 대부분의 조직에서 발생하는 갈등 역시 이 단계를 비슷하게 밟아가며 등장해서 극대화되었다가 소멸된다.

그런데 문제는 이러한 갈등 곡선이 변형과 변이를 거듭한다는 점이다. 갈등이 드러나지 않고 조직에서 잠재하다가 부정적인 영향만 계속 쌓여가는 '잠재적 갈등' 단계가 지나치게 길게 이어지다가, 갑자기 폭발하여 '갈등의 해결'이나 '갈등 후 평화구축' 단계로 나아가지 못하고 그대로 조직이 와해되거나 조직 분위기가 파탄 나는 경우도 심심치 않게 발생한다.

이보다 더 문제가 되는 상황은 조직이나 리더의 잘못된 대처로 각 단계로 이동하는 시간이 지나치게 길어지면서 전체적인 갈등 양상이 불필요하게 확산되는 상황이다. 이럴 경우 조직이 장시간 동안 갈등 상황에 노출되게 되므로 해결을 위해 불필요한 비용을 소진하거나, 구성원들이 겪지 않아도 될 혼란을 겪게 된다. 따라서 장기간 갈등에 시달리며 극심한 마음의 상처를 입은 구성원들이 대규모 이탈을 하는 등의 문제가 발생하여 갈등 단계 자체가 일그러지는 상황도 빈번하게 발생한다.

지금은 극적으로 부활했지만, 일본의 전자기업 소니는 한때 갈등의 단계를 제대로 관리하지 못해 큰 위기를 겪은 대표적인 기업이다. 소니의 전자기기 사업부문은 소니의 음악 콘텐츠를 활용하여 자신들이 판매하는 전자기기를 음악계의 표준으로 만들기 위해 다양한 사업적 시도를 했다. 그러나 같은 회사의 콘텐츠 사업부문은 음원의 불법복제를 막기 위해 음원 유통의 경로를 틀어막기에 급급했다. 따라서 두 부서는 사업전략을 두고 극심한 갈등을 빚을 수밖에 없었다.

문제는 두 부서 모두 갈등 해결에 대한 책임을 질 생각이 없었다는 점이다. 그들은 갈등을 표면으로 드러내고 해소하기 위해 노력하기보다는 대충 덮어두고 모른척할 뿐이었다. 플레이스테이션의 대성공으로 인해 모처럼 사업성과가 나오기 시작하던 시기였기에, 가급적이면 내부의 갈등을 인정하고 싶지 않았던 조직 수뇌부의 의중도 한몫했다. 결국, 콘텐츠 사업부문은 소니의 전자기기만을 지원하는 파일 형식의 음원을 만들고, 전자기기 사업부문은 자신들의 전자기기로 소니의 음원만을 주로 들을 수 있도록 하는 방식으로 갈등은 대충 봉합되었다. 이 해결방식은 모두가 예상하다시피 소니의 전자기기와 음악 콘텐츠 모두를 시장에서 참패하도록 만들었다.

리더는 갈등 사이에 다리를 놓는 사람

그렇다면 이런 상황을 어떻게 해결하면 좋을까? 그리고 누가 해결해야 할까?

해답은 역시 리더다. (리더들에게는 정말 미안하다. 계속해서 리더들에게 짐을 지어주는 것 같아서……그러나 정말로 어쩔 수 없다.) 조직에서 갈등이 벌어졌을 때, 그 누구보다 리더가 제대로 된 능력을 발휘하는 것이 매우 중요하다.

갈등은 갈등의 주체가 되는 개인과 조직마다 저 나름대로의 사정과 니즈가 있기 때문에, 그를 일거에 내려놓고 갈등 해소에 나서

기가 어렵다. 갈등이 시작된 지점은 대부분 자신만의 프레임으로 세상을 바라보고 사안을 검토했기에 발생한 것이 대부분이다. 또한, 사실 확인이 갈등 해소에 가장 중요한 부분인데, 갈등 상황에 처한 당사자들 간에는 사실을 바라보는 시각이 엇갈릴 수가 있다. 때문에, 갈등 상황에 놓인 개인 및 조직을 총괄하는 리더가 나서서 해결을 모색해야 한다.

여기서 한 가지 조심해야 할 부분은 갈등 해결을 판결과 헷갈려서는 안 된다는 점이다. 갈등 해결은 리더가 한쪽 편을 들고 다른 편이 수용하도록 강요하는 것이 아니라, 갈등이 해결되는 단계를 관리하여 개인과 조직이 최대한 상처받지 않고 발전적인 방향에서 결론이 만들어질 수 있도록 하는 것을 말한다.

리더는 최대한 중립적인 태도를 견지하고 철저하게 핵심적인 사실 위주로 갈등의 주체 간에 서로 협의하여 해결책을 찾을 수 있도록 전체 과정을 불편부당不偏不黨하게 관리하는 것이 역할의 가장 핵심이 되어야 한다.

2005년 멜란히톤의 고향, 독일에서는 역사상 최연소이자 최초의 여성이며 최초의 동독 출신인 앙겔라 메르켈이 총리로 취임했다. 취임 초기부터 산적한 문제에 직면했지만, 과반은커녕 고작 4석

많은 의석수로 집권당이 된 기민당의 의석수로는 제대로 추진할 수 있는 정책이 없었다. 별수 없이 222석을 얻은 중도좌파 성향의 사민당과 '좌우 대연정'이라는 극적인 타협을 해야 했다.

이후로도 수많은 난제가 그에게 주어졌다. 임기 중 가장 중요한 외교 대상국인 미국에서는 정치적 성향은 물론 대화 방식 자체가 상극에 가까웠던 아들 조지 부시 대통령과 도널드 트럼프 대통령이 외교 테이블에 앉았고, 중국과 러시아의 지도자는 한술 더 떠 시진핑과 블라디미르 푸틴이었다. 외교 무대에서 이들 사이에 끼어서 독일은 물론 유럽 전체의 문제를 해결해야 하는 과제가 그에게 주어졌다.

그게 다가 아니었다. 2008년에는 글로벌 금융위기가 닥쳤고, 시중 은행을 대상으로 구제금융을 지원할 것인가 아닌가를 두고 독일 전체가 둘로 나눠져 극심한 갈등 양상을 보였다. 2009년에는 그리스발 유로존 재정위기가 터졌다. EU를 계속 지켜나갈 것인가, 그러기 위해서 독일이 해야 할 역할과 지불해야 하는 비용을 어떻게 할 것인가를 두고 다시금 독일이 둘로 나눠져 시끄러웠다. 2015년에는 내전의 장기화로 인해 유럽으로 몰려든 100만 명이 넘는 시리아 난민 문제도 풀기 쉽지 않은 갈등의 양상을 보였다.

독일 국내의 문제도 만만치 않았다. 점점 세를 불려가는 극우 세력에 의한 인종차별과 폭력행위 문제도 심각한 문제였다. 가히, 그의 집권기 독일은 전 세계 거의 모든 유형의 갈등이 빈발했던 '갈등의 국가'였다.

그럴 때마다 빛을 발했던 것이 바로 메르켈 총리의 갈등 해결 리더십이었다. 당시 그가 했던 가장 유명한 이야기는

"갈등 사이에 다리를 놓아라!"

라는 말이었다. 메르켈 총리는 갈등을 회피하지도, 그렇다고 지나치게 부풀려 심각하게 받아들이지도 않았다. 대신 객관적인 관점에서 있는 그대로를 바라보며 자신은 철저하게 중립을 지켰다. 갈등이 발생한 문제에 대해 가장 많은 정보를 갖고 있는 전문가의 힘을 빌려, 핵심 문제 위주로 충분한 논의 과정을 거쳐 합의점을 찾아가도록 했다. 그 과정에서 정보가 부족한 혹은 힘이 모자라 논의에 참여할 수 없는 소수자 혹은 소수의견을 가진 사람들이 배제되거나 소외되지 않도록 배려했다.

그렇게 한번 의사결정이 이뤄지면 자신부터 철저하게 합의된 결정을 따랐다. 그를 통해, 힘들게 합의를 이룬 의사결정이 또 다른 갈등의 소지가 되지 않도록 관리했다. 때로는 합의된 의사결정이 자신 또는 자신의 정치세력인 기민당의 정책과 배치되는 경우도 있

었고, 또 어떤 때에는 선거에 악영향을 끼칠 가능성이 있는 경우도 있었지만, 합의를 이룬 사안에 대해 리더로서 솔선수범하여 따른다는 그의 원칙은 흔들림이 없었다.

결국, 16년간 '갈등 사이에 다리를 놓는' 역할을 훌륭하게 마친 메르켈은 역대 독일 총리 가운데 가장 높은 지지율을 기록하며 영광스러운 퇴진을 하게 되었다.

갈등을 빚는 일이 점점 많아지는 세상이다. 갈등의 요인이 가득 차오르고 있는데, 넘치지 않도록 마냥 담을 높이 쌓아 올리는 리더가 될 것인가? 아니면 갈등을 빚고 있는 사람과 조직 사이에서 원활한 소통이 이뤄질 수 있도록 다리를 놓은 리더가 될 것인가?

르네상스 시기 피비린내 나던 종교개혁의 현장에서 화해와 협력의 다리를 놓았던 멜란히톤과 400년 뒤 그의 고향에서 활약한 메르켈의 사례를 보면, 그 답은 어쩌면 너무나도 당연할 것 같다.

Leonardo di ser Piero da Vinci (1452-1519)

성을 쌓는 순간 리더는 고립된다

사라진 마에스트로

이탈리아어는 우리 주변에서 우리가 생각하는 것보다 훨씬 흔하게 발견된다. 스파게티, 피자, 리조또, 고르곤졸라 등과 같은 음식 이름부터 안단테, 포르테, 크레센도 등 각종 음악 용어까지 이탈리아어는 알고 보면 우리 삶 깊숙이 들어와 있다. 그중에서 의외로 많이 사용되는 이탈리아어로 '마에스트로maestro'라는 단어가 있다.

마에스트로는 한국어로 번역하자면 거장 또는 교사, 선생님이라는 뜻으로 풀이할 수 있는데, 일반적으로는 특정 분야에서 최고의 전문지식을 보유하거나 오랜 경험을 쌓아 일가를 이룬 인물의 이름 앞에 붙이는 경칭이다. 원래는 어떤 분야든 남다른 업적을 쌓았다면 마에스트로라는 호칭을 붙일 수 있었지만, 클래식 음악의 거장을 일컫는 용어로 빈번하게 사용하다 보니 어느새부터인가 점차 음악 분야에 국한하여 사용되게 되었다.

한편, 음악계에서는 "모든 마에스트로는 천재이지만, 모든 천재가 마에스트로인 것은 아니다"라는 말이 회자되곤 한다. 즉, 마에스트로라는 호칭을 달기 위해서는 천재적인 재능을 가져야 하는 것은 기본이요, 긴 시간 동안 고통스러운 연습과 실연實演의 과정을 거쳐야만 하고, 치열한 경쟁을 뚫고 정상의 자리에 올라 자신이 왜 최고인지를 계속해서 입증해야 하기 때문이다.

그러하기에 탁월한 재능이라는 평가를 받으며 음악계에 등장한 천재들은 여럿이었지만, 차근차근 성장해 오랜 세월 최고의 모습으로 역사에 남을 업적을 남기며 마에스트로라는 호칭을 받게 되는 사람은 수십 년에 걸쳐 손에 꼽을 정도밖에 안 된다. 마에스트로라는 호칭으로 불리지는 않지만, 거장, 명장, 레전드 등으로 불리는 각 분야의 탁월한 인물들도 마찬가지다. 때문에 우리는 그런 이들에게 최고의 찬사를 보내고 존경심을 표현하는 것이다.

하지만 마에스트로가 되기 위한 과정에는 뜻밖에도 우리가 쉽게 인지하지 못하는 커다란 함정이 도사리고 있다. 단순히 인내와 끈기로는 뛰어넘지 못할 깊은 구렁텅이가 군데군데 파여 있는 것이다. 마에스트로를 꿈꾸며 자신의 분야에 모든 것을 걸었던 이들 중 상당수가 그 함정에 빠져서 허우적대다가 끝내 꿈을 이루지 못하고 도태되어 버렸다.

그런 함정에 빠져버린 마에스트로 중 가장 최근의 인물이자 큰 파장을 불러일으켰던 인물로 뉴욕 메트로폴리탄 오페라를 이끌었던 지휘자 제임스 레바인이 있다. 생후 30개월 무렵부터 피아노 연주를 듣고 정확한 음정을 구분해낸 천재였던 그는 1971년 불과 28세의 나이로 메트로폴리탄 오페라단의 지휘자로 발탁되어 맹활약을 펼치기 시작했다.

"레바인은 반세기 동안
말 그대로 모든 오페라 가수와 함께 공연했다"

라는 이야기가 있을 정도로 오페라, 특히 미국 오페라계에서 그의 영향력은 막강했다.

세계 3대 테너로 손꼽히던 루치아노 파바로티, 플라시도 도밍고, 호세 카레라스가 모두 그와 공연을 했음은 물론, 자신들의 목소리를 가장 잘 활용하는 지휘자이자 배울 점이 많은 음악가로 레바인을 꼽았다.

심지어 (그 콧대 높기로 유명한) 플라시도 도밍고는 다른 오페라 무대에서 세 배가 넘는 파격적인 금액을 제안했음에도 불구하고, 레바인이 지휘하는 무대에 서기 위해 그 제안을 거절했을 정도였다. 레바인은 자존심으로 똘똘 뭉친 파바로티, 도밍고, 카레라스를 오롯이 자신만의 힘으로 한 무대에 세우는 위업을 이뤄냈는데, 그 무대가 지금까지도 역사에 남을 무대로 언급되는 '쓰리 테너' 공연이었다.

그랬던 마에스트로 제임스 레바인은 하루아침에 무너지게 된다. 2017년 겨울, 4명의 남성이 미국 언론과 인터뷰를 하게 되는데, 자신들이 10대였던 1980년대부터 레바인에게 상습적으로 성추행을 당했다는 증언을 한 것이다. 메트로폴리탄은 조사위원회를 꾸려 무려 3개월간 조사한 끝에 성추행으로 결론짓고 레바인을 해고했다. 그와 함께 반세기 동안 일궈온 마에스트로서의 그의 위업도 흔적도 없이 사라지고 말았다.

결국, 그는 2017년 12월 2일 무대를 마지막으로 음악계에서 영원히 퇴출되었고, 지난 2021년 3월 쓸쓸히 눈을 감고 말았다. 공교로웠던 것은 그가 메트로폴리탄의 마지막 무대에서 지휘했던 곡이 레퀴엠[21] 중에서도 가장 유명한 곡인 베르디의 '레퀴엠Messa Da Requiem'이었다는 것이다.

더 빨리 사라진 기업들

최고의 위치에 올라 위대한 명성을 쌓으며 승승장구하다가 순식간에 사라져 버리는 것은 인간 마에스트로에게만 해당되는 일은 아닌 것 같다. 속한 산업에서 마에스트로 대접을 받으며 강력한 시장 지배력을 자랑하던 기업이 하루아침에 몰락하는 사례도 심심치 않게 발견할 수 있다.

기업이 어려움에 봉착하는 경우는 흔하다. 매출이 줄거나 손익구조가 급격하게 나빠지면서 어려움을 겪는 기업도 있고, 거래처의 도산이나 고객의 이탈로 어려움을 겪는 회사도 있다. 최근처럼 경제상황이 나빠져 이자가 치솟고 현금이 잘 돌지 않아 어려움을 겪는 기업도 수두룩하다. 그런데 아무런 잘못도 어려움도 없었던 것 같은데 갑작스럽게 위기를 겪고 망하는 기업과 경영자도 있다. '멀쩡히 사업을 잘하는 것 같았는데', '자금도 넉넉하고 현금유동성도 좋아

---

21 본래 이름은 '위령 미사곡(Missa pro defunctis)'으로 장례절차를 치르는 성당에서 망자(亡者)의 넋을 기리기 위해 연주되는 미사곡이다.

서 잘 나갈 줄 알았는데' 어느 날 갑자기 파산 소식을 전해오는 기업들이 있다. 그런 기업 중 대표적인 기업이 미국의 시어스다.

시어스Sears, Roebuck and Company는 세계적인 미국계 유통업체다. 1886년, 미네소타 출신의 타고난 장사꾼이었던 23살의 리처드 시어스는 우편 주문으로 금장 시계를 판매하는 사업을 시작했다. 가내 수공업 수준의 우편 판매업이 들불처럼 일어난 것은 은퇴한 시계 수리공 알바 로벅을 만나면서부터였다. 현재와 같은 이름으로 사명을 변경한 그들은 판매대상 아이템을 시계에서 다른 상품으로 넓히기로 했고, 상품명과 가격이 수록된 책자를 발송해 어떤 상품을 취급하는지 고객이 묻기 전에 먼저 알리는 방식의 판매전략을 이 시기에 수립한다.

그들의 전략은 주효했다. 사람들은 광활한 대륙 이곳저곳에 살고 있지만, 아직 상품 유통망이 제대로 갖춰지지 않았던 19세기 말 미국. 사람들은 각종 상품이 담긴 카탈로그를 받아본 뒤, 그를 보고 주문하면 일반 상점보다 저렴한 가격에 판매하는 시어스의 방식에 열광했다. 대공황으로 잠시 주춤하기도 했지만, 시어스의 성공은 멈춤이 없었다. 다양한 상품이 담긴 시어스의 카탈로그는 미국의 화려한 번영을 보여주는 일종의 상징물이 되었고, 이후 시어스는 부동산, 보험, 금융서비스로 사업분야를 확장하여 시카고에 108층짜리 시어스 타워를 짓고 '세계 최고층 빌딩을 보유한 기업'이라는 명성을 떨치기도 했다. 그렇게 잘 나가던 시어스는 2018년 돌연 파산을 하고 만다.

비슷한 사례로 우리에게도 친숙한 토이저러스가 있다. 찰스 라저러스가 1948년 워싱턴 DC에 문을 연 작은 장난감 가게로 시작한 토이저러스는 '장난감 하면 토이저러스, 토이저러스 하면 곧 장난감'이던 시절이 있었다. 1988년에 개봉해 큰 인기를 끈 톰 행크스 주연의 영화 〈빅Big〉을 본 사람이라면, 어른의 몸이 된 주인공이 발로 대형 피아노를 치는 장면을 기억할 것이다. 바로 그 피아노가 있는 곳이 뉴욕 맨하튼 5번가의 토이저러스였다.

뉴욕의 토이저러스는 단순한 장난감 가게 혹은 뉴욕의 명소를 뛰어넘어 전 세계 '어른이'들의 잃지 않은 동심을 상징하는 장소와도 같았다. 이후에도 할리우드 영화에 자주 등장하며 미국은 물론 전 세계 어린이들의 선망의 장소, 마음속의 아지트와도 같았던 장난감 전문점이 바로 토이저러스였다. 그러나 토이저러스 역시 2018년 파산신청을 하고 만다.

개인도 마찬가지다. 우수한 실력을 바탕으로 자신의 분야에서 일가를 이뤄 승승장구하는 것 같았는데, 어느 순간 우리 주변에서

영화 〈빅〉의 한 장면. 개구쟁이 소년이 하룻밤 사이에 어른이 되어버린 후 겪는 이야기를 다룬 영화에서 주인공이 대형 건반으로 '젓가락 행진곡'을 합주하는 장면이 유명하다.

자취를 감춰버리고 마는 이들을 어렵지 않게 발견할 수 있다. 클래식 음악계의 거장으로 인정받다 어느 순간 자취를 감춰버린 음악가, 탁월한 화술과 친화력을 바탕으로 스타 진행자로 활동하다 갑자기 사라져 버린 방송인, 막대한 부를 자랑하며 대중들에게 투자에 대한 조언을 아끼지 않으며 투자계의 구루 대접을 받다 철장에 갇혀버린 사람 등…….

이들은 왜 '갑자기' 어려움을 겪고, '갑자기' 망하게 된 것일까?

붉은 여왕이 우리에게 말하고자 한 것

여기서 잠시 동화책 한 권을 먼저 살펴볼까 한다. 영국의 수학자이자 작가였던 찰스 도지슨이 '루이스 캐럴'이라는 필명으로 펴낸 《이상한 나라의 앨리스》라는 동화책이다. 사실, 이 책은 동화책이라고 하기에는 조금 무리가 있는 책이다. 수백 페이지의 분량에 방대한 내용이 담겨있어 읽기가 쉽지 않은 책이기 때문이다. 이야기의 상당 부분은 성인들도 그 은유와 풍자를 다 따라잡기 어려울 정도다.

이 책의 속편 격인 《거울 나라의 앨리스》에는 독특한 캐릭터가 하나 등장한다. 온몸을 시뻘건 옷으로 휘감고 화장까지도 울긋불긋한 '붉은 여왕Red Queen'이 바로 그 주인공이다. 소설 속에서 붉은 여왕은 끊임없이 제자리를 뛰고 있는데, 그를 보고 "계속 뛰는데, 왜

나무를 벗어나지 못하죠?"라고 물어보는 앨리스에게 붉은 여왕은

"여기서는 힘껏 달려야 제자리야,
나무를 벗어나려면 지금보다 두 배는 더 빨리 달려야 돼!"

라고 외친다. 그 이유는 붉은 여왕이 다스리는 나라에서는 무언가가 움직이면 주변의 다른 세상도 그와 같은 방향으로 함께 움직이기 때문이었다. 가만히 있으면 오히려 뒤로 갈 것이고, 세상과 비슷한 속도로 달리면 제자리에 있을 것이며, 미친 듯이 달려야 그나마 한 걸음이라도 앞으로 갈 수 있는 것이었다.

이 이야기를 흥미롭게 읽은 시카고 대학의 진화생물학자 밴 베일런 교수는 생태계의 '지속 소멸의 법칙'을 설명하면서 붉은 여왕 이야기를 인용한다. 이후 사람들은 생태계의 쫓고 쫓기는 평형 관계에서 더 빠르게 진화하는 생명체만 살아남고 상대적으로 느리게 진화하는 생명체는 도태되는 현상을 '붉은 여왕 효과'라고 부르기 시작했고, 현재까지도 유력한 학설로 받아들여지고 있다.

한동안은 생물학 분야에서 주로 언급되던 '붉은 여왕 효과', '레드퀸 이펙트'는 이제 군사학, 경영학 등에서 더 활발하게 사용하게 되었다. 전 세계가 군비경쟁을 벌이던 시기, 현상 유지만 해도 군

사력 순위가 몇 단계씩 뚝뚝 떨어지는 일을 겪은 군사 당국자들은 경쟁적으로 국방비를 쏟아부었다. 이러한 과정을 통해 전 세계적인 군사력 증강, 무기 기술의 발전이 이뤄졌는데, 이를 설명하는 과정에서 사용되었던 개념 역시 레드퀸 이펙트였다.

하지만 공진화 현상, 레드퀸 이펙트가 가장 활발하게 관찰되는 분야는 역시나 기업경영 분야였다. 치열한 경쟁 속에서 승리하기 위해 기업은 늘 새로운 제품, 새로운 서비스, 새로운 마케팅 전략을 시도하기 때문에 어떠한 기업이 현재의 성과에 만족하고 현상 유지를 시도하면 결국 경쟁자에게 뒤떨어지게 된다.

따라서 기업이 경쟁자보다 한발 앞서가려면, 다른 경쟁자들보다 더 빨리, 더 좋게 변화하려는 시도를 해야 한다. 그에 따라 업계 전반이 더 나은 모습으로 진화하는 공진화가 일어나는 것이다. 반면 별다른 잘못이나 실수도 없이 잘해오던 대로 해왔음에도 불구하고 시대에 뒤처지고 경쟁자에게 밀려 도태되는 반대의 경우도 발생했다. 앞서 예를 들었던 시어스와 토이저러스가 그 대표적인 사례다.

사업적 위기를 겪으며 타개책으로 다양한 사업으로 진출하였지만, 시어스의 근간은 유통업이었다. 그것도 거대한 미국 대륙의 특성을 고려해 카탈로그를 발송하고 물건을 판매하는 방식을 위주로 영업을 했다. 그들은 그 분야의 최고 전문가였다. 다른 경쟁자들도 카탈로그를 활용한 원격 판매에 뛰어들었지만, 시어스를 따라갈 수는 없었다. 그들의 우위는 계속될 것만 같았다.

그러나 시장이 바뀌었다. 소비자들이 상품을 구매하는 방식 자체가 바뀐 것이다. 교외에 대형 주차장을 마련하고 대용량 판매 등으로 가격을 극단적으로 낮춘 대형 할인매장 월마트와 타겟 등이 '저렴한 소비'를 선호하는 시어스의 고객을 야금야금 빼앗아갔다. 탁월한 인터페이스로 남다른 고객관리 기법을 선보인 아마존닷컴과 이베이 등 온라인 유통업체가 '비대면 원격 구매'를 선호하는 시어스의 고객들을 또 빼앗아갔다. 카탈로그 유통업에서는 여전히 최강자였지만, 시장 자체가 바뀌고 소비자들의 구매 트렌드가 바뀌는 등 '앞으로 달려가는' 세상 속에서 시어스는 자연스럽게 도태될 수밖에 없었다.

토이저러스는 장난감만 취급하던 전문매장이었다. 특별한 날 아이들에게 장난감을 사주는 부모님과 그들의 손을 잡고 방문하는 아이들이 토이저러스의 큰 고객이었다. 그러나 저출산 기조가 뚜렷해지고 자녀들에게 돈을 아끼지 않는 부모들이 늘어났다. 어찌 보면 더 큰 사업적 기회가 될 수도 있었지만, 상황은 정반대로 흘러갔다.

부모들은 특별한 날이 아니더라도 쇼핑을 하면서 아이들을 위한 장난감을 하나둘씩 구입했고, 교육적 기능을 더한 장난감 시장이 확대되면서 이러한 경향은 더 뚜렷해졌다. 장난감만을 위해 쇼핑에 나서기보다는 백화점이나 대형 할인매장에서 일상적인 쇼핑을 하며 장난감까지 구입하는 것이 트렌드가 되었다. 백화점과 대형 할인매장 역시 부모와 함께 온 어린이 고객들이 장난감을 체험하고 놀 수 있는 공간을 확충해 나갔다. 결국, 이러한 변화 속에서 토이저러스는 경쟁자가 거의 없는 상황이었음에도 불구하고 쇠퇴할 수밖에 없었다.

개인들 역시 마찬가지다. 탁월한 능력을 바탕으로 자신의 분야에서 일가를 이룬 사람들이 그에 안주하는 순간, 세상이 빠르게 변하는 것을 알아채지 못하고 어느 순간 도태되어 버리는 것이다.

그러나 지금으로부터 수백 년 전, 인류 문명이 극적으로 진보하던 격동의 시기에 이미 정점에 오른 최고의 거장이었음에도 불구하고 시대의 변화보다 몇 걸음 더 앞서 나아갔던 이가 있다. 현실에 안주하지 않고, 남다른 시각과 발 빠른 실행력으로 '붉은 여왕'보다 더 빨리 미래를 향해 달려나갔던 사람, 그 이름도 유명한 레오나르도 다빈치가 바로 그 주인공이다.

많은 사람들이 아는 것처럼 의외로 서양에서 성씨는 늦게 발달했다. 과거에는 동네 이름 앞에 '~로부터' 혹은 '~출신의'란 뜻의 접속사나 접두어 '다Da', '디Di', '드De' 등을 붙여 성처럼 쓰고는 했다. 그러다 그 동네 이름이 가문의 이름이 되고, 가문의 이름이 곧 성처럼 쓰인 것이다.

제2차 세계대전 당시 전쟁 영웅이자 제5공화국의 대통령으로 프랑스의 전후 복구를 성공적으로 이끌었던 샤를 드골이 대표적인 사례다. 그의 성인 '드골'은 '골 지방의' 혹은 '골 지방을 다스리는 가문의'라는 뜻이다. 포르투갈 출신의 탐험가로 희망봉을 발견하고 인도 항로를 개척한 바스쿠 다가마 역시 '가마 마을의' 혹은 '가마 지역 출신의'라는 뜻의 '다가마'를 성을 삼고 있다. 이후에는 성씨 붙이는 방식이 보다 정교해져 독일 등지에서는 서민과 구분하여 귀족들은 '반Van', '폰'Von' 등의 단어를 붙여 사용했는데, 그 뜻은 동일하게 '~지역 출신의' 혹은 '~가문 출신의'이란 뜻이었다. '음악의 성인'으로 추앙받는 루트비히 판 베토벤 등이 이 같은 경우다.

그리고 이와 같은 형태의 성씨가 붙은 또 한 명의 유명인이 있다. 르네상스를 대표하는 인물로, 이 책의 대미를 장식할 인물이자 인류 역사상 가장 끈기가 없는(?) 사람이었던 레오나르도 디세르 피

레오나르도 다빈치의 자화상. 화가로 시작하여 조각가, 발명가, 건축가, 과학자 …… 요리사까지 수많은 직업을 경험한 그는 다방면에서 천재적 재능을 보인 르네상스를 대표하는 인물이다.

에로 다빈치Leonardo di ser Piero da Vinci다. 그의 이름을 그대로 풀어서 해석해 보자면 '빈치 지역의Da Vinci', '피에로네 집에 사는Di ser Piero', '레오나르도Leonardo'가 된다.

'건넛마을 김씨네 둘째 개똥이'의 이탈리아 버전인 셈이다. 굳이 그의 이름에 별다른 거창한 뜻이 담겨있지 않음을 강조하는 것은, 그가 인류 역사에 남긴 위대한 업적에 비해 그의 이름이 별 볼일 없음을 더 나아가 그의 출신이 크게 보잘것없었음을 이야기하기 위해서다. 하긴 무려 레오나르도 다빈치인데 그런 것들이 뭐가 중요할까 싶긴 하지만…….

그의 아버지 안토니오 피에로 다빈치는 제법 잘나가는 변호사였다. 어느 날 우연히 가난한 농민의 딸 카타리나를 만나 한눈에 반한 그는 결혼도 하지 않은 상태에서 아들 레오나르도를 얻는다. 그러나 정식 부부가 아니었기에 한동안 레오나르도 다빈치는 출생신고도 하지 못한 채 어머니의 손에서 길러지게 된다. 이후 아버지 안토니오가 레오나르도를 불러들여 그의 집에서 살게 되지만, 안토니오는 바깥 일에만 관심이 있을 뿐 자녀 교육에는 전혀 관심이 없는 남자였다.

어린 레오나르도의 천재적인 재능을 가장 먼저 알아본 것은 그의 삼촌이었다. 밖으로만 나도는 아버지를 대신해 레오나르도와

놀아주던 삼촌은 자신의 조카가 또래와 차원이 다른 천재적인 재능이 있음을 간파하고, 형 안토니오를 졸라 레오나르도를 피렌체의 유명한 화가 안토니오 델 베로키오의 문하생으로 들어가게 한다. 그곳에서 빠른 속도로 스승과 선배의 그림 그리는 법을 흡수한 레오나르도는 화가 길드였던 산 루카 조합에 가입할 수 있었다.

밀라노를 시작으로 베네치아, 피렌체, 다시 밀라노와 로마로 이주해가며 꾸준히 작품활동과 연구에 매진한 레오나르도 다빈치가 인류 역사에 남긴 업적은 많기로 유명하다. 숫자 자체도 많지만, 작품들이 속한 범위와 영역, 분야 등이 다양하고 방대한 것으로 타의 추종을 불허한다.

우선 가장 잘 알려진 미술계에 그가 남긴 업적과 작품은 어마어마하다. 전 세계에서 가장 유명한 미술품이자 가장 가치 있는 미술품으로 꼽히는 '모나리자'를 비롯하여 베스트셀러 《다빈치 코드》의 모티브가 되었던 산타 마리아 델레 그라치에 성당의 벽화 '최후의 만찬', 대천사 가브리엘이 성모 마리아에게 예수 그리스도가 잉태되었음을 알리는 '수태고지', 경매에서 가장 비싸게 낙찰된 예수의 초상화로 유명세를 떨친 '살바토르 문디' 등 그의 작품은 하나하나가 소장한 미술관의 대표작이자 미술사를 장식하는 작품으로 자리 잡고 있다.

과학자로서의 업적 역시 가히 넘사벽이다. 그는 새의 날개를 모방해 인간이 장착하고 하늘을 날 수 있는 도구를 설계했는데, 라이트 형제가 최초의 비행기를 만들어 하늘을 날기 무려 400년 전의 일이다. 현재의 헬리콥터와 모양은 다소 다르지만 기본적인 개념은 같은 수직이착륙 날틀을 디자인하기도 했다. 다연장 대포와 탱크와 같은 각종 군사 무기들 또한 레오나르도의 주종목이었다. 이렇게 발명되거나 디자인으로 남겨진 것이 무려 70건 이상이라고 한다.

레오나르도가 관심을 가진 분야는 여기에 그치지 않는다. 화석 연구, 지층 탐사, 건축과 토목 분야에도 조예가 깊었던 그는 대규모 건축과 운하 설계에서 능력을 발휘했으며, 조경과 생물의 식육에도 다양한 아이디어를 제공했다. 궁궐의 조경을 설계했으며, 무대에서 특수효과를 내는 각종 도구와 위아래로 오르내릴 수 있는 일종의 승강기까지 설계했다.

그가 이토록 다방면에 걸쳐 수많은 업적을 쌓을 수 있었던 것에는 세상을 바라보는 그만의 독특한 방식과 죽을 때까지 굽히지 않고 지켜왔던 삶에 대한 태도가 있다. 그는 평생 단 한 번도 자신의 생각과 행동에 한계를 두지 않았다. '나의 직업은 무엇이다', '나는 어떤 일을 하는 사람이다'라며 자신의 정체성을 정의 내리는 대신 '내가 하고 싶은 것은 무엇인가?', '내가 해야 하는 일은 무엇인가?'를

레오나르도 다빈치의 1489년 헬리콥터 스케치. 다빈치는 비행에 매료되어 새처럼 펄럭이는 글라이더, 회전익기, 낙하산 등 수많은 스케치를 남겼다.

생각하는데 더 많은 열정과 에너지를 쏟았다.

실용적인 관점에서 과학적인 사고방식을 견지했으며, 사물을 깊이 사유하고 그 안에 담긴 본질을 파악하기 위해 노력했다. 그 과정에서 과거의 관습이나 현재의 관행, 사람들의 고정관념에 영향을 받기보다는 하고자 하는 일이나 파악하고자 하는 대상에 집중하여 수많은 터부를 극복해 나갔다. 이를 통해 레오나르도는 당대의 사람들이 보유하던 생각의 한계를 넘어설 수 있었다.

인체를 제대로 바라보고 싶다는 욕구에서 당시에는 금기로 여겼던 인간의 태아를 최초로 그리기도 했다. 인간은 비록 산모의 몸을 통해 태어나지만 '신(神)의 축복으로 탄생한다'라는 생각이 강했기에, 태아를 그림으로 남기는 행위 역시 신의 영역을 침범한 행위로 여겨질 때였다.

그는 더 나아가 인체 해부도를 그리기도 했다. 물론, 당시 인체 해부가 불법행위도 아니었고 해부도를 그린 다른 이들도 있었지만, 레오나르도의 해부도는 질적 수준에서 압도적이었다. 해부도는 아니지만 실제 인체의 비례를 사람의 몸을 활용해 그려낸 '비트루비우스적 인간'이라는 스케치는, 이후 사람들이 인간의 몸에 대해 이야기할 때면 필수적으로 사용하는 수단이 되었다.

레오나르도는 어려서는 물론이거니와 나이가 들어서도 새로운 세상에 대한 관심과 호기심이 대단했던 인물이었다. 자신의 한계를 인정하기보다는 새로운 분야에 도전을 하고, 도전이 실패로 그치더라도 굴하지 않고 다시금 새로운 도전을 시작했다. 그러다 보니 그는 미완성작이 많기로도 유명하다. 새로운 분야에 관심과 호기심이 생기면 도전을 하고, 그러다 관심이 다른 영역으로 옮겨가면 다시 새로운 분야에 에너지를 집중하다 보니 자연스럽게 만들어진 미완성작들이다. 그중에는 이후 다른 사람에 의해 완성된 것도 있지만, 그의 의도를 알아내지 못해 미완성작으로 남게 된 것들도 제법 된다.

그럼에도 불구하고 영역과 한계를 정해 두지 않고, 끊임없이 새로운 분야로 탐험해 나갔던 그의 생각과 행동은 새로운 변화의 시기를 살아가는 우리에게 많은 생각할 부분을 제공하고 있다.

한계를 모르는 제과점 주인과 원로가수

그렇다면 우리는 왜 레오나르도와 같은 삶을 살아가기 힘든 걸까?

우리가 어떤 일을 할 때 가장 먼저 하는 것이 '영역'이라는 것을 만드는 일이기 때문이다. 집을 지을 때도 일단 측량을 해서 집을 지을 터를 정해놓고, 회를 뜰 때도 손질을 다 해서 회를 뜰 수 있는 생선살을 만들어 놓고 시작한다.

기업에서는 그것이 팀과 같은 조직의 형태로 나타나기도 하고, 흔히 알앤알R&R이라고 부르는 '책임과 권한Role & Responsibility'의 모습으로 보이기도 한다. 때로는 개인 스스로 자신의 정체성을 지레 정의 내리고, 그 정체성의 범주 안에서만 생각하고 행동하는 모습으로 나타난다. 그리고 그것은 그대로 개인과 조직의 족쇄가 되어 더 이상 뻗어나가지 못하고 발전하지 못하게 만드는 주범이 되어버린다.

물론 그렇지 않은 조직과 개인도 많다. 1930년대 초반, 미국의 남부 텍사스주에서도 더 남쪽에 위치한, 그래서 오래전부터 멕시코의 영향을 받아 중남미 문화의 색채가 짙었던 샌안토니오에 찰스 둘린이라는 사람이 살았다. 가족과 함께 작은 제과점을 운영하고 있었지만 장사가 썩 잘되는 편은 아니었다. 제과점의 매출을 획기적으로 높여줄 아이템을 찾던 그는 날마다 손님이 뜸한 시간이면 지역 신문인 〈샌안토니오 익스프레스〉를 샅샅이 읽곤 했다.

그러던 어느 날, 신문에서 구스타보 올긴이라는 사람의 인터뷰를 읽게 되었다. 기사에서 구스타보 올긴이 옥수수칩 제조기술과 거래처를 넘긴다는 소식을 읽고, 곧바로 그에게 인수금으로 100달러를 제안했다. 제조기술을 습득한 찰스 둘린은 제과점의 생산체계를 전면 개조해서 옥수수칩 생산에 매달렸다.

영역을 넘나들며 호기심을 발휘하고, 그런 호기심을 실제 행동으로 옮기는 찰스 둘린의 모습은 이후에도 여지없이 발휘되었다. 제2차 세계대전이 한창이던 1943년 미국의 낙농학자 조지 샌더는 미군에게 균형 잡힌 영양을 제공하기 위해 보관과 섭취에 용이한 치즈가루를 개발했다. 군당국은 전장의 병사들에게 치즈가루를 보내주기 위해 서둘러 대량 생산을 하였으나, 전쟁은 얼마 지나지 않아 종결되었고 미군에는 치즈가루 재고가 남게 되었다.

둘린은 이 뉴스를 접하고 곧바로 해당 치즈가루를 전량 구매한다. 그리고 치즈가루를 자신이 만든 옥수수칩에 뿌려서 팔기 시작했는데, 이 옥수수칩이 미국은 물론 전 세계인의 입맛을 사로잡은 '치토스'이다.

이후로도 찰스 둘린은 영역과 경계를 넘어서는 협업과 사업 확장을 거듭한다. 허먼 레이가 설립해 운영하던 감자칩 업체인 레이스Ray's를 인수합병해 프리토레이Frito-Lay라는 기업으로 거듭나며 스낵 업계의 강자로 급부상하였고, 1965년에는 탄산음료 전문기업이었던 펩시와 손을 잡고 펩시코로 거듭나면서 거대 식음료 기업으로 한 단계 성장한 것이다.

선불리 한계를 규정짓지 않고 가능성의 범주에서 자신이 하고 싶은 것, 할 수 있는 것을 찾아내 그에 매진했던 사람들은 찾아보면 어렵지 않게 만나볼 수 있다. 특히, 레오나르도 다빈치처럼 자신의 분야에서 일가를 이루고 거장에 반열에 올랐음에도 불구하고 거기에 만족하지 않고 한 단계 더 나아간 이들도 많다.

대표적인 인물이 영국이 낳은 아티스트 엘튼 존과 우리나라의 가왕歌王 조용필이다. 두 사람은 각각 자신의 나라에서 가수나 음악가를 넘어서 시대의 아이콘이자 하나의 현상으로 추앙받은 대스타라는 공통점과 함께 자신이 구축한 음악 세계에 안주하지 않고 끊임없이 새로운 음악을 탐구하고 새로운 시도를 하는데 주저하지 않았다는 공통점이 있다.

왕립음악원에서 클래식을 전공(하다 중퇴)했던 엘튼 존은 재즈와 팝 음악으로 진로를 바꿔 영국 대중음악에 한 획을 그었다. 이후에는 밴드를 결성해 사이키델릭 록 음악을 대중에게 선보였으며, 사람들이 팝 음악의 대부로 그를 인정할 무렵 이번에는 갑자기 디즈니 애니메이션의 오리지널 사운드 트랙과 수많은 뮤지컬의 작곡가이자 음악감독으로 명곡들을 만들어냈다. 1947년생인 그는 나이가 무색할 정도로 늘 새로운 시도와 새로운 무대를 보여주고 있다.

조용필 역시 마찬가지다. 미군 무대에서 밴드의 기타리스트로 데뷔한 그는 미국 록 음악을 추구하는 것 같더니, 이내 한국적 정서에 잘 맞는 이른바 뽕짝풍의 '돌아와요 부산항에'로 한국 대중음악계를 평정했다. 이후로는 말 그대로 전설의 시작이었다. 발매하는 앨범마다 매번 판매 기록을 경신하며 대히트를 쳤고, 그의 이름 앞에는 '가수'가 아닌 '가수들의 왕'이라는 뜻의 '가왕'이라는 호칭이 붙었다. 그러나 정작 우리를 더욱 놀라게 한 것은 그가 가왕의 반열에 올라선 지도 한참이 지난 2013년, 환갑도 훌쩍 넘은 나이에 발매한 〈헬로우Hello〉라는 앨범이었다. 그는 이 앨범에서 이제까지 시도하지 않았던 가사와 곡의 흐름, 창법을 시도해 20대 아이돌 가수의 앨범보다 더 참신하다는 평가를 이끌어냈다. 그간의 히트곡만 불러도 몇 시간이 부족하다는 이야기를 듣는 대중가요계의 거장이 위험을 무릅쓰고 새로운 시도를 한 것이었다. 그를 통해 조용필은 마치 예전 자신의 몸을 불태우고 새로운 몸으로 영생을 살아가는 피닉스처럼 우리 곁에서 여전히 위대한 음악인으로 살아가고 있다.

가래로도 못 막을 수 있는 앞으로의 변화

사람들은 변화를 좋아할까? 싫어할까?

이렇게 물으면 많은 이들이 '사람은 변화를 싫어한다'는 쪽에 더 많은 표를 던질 것 같다. 당장 내 주위를 둘러봐도 그렇다. 조금 전문성을 가미해 "인간은 동물적 본성 때문에라도 변화를 꺼려할 수밖에 없다"라고 주장하는 사람도 있다. 항온 동물인 인간은 기온이 갑자기 더워지거나 추워지면 생명을 지속할 수 없다. 다른 변화 역시 마찬가지로 어느 정도 적응이 가능한 범위의 변화는 조금 불편할 뿐이지만, 큰 폭의 변화는 생존을 위협할 수 있기 때문이다. 따라서 변화를 본능적으로 거부하고 반발하는 것이라는 그들의 주장은 일견 타당해 보이는 논리다.

인간이 동물적 본성 때문에 변화를 싫어한다는 논리와는 조금 다른 방향에서 접근하는 사람도 있다. 변화가 시작되면 그를 위해 우리가 보유한 에너지를 써야 한다. 예를 들어, 지위가 바뀌면 말하는 습관부터 입는 옷, 즐기는 취미, 만나는 사람까지 많은 것이 변해야 한다. 물론, 그런 변화를 즐기는 사람이라면 별 상관이 없겠지만, 대부분의 사람들은 변화를 위해 자신이 보유한 자원을 활용해야 한다. 새로운 옷을 사기 위해 금전이라는 자원을 사용해야 하고, 대인관계와 소통방식을 바꾸기 위해 감정과 시간이라는 자원을 투입해야 한다. 때문에 변화에 대한 부담을 느끼고 변화를 최대한 줄이려는 방향으로 생각과 행동이 결정된다는 것이다.

그러나 인간은 자신의 생명과 삶을 지키기 위해서라면 과감히 어떠한 변화도 받아들일 수 있는 존재이기도 하다. 과거 나라를 위해, 명분을 위해 과감히 목숨을 내던진 선조들도 계셨지만, 그들은 매우 특별하고 위대한 존재일 뿐이다. 보통 사람인 우리에게 생명과 삶보다 더 소중한 것은 없다. 만약 '변화하지 않으면 생명이 위태하고 삶의 안정이 무너진다'라고 하면 어떻게 될까? 사람들은 어떠한 희생을 치르더라도 변화하기 위해 노력할 것이다.

지금 변화하지 않으면 나중에는 몇 배의 자원을 투입해도 대처가 불가능하다고 하면 어떨까? 지금 자신이 보유한 자원을 투입해 변화하는 것이 가장 싸게 먹히는 길이라고 하면 어떨까? 과연 그때도 변화에 주저하거나 변화하지 않아도 살 수 있다는 변명을 늘어놓을 수 있을까?

우리나라에는 "호미로 막을 것을 가래로 막는다"라는 속담이 있다. '적은 투자, 작은 노력으로 해결될 일을 많은 투자, 큰 노력으로 해결하게 된 상황'을 비꼬아 풍자하는 속담으로 쓰이게 되었다. 그런데 그런 일들이 비즈니스 현장에서는 비일비재하게 일어난다. 호미 하나로 막을 일을 가래 여러 개를 가져와서도 결국 막지 못하는 것이다. 조금 오래된 사례이긴 하지만 너무나도 충격적인 일이라 지금까지도 자주 언급되는 '아타리 쇼크Atari Shock'가 대표적이다.

지금은 사라졌지만 아타리는 개인용 게임기의 대명사였다. 1972년 놀런 부슈널이 창업한 아타리는 세계 최초의 비디오 게임회사였다. 그들의 역사가 곧 비디오 게임의 역사였고, 그들이 하는 모든 것이 대부분 업계 최초이자 세계 최초였다. 애플의 창업자 스티브

잡스가 아타리의 문제직원이었던 것은 유명한 이야기다.

1977년 '아타리 VCS 2600'이라는 신제품 게임기가 출시되었고, 이 게임기의 대박으로 아타리는 세계 최고라는 명성을 얻게 되었다. 그러나 그 무렵 세상은 엄청난 변화를 겪고 있었다. 개인용 컴퓨터 이른바 PC가 빠른 속도로 가정에 보급되기 시작한 것이었다. PC로는 게임도 할 수 있고, 가계부도 적을 수 있고, 학습 프로그램으로 공부도 할 수 있었다. 대당 가격은 아직 비디오 게임기에 비해 비쌌지만 그래도 장점은 분명했다. 하지만 창업자이자 혁신의 정신을 부르짖었던 놀런 부슈널은 경영진과의 불화로 아타리를 떠난 상태였고, 변화의 흐름에 능동적으로 대처하도록 회사를 이끌 사람은 없었다.

그렇게 세상이 빠르게 변화하던 시기에 아타리는 세계 최고의 게임회사라는 명성에 안주하고 있었다. 아타리는 자기네 게임기에서는 자신들이 만든 게임만 플레이할 수 있도록 독점하면 된다고 안일하게 생각한 것이다. 심지어 회사 내부에서는 "쓰레기를 넣은 게임도 백만 개는 팔릴거야"라는 말이 나오기도 했다고 한다. 하지만 게임산업의 성장을 지켜본 개발자들은 아타리의 게임기에서 플레이할 수 있는 무허가 게임들을 쏟아내기 시작했고, 새로운 게임기를 개발하는 경쟁사들도 하나둘씩 나오기 시작했다.

IBM과 애플 등이 주도하는 PC 시장에 대한 제대로 된 대처도, 시장에 쏟아지던 질 낮은 무허가 게임에 대한 관리도, 닌텐도와 세가와 같은 경쟁 게임기의 등장에도 제대로 된 대응을 하지 못한 채 아타리는 세계 최고의 게임회사에서 단 3년 만에 자멸하고 말았다.

대학 2학년 때의 기억인 것 같다. 몽골의 수도 울란바토르에서 근교로 차를 타고 나가 유적지 한곳에 다다르게 되었다. 지금은 잘 모르겠지만 당시 몽골은 폐쇄된 사회주의 국가에서 이제 막 세계무대로 문을 열고 나오려는 국가였고, 그런 몽골에 관심을 갖는 한국인은 많지 않았다.

도착한 유적지는 돌궐 제국의 유명한 장수였던 톤유쿠크의 무덤이었다. 이 무덤에 세워진 비문에는

"성을 쌓고 사는 자는 반드시 망할 것이며,
끊임없이 이동하는 자만이 살아남을 것이다"

라는 글귀가 적혀있다. 몽골이라는 지역적 특색과 글귀의 내용이 그럴듯하게 버무려져 와전되면서, 한동안 이 말은 칭기즈칸 혹은 쿠빌라이칸이 남긴 유언이라는 식으로 퍼져나갔다. 그러나 이 말을 누가

했느냐를 떠나, 이 말에 담긴 정신을 가장 잘 구현한 인물은 칭기즈 칸과 쿠빌라이칸이었고 그렇기에 많은 사람들이 그러한 낭설을 진실처럼 아무런 의심 없이 받아들였을 것이다.

다양한 역사적 사례를 통해 강자, 거장, 승리자의 자리에서 안주하다가 도태된 이들을 목도할 수 있다. 반대로 레오나르도 다빈치처럼 거장의 자리에서도 끊임없이 영역과 한계를 넘어서는 새로운 시도로 새로움을 창조하고, 그를 통해 영원히 역사에 남을 업적을 남기고 성공을 거둔 사례도 많다.

얼핏 보면 안전한 성처럼 보이지만 실제로는 내 몸을 옥죄는 담벼락을 세울 것인지, 아니면 끊임없이 펼쳐지는 대로를 향해 한 걸음 더 미래로 나아갈지 결정해야 할 때인 것 같다. 물론, 선택은 여러분이 하는 것이고, 그 선택이 나와 같을 것으로 믿는다.

Epilogus[22]

망설이는 우리에게 보내온 르네상스인의 답안지

It ain't over till it's over

뉴욕 양키즈의 팬들에게 "역대 최고의 투수가 누구라고 생각하는가?"라고 물으면 아마도 의견이 분분할 것 같다. 올드팬들은 월드시리즈에서만 10승을 거뒀으며 통산 236승에 빛나는 화이티 포드를 떠올리는 사람도 있을 것이고, 1980년대 최악의 시기를 보내던 양키즈의 마운드를 굳건히 지킨 론 기드리의 이름 언급하는 사람

22 '맺음말'이라는 뜻의 라틴어.

도 있을 것이다. 그보다 이후 세대의 팬이라면 메이저리그 통산 세이브 1위를 기록했고, 명예의 전당에 입성할 때 최초로 만장일치 추천을 받은 마리아노 리베라를 떠올릴지도 모르겠다. 그러나 질문을 살짝 바꿔 물어보면 양상은 달라진다.

"역대 최고의 포수가 누구라고 생각하는가?"라고 묻는다면 아마도 이견 없이 단 한 사람의 이름을 답할 것이다. 1940년대 후반부터 1960년대까지 메이저리그 최고의 포수로 군림했던 요기 베라다.

가난한 이탈리아 이민자 가정에서 태어나 어린 시절부터 공장에서 일했던 그는 170cm가 넘지 않는 단신에 왜소한 체격이었지만, 데뷔 후 첫 풀타임 시즌부터 3할대 타율을 기록한 것은 물론 리그 최고 수준의 도루 저지율과 탁월한 투수 리드로 양키즈의 그 유명한 '영광의 시대'를 이끌었다.

야구선수가 갖춰야 할 모든 것을 완벽하게 갖춘 최초의 선수로 여겨졌던 미키 맨틀, 지금까지도 깨지지 않고 있는 56경기 연속 안타 기록을 세우며 '양키즈의 황제'로 불렸던 조 디마지오와 함께 양키즈의 전성기를 이끌었던 그는 남들은 평생 한 번 끼기도 어렵다는 우승 반지를 열 손가락에 끼었으며, 통산 열다섯 차례나 올스타에 선발되고 세 차례나 MVP로 선정된 말 그대로 전설적인 포수였다.

하지만, 무엇보다도 그를 유명하게 만든 것은 그가 남겼다는 이 말이다.

"끝날 때까지
끝난 것이 아니다"

수많은 자기계발서와 광고 카피 그리고 각종 방송 등에서 인용되며 전 세계적으로 인기를 끈 이 말 덕분에 (그리고 요가 수행자를 뜻하는 요기와 같은 스펠링과 스타워즈의 그분을 연상시키는 이름 탓에) 요기 베라는 단순히 위대한 야구선수를 뛰어넘어 그라운드의 구도자 혹은 야구계의 철학자와 같은 위상을 추가로 얻게 되었다.

사실 이 말은 양키즈 선수시절에 했던 말은 아니고 지역 라이벌인 뉴욕 메츠의 감독으로 재임하던 시기인 1973년 한 기자에게 한 말이었다고 한다. 당시 뉴욕 메츠는 내셔널리그 동부지구에서 하위권에 있었는데, 선두 시카고 컵스와의 승차는 무려 9.5게임이었다. 그러자 그와 친하게 지내던 기자가 농담으로(그러나 사실은 농담 반, 진담 반으로) "감독님, 어떻게 이번 시즌 메츠는……끝난 것 같죠?"라고 물었다. 이미 시즌은 절반을 넘긴 7월이었고, 디비전 시리즈는 통상 10월 초에 열리니 기자의 말이 틀린 것은 아니었다.

그 말에 요기 베라 감독이 화가 나서 기자에게 한마디 툭 던진 말이 바로 "끝날 때까지 끝난 것이 아니다"였다. 실제로 메츠는 이후 놀라운 승률을 보이기 시작했고, 급반전을 이뤄 동부지구 1위로 정규 시즌을 마치고 월드시리즈까지 진출하는 기염을 토했다. 덕분에 요기 베라 감독이 홧김에 내뱉은 이 말은 명언의 반열에 오르게 되었고, 이후 여러 곳에서 인용되며 어려운 사람들에게 용기를 북돋우고, 쉽게 포기하지 않도록 격려하는 목적으로 사용되기 시작했다.

그런데 요즘이야말로 "끝날 때까지 끝난 것이 아니다"라는 요기 베라의 말을 잊지 말고 우리의 머릿속에 소중히 담아야 할 시기가 되었다. 3년간의 팬데믹 상황이 호전되고 세계 각국이 문을 열고 다시 일상으로 돌아가자고 이야기하고 있다. 실제로 유럽 각국은 마치 언제 그랬냐는 것처럼 완벽하게 코로나 팬데믹 이전으로 돌아간 국가들도 있다.

그러나 우리가 팬데믹 시기에 느꼈던 그리고 배웠던 것들까지 지워버리고 잊어버리는 것은 전혀 다른 문제다. 우리는 지난 시기 수많은 것들을 희생하며 소중한 경험을 얻었고 많은 학습을 이루었다. 그것은 비단 대규모 전염병에 어떻게 대처해야 하는가에 국한된 문제가 아니다.

우리가 위기의 시기에 어떤 식으로 위기를 포착하고 분석하여, 대처방안을 수립하고, 의사결정을 한 뒤, 구성원 간의 공감대를 형성하고 합의를 이루어야 하는가의 문제다. 사람을 어떻게 바라보고 사람 사이의 관계를 어떻게 가져가야 할지도 중요한 문제였다.

그런 어려운 문제에 대해 이제 겨우 해답을 구했는데 혹은 해답까지는 아니더라도 생각해볼 문제들을 도출했는데, 팬데믹 상황이 호전되었다고 하더라도 아무리 예전의 일상이 그립더라도, 모든 것을 잊어버리고 아무렇지도 않은 듯 살아가는 것은 결코 우리에게 도움이 되지 않을 것 같다.

페스트가 창궐한 유럽에서 어떤 이들은 질병의 두려움에 사로잡혀 아무것도 하지 못할 때, 넘치는 예술혼으로 사람들을 위로하고 힘을 주었던 사람들이 있었다. 그리고 대유행이 끝난 뒤 초토화된 유럽에서 어떤 이들은 “질병이 물러갔다”, “이제 모든 것이 끝났다”라며 흥청망청할 때, 새로운 문화예술의 부흥기인 르네상스의 꽃을 피운 이들도 있었다.

끝날 때까지 끝난 것이 아니다. 우리에게는 ‘새로운 르네상스’라는 놀라운 기회가 도래한 것이다.

다만 언제라도 우리에게 닥칠 수 있는 심각한 위기를 극복할 답을 찾기 위해서는 명심해야 할 것이 있다. 모습을 달리하고 양상을 바꿔 가며 들이닥치는 위기에 맞춰 우리 역시 능수능란하게 우리의 모습과 대처 방식을 변화시켜 나아가야 한다는 점이다.

노래 제목으로 우리에게 익숙한 문구가 하나 있다. "아픈 만큼 성숙해지고"라는 말이다. 우리는 흔히 큰 어려움이나 실패를 겪고 나면 다음에는 그와 비슷한 어려움쯤은 별로 대수롭지 않게 여기게 될 것이라 믿는다. 혹은 같은 실패를 할 확률이 크게 줄어들 것이라 믿기도 한다. 그런 생각으로부터 "아픈 만큼 성숙해진다"라는 말이 만들어졌다.

그러나 꼭 그런 것만은 아닌 것 같다. 시카고 대학 부스경영대학원의 로런 에스크리스-윈클러 박사와 아옐렛 피시바흐 박사는 한가지 실험을 진행했다. 여러 명의 실험 참가자에게 난이도가 높은 문제를 제출하고 두 개의 보기 중 하나를 고르게 했다. 이후 정답을 알려주며 A 그룹에게는 "이야! 이런 문제도 다 맞추셨네요"라고 정답에 대한 성공 피드백만 받게 하고, B 그룹에게는 "이 문제도 틀리셨네요"라고 오답에 대한 실패 피드백만 받게 했다.

사실 A 그룹과 B 그룹 사이의 평균값은 크게 다르지 않았다.

다시 한번 똑같은 문제를 가지고 문제를 풀도록 했다. 그 결과, 성공 피드백을 받은 A 그룹은 정답을 모두 맞힌 반면, 실패 피드백을 받은 B 그룹은 정답을 이미 다 알려줬음에도 여러 개의 틀린 답을 제출했다. 심지어 정답을 모를 때와 똑같은 점수를 보이기도 했다.

이 실험을 통해 연구진은 "실패를 한다고 해서 다음에 같은 실패를 해도 덜 힘들다거나, 실패를 할 가능성이 줄어들지 않는다"라는 요지의 연구결과를 발표한다. 이같은 결과가 나온 이유에 대해 연구진은 다음과 같이 설명한다.

보통 사람들은 실패를 하면 그로부터 벌어질 결과를 예측하고 두려움에 신경 스위치를 차단해 버린다. 부정적 경험이 발생하면 그로부터 상처를 입고 싶지 않다는 동물적 보호 본능이 우리의 뇌 속에서 어떠한 사안에 대해 주의를 집중하거나, 객관적으로 문제를 바라보거나, 논리적으로 해결하려고 하는 뇌 활동의 스위치를 꺼버린다는 것이다. 때문에 실패했을 경우 오히려 학습능력이 떨어지고, 동일한 문제가 발생해도 해결하지 못하는 상황이 발생하는 것이다.

이렇게 보면 "아픈 만큼 성숙해진다"라는 말은 결과적으로 동일한 실패 혹은 실패로 인해 겪게 되는 아픔을 이겨낼 정도로 강인해지는 것을 의미하는 것이 아니라, 비슷한 실패에 대한 머릿속의 스위치를 꺼버려 단순히 둔감해지게 만든다는 것이 아닌가 싶다.

그러나 그래서는 문제가 해결되지 않는다. 코로나와 같은 전염병 팬데믹, 자연재해, 전쟁 혹은 주기적으로 반복되는 경제위기 등 우리의 일상을 깨트리는 위기는 언제라도 우리에게 벌어질 수 있는 일이다. 이러한 위기에 맞서 "지난번 코로나 팬데믹을 겪었으니까", "전쟁 위기야 늘 있던 일이니까", "IMF 금융위기도 다 겪었는데 뭘"이라며 머릿속의 스위치를 내려서는 문제를 해결할 수 없다. 언젠가 당연히 닥칠 또 다른 위기에 대비해, 다시 생각의 스위치를 켜고 이번 위기에서 우리가 찾아낸 성공의 답안지를 돌아봐야 한다. 즉, 긍정적인 변화의 모습과 그 성과들에 집중해야 하는 것이다.

Dum vita est, spes est[23]

팬데믹은 아픈 상처들을 우리에게 안겨주었지만, 돌이켜보면 큰 교훈과 긍정적인 변화 메시지 또한 우리에게 주었다.

첫째, 인간에 대한 우리들의 관심과 애정의 존재다. 산업화가 고도로 진행되고 물질주의가 팽배하면서 인간에 대한 혐오, 황금만능주의, 배려와 측은지심이 사라져 버린 사회 등 온갖 병폐가 수면위로 드러났다.

23 '삶이 있으면, 희망이 있다'라는 뜻의 라틴어.

사람에 대한 소중함에 자꾸만 눈을 감는 사회로 변모하는 듯 보였다. 그러나 코로나 바이러스가 창궐하고 사람들이 목숨을 잃는 상황이 발생하자, 우리 안의 인본주의, 인간에 대한 애정과 관심이 다시 불을 밝히기 시작했다. 먼저 자신의 생명과 몸에 대한 관심을 시작으로 다른 사람들의 생명에 대해서도 소중함을 느끼고 관심을 갖기 시작했다. 이 모든 것이 페스트 이후 인본주의의 꽃을 피웠던 르네상스가 시작된 것과 일맥상통한다. 우리 역시 생각에 따라서는 제2의 르네상스를 꽃피울 수 있다.

둘째, 관계에 대한 소중함의 재인식이다. 격리 상황 이전부터 우리는 혼자서 무엇인가를 하는 것에 익숙해졌다.

물론, 혼자서 밥을 먹고, 홀로 연구실에서 무언가를 만들고, 혼자 무언가를 도모하는 것은 나쁜 것이 아니다. 다만, 개인이 혼자서 해야 하거나 할 수 있는 일이 있고, 다수가 서로 어울려서 협업을 통해 이뤄내야 하고 이뤄낼 수 있는 일이 있다. 그럼에도 그런 구분 없이 개별화되고 파편화되어 고립되는 개인이 지나치게 많이 발생하고 있었다. 그런 상황에서 팬데믹으로 만나고 싶어도, 함께하고 싶어도 그러지 못하는 상황이 펼쳐지자 그에 대한 반작용으로 사람들은 서로 만나서 일을 도모하고 성과를 함께 나누고 싶어 안달 나기 시작했다. '함께', '같이'의 즐거움과 소중함을 깨닫게 되었다.

셋째, 과거의 업적과 선대의 교훈에 대한 재인식이다. 팬데믹 상황이 길어지자 사람들은 이런 일이 닥치기 이전의 삶에 대해 관심을 갖게 되고, 그때를 그리워하게 되었다.

이는 단순히 '레트로' 감성이나 '빈티지' 선호가 아니라, 우리 인간 본연의 것에 대해 더 순수하게 접근했던 시절에 대한 애착이 불러온 고급스러운 과거 회귀였다. 페스트 이후 당대인들이 그리스와 로마의 문화에 대해 관심을 갖기 시작한 것처럼 우리 역시 우리 이전의 삶에 대해 좀 더 너그러운 마음으로 이해할 수 있게 되었다.

넷째, 우리의 적응력에 대한 확신이다. 팬데믹이 닥치자 재택근무, 원격 오피스, 화상회의 등 이전에는 상상조차 할 수 없었던, 차마 도입을 꿈꾸지 못했던 다양한 방식으로 일을 해내기 시작했다.

물론, 여러 어려움이 있긴 했지만, 그래도 치명적인 문제 없이 우리가 해야 할 일들을 무난하게 잘 해냈다. 그런 자신감을 기반으로 우리는 또 다른 어려움이 우리를 닥친다 하더라도 그에 대처해 유연하게 우리가 일하는 방식을 바꿔 나갈 수 있게 되었다.

이외에도 수많은 '긍정의 피드백'을 우리는 지난 시기를 통해 받아왔다. 역사를 되짚어 보면 코로나를 능가하는 더 무서운 전염병도, 제2차 세계대전보다 더 커다란 전쟁도, 대공황보다 더 심각한 경제위기도 언제든 다시 우리를 찾아올 수 있다. 하지만 또다시 영화

〈인터스텔라〉의 명대사를 인용해 말하자면

"우리 인류는 답을 찾을 것이다.
언제나 그래왔듯이"

중세 시기의 무거운 분위기 속에서 갑작스럽게 시작된 페스트. 그로 인해 사람들이 죽어나가고, 사회구조가 붕괴되고, 경제가 망가졌던 힘겨웠던 그 시기에도 르네상스인들은 그리스·로마와 같은 과거로부터 배움을 구하고, 같은 뜻을 가진 사람들과의 소통과 협업을 통해 세상을 변화시키고 인류 역사상 가장 찬란했던 빛의 시기를 만들어 냈다.

온 세상을 집어삼켰던 팬데믹 상황에 큰 어려움을 겪었던 우리 역시, 생각을 달리하고 자세와 태도를 바꾼다면 새로운 변화의 기회를 얻게 될지도 모른다. 사람에 대한 애정을 중심으로 그리스·로마 시기의 교훈을 재해석한 르네상스인들처럼, 우리 역시 사람에 대한 애정을 바탕으로 르네상스를 재해석하여 지금 세상에 필요로 하는 것들을 제공한다면, 다시 우리에게도 놀라운 기회가 찾아올지도 모른다.

이것이 르네상스의 선배들, '르네상스 워커스'가 이 시대의 우리에게 주는 참교훈이다.

참고도서

Praefatio: 평행이론

- 카를로 치폴라, 크리스토파노와 흑사병, 김정하 옮김 (정한책방, 2017)
- 낸시 펠로시, 자신의 숨겨진 힘을 깨달아라, 안명옥 옮김 (조윤커뮤니케이션, 2008)

I. Prima Fabula: 참, 인간적인 고통 더, 인간적인 르네상스

Liber Ⅰ. 어느 사이에 너무나 흔해진 그 단어, 史上初有

Capitulum i 2020년이 우리에게 깨우쳐 준 것

- 조반니 보카치오, 데카메론, 박상진 옮김 (민음사, 2012)
- 슈사리트 박티 외, 코로나 팬데믹, 김현수 옮김 (더봄, 2020)
- 김재호, "역대 올해의 사자성어" (교수신문, 2022. 12. 11)
- 마크 해리슨, 전염병 역사를 흔들다, 이영석 옮김 (푸른역사, 2020)
- 신병주, 우리 역사 속 전염병 (매일경제신문사, 2022)
- Will & Ariel Durant, The Lessons of History (Simon&Schuster, 2010)

Capitulum ii 선(線)이 있고 없음에 지배당해 온 인류

- 자와할랄 네루, 세계사 편력, 곽복희, 남궁원 옮김 (일빛, 2004)
- 김우룡 외, 통신의 역사, 봉수에서 아이폰까지 (커뮤니케이션북스, 2015)
- 이병섭, 통신 역사 (커뮤니케이션북스, 2013)

Capitulum iii 인생은 한 번이지만, 역사는 반복된다

- 클라우스 슈밥, 클라우스 슈밥의 제4차 산업혁명, 송경진 옮김 (메가스터디북스, 2016)
- 최진기, 한 권으로 정리하는 4차 산업혁명 (이지퍼블리싱, 2018)
- 서진영, 4차 산업혁명 기술과 인문학 (자의누리, 2017)

Liber II. 왜 다시, 르네상스를 이야기하는가?

Capitulum i 이런 난리, 처음은 아니었다

- 구로카와 유지, 유럽 최후의 대국 우크라이나의 역사, 안선주 옮김 (글항아리, 2022)
- 정연호, 우크라이나 키예프에서 출발한 슬라브 역사 문화 기행 (신아사, 2020)
- 모리스 로사비, 수성의 전략가 쿠빌라이 칸, 강창훈 옮김 (사회평론, 2015)
- Richard Garnett, The Twilight of the Gods, (Dover Publications, 2015)
- キャサリン.アレン.スミス, 中世の戰爭と修道院文化の形成 (法政大學出版局, 2014)
- ジョン.ケリ-, 黑死病 ペストの中世史 (中央公論新社, 2008)

Capitulum ii 혁명은, 어떻게 시작되었을까?

- 호르스트 푸어만, 교황의 역사, 차용구 옮김 (길, 2013)
- David N. Bell, 중세교회 신학, 이은재 옮김 (CLC, 2012)
- Ernst Cassirer, The Renaissance Philosophy of Man (University of Chicago Press, 1956)
- 주디스 헤린, 비잔티움 (글항아리, 2010)

Capitulum iii 인간을 잃어가던 시대에 인간이 날린 멋진 반격

- Jules Michelet, Histoire de France (DES EQUATEURS, 2009)
- 제리 브로턴, 르네상스, 윤은주 옮김 (교유서가, 2018)

II. Secunda Fabula: 르네상스 워커스는 어떻게 일해왔는가?

Liber I. 운명을 만드는 것은 자기 자신이다

Capitulum i 사람이 먼저 인가? 일이 먼저인가?

- 폴커 라인하르트, 마키아벨리, 최호영 외 옮김 (북캠퍼스, 2022)
- 시오노 나나미, 나의 친구 마키아벨리, 오정환 옮김 (한길사, 2002)
- 니콜로 마키아벨리, 군주론, 강정인 외 옮김 (까치, 2015)
- 김상근, 붉은 백합의 도시, 피렌체 (시공사, 2022)

Capitulum ii 포장을 뜯어내고 알맹이에 집중하다

- 조반니 보카치오, 단테의 일생, 진영선 옮김 (메이킹북스, 2022)
- 에리히 아우어바흐, 단테, 이종인 옮김 (연암서가, 2014)
- 단테 알리기에리, 신곡, 박상진 옮김 (민음사, 2013)
- 마스다 아키코, 무인양품 보이지 않는 마케팅, 노경아 옮김 (라이팅하우스, 2017)
- 마쓰이 타다미쓰, 기본으로 이기다, 무인양품, 박제이 옮김 (위즈덤하우스, 2019)
- 鈴木哲也, セゾン堤清二が見た未來, (日經BP社, 2018)
- 전순기, "페리에 꺾고 탄산수 시장 1위, 설립 6년 만에 업계 평정한 위안치썬린(元氣森林)" (NewsQuest 2022. 7. 11)

Capitulum iii 가짜가 판을 치는 세상에서 진짜의 가치가 더욱 빛난다

- 미첼 스티븐스, 비욘드 뉴스 지혜의 저널리즘, 김익현 옮김 (커뮤니케이션북스, 2015)
- 앤드루 페터그리, 뉴스의 탄생, 박선진 옮김, (태학사, 2022)
- 하워드 진, 하워드 진 살아있는 미국 역사, 김영진 옮김 (추수밭, 2008)
- 최웅 외, 미국의 역사, (소나무, 1997)
- 폴 콜린스, 타블로이드 전쟁, 홍한별 옮김 (양철북, 2013)
- 정민, "가짜 뉴스의 경제적 비용 추정과 시사점"(현대경제연구원, 2017)
- 비난트 폰 페터스도르프 외, 사고의 오류, 박병화 옮김 (율리시즈, 2015)
- 윌러드 밴 오먼 콰인, 하버드 논리학 수업, 성소희 옮김 (유엑스리뷰, 2020)
- A. Victor Coonin, Donatello and the Dawn of Renaissance Art (Reaktion Books, 2019)
- 정병설, 권력과 인간 (문학동네, 2012)

Liber II. 무(無)에서는 아무것도 만들어 지지 않는다

Capitulum i 격리가 필요할수록 창을 더 활짝 열어야 한다

- 데이비드 리스먼, 고독한 군중, 류근일 옮김 (동서문화사, 2011)
- Nobert Wolf, Albrecht Dürer, (Prestel, 2017)
- 정금희, 알브레히트 뒤러 (재원, 2005)
- 헨리 첸스브로, 오픈 이노베이션, 이주영 옮김 (mysc, 2021)

Capitulum ii 뜬금없음 사이에 답이 있다

- 이재우, 하룻밤에 읽는 일본 군사사, (북랩, 2016)
- 김영숙, 루브르와 오르세 명화 산책 (마로니에북스, 2012)
- 도미니크 티에보, 산드로 보티첼리, 장희숙 옮김 (열화당, 1992)
- Ana Debenedetti, Botticelli-Artist and Designer (Reaktion Books, 2021)
- 김종화, "아프리카의 에어컨 없는 쇼핑몰" (아시아경제 2018. 3. 22)
- 송백선 외, "믹 피어스의 건축에 나타난 지속가능성의 특성 연구"(한국공간디자인학회, 2016)
- 이인식, 자연은 위대한 스승이다 (김영사, 2012)

Capitulum iii 보이지 않는 손이 절실한 시간

- 守屋洋, 完本中國古典の人間學 (プレジデント社, 2004)
- 이병철, 호암자전 (나남, 2014)
- 장준철, 서양 중세의 교황권 (혜안, 2021)
- 마이클 해그, 템플러, 이광일 옮김 (책과함께, 2015)
- 마테오 스트루쿨, 권력의 가문 메디치 (메디치미디어, 2020)
- 박영택, 메디치 가문이 꽃피운 르네상스 (스푼북, 2019)
- 차현진, 금융 오디세이 (메디치미디어, 2021)
- 강진구, "위기를 기회로 바꾸는 힘" (LG경제연구원 2017. 8. 31)

Ⅲ. Tertia Fabula : 르네상스 워커스는 어떻게 일을 시켜왔는가?

Liber Ⅰ. 나눠서 지배하라

Capitulum i 참 무서운 질문, 당신은 무슨 일을 하는 사람입니까?

- 오노 슈, 에너지로 따져보는 현대 물리학, 전영석 옮김 (아카데미서적, 2008)
- 츠즈키 타쿠지, 멕스웰의 도깨비, 김현영 옮김 (홍, 2004)
- 엘버트 허바드, 가르시아 장군에게 보내는 메시지, 한기찬 옮김 (작가정신, 2000)
- David F. Trask, The War with Spain in 1898 (U of Nebraska Press, 1996)
- Anthony Muhammad, Luis F. Cruz, Time for Change (Solution Tree Press, 2019)

· 김윤태, 한국의 재벌과 발전국가 (한울아카데미, 2012)
· 제오르자 일레츠코, I Michelangelo, 최기득 옮김 (예경, 2012)
· 로스 킹, 미켈란젤로와 교황의 천장, 신영화 옮김 (도토리하우스, 2020)
· 항공철도조사위, "광명역 KTX열차 탈선사고 조사결과" (대한민국 정책브리핑 2011. 4. 5)

Capitulum ii 잘 보이는 리더가 과연 최고의 리더일까?

· 신인철, 성공과 실패를 가르는 CEO의 습관 (로터스, 2013)
· 김영우, "고독한 천재 트랜지스터의 아버지 윌리엄 쇼클리" (IT동아 2015. 2. 5)
· 마이클 말론, 인텔 끝나지 않은 도전과 혁신, 김영일 옮김 (디아스포라, 2016)
· Richard Shelton Kirby, Engineering in History (Dover Publication, 1990)
· Arturo Barone, The Italian Achievement (Renaissance, 2007)
· Jeannie J. Yi, Shawn X. Ye, The Haier Way (Homa & Sekey Books, 2003)

Capitulum iii 혼자 빛나는 이는 리더가 아니다

· 김희경, "침몰하는 파나소닉…'리틀 경영의 神' 독재 'PDP 재앙'을 부르다" (한국경제 2012. 2. 5)
· 권지혜, "파나소닉, GM, 모토로라… 영원한 1등은 없다" (쿠키뉴스 2013. 5. 21)
· 하비 래클린, 스캔들 미술사, 서남희 옮김 (리베르, 2009)
· 롤랑 르 몰레, 조르조 바사리, 임호경 옮김 (미메시스, 2006)
· 조르조 바사리, 르네상스 미술가평전, 이근배 옮김 (한길사, 2018)
· 고나무, 박미향, "파격적 월급 받으며 요정에서 육수도 끓였지요" (한겨레 ESC, 2008. 6. 4).

Liber II. 큰 힘에는 큰 책임이 따른다

Capitulum i 맥락과 이야기로 심장을 뛰게 하라

· 에드워드 홀, 침묵의 언어, 최효선 옮김 (한길사, 2013)
· Francis Ching, James F. Eckler, 건축학 입문, 이준석 외 옮김 (스페이스타임, 2013)
· 윤정근 외 , 서양건축사 (기문당, 2021)

· 임석재, 서양건축사 (북하우스, 2011)
· 와타나베 마유미, 안드레아 팔라디오, 박정선 옮김 (르네상스, 2005)
· Bruce Boucher, Paolo Marton, Andrea Palladio (Abbeville Press, 2007)

Capitulum ii 리더는 담을 쌓는 사람이 아니라 다리를 놓는 사람이다

· 정영호, 고숙자, "사회갈등지수 국제비교 및 경제성장에 미치는 영향" (한국보건사회연구원, 2015)
· 윤은주, "층간소음 분쟁현황과 대책방안"(경제정의실천시민연합, 2022)
· 디트마르 피이퍼, 1517 종교개혁, 박지희 옮김 (21세기북스, 2017)
· 마르틴 융, 멜란히톤과 그의 시대, 이미선 옮김 (홍성사, 2013)
· 류성민, 멜란히톤, 깔뱅 그리고 위그노 (가르침, 2021)
· 에곤 프리델, 근대문화사1, 변상출 옮김 (한국문화사, 2015)
· Eric Wiebelhaus-Brahm, Truth Commissions and Transitional Societies (Routledge, 2010)
· 우르줄라 바이덴펠트, 앙겔라 메르켈, 박종대 옮김 (사람의집, 2022)
· 마리옹 반 렌테르겜, 메르켈, 김지현 옮김 (한길사, 2022)

Capitulum iii 성을 쌓는 순간 리더는 고립된다

· 레이먼드 피에로티, 최초의 가축, 그러나 개는 늑대다, 고현석 옮김, (뿌리와 이파리, 2019)
· 마틴 켐프, 레오나르도 다빈치, 이상미 옮김 (지에이북스, 2019)
· 월터 아이작슨, 레오나르도 다빈치, 신봉아 옮김 (arte, 2019)
· Kaleta Doolin, Fritos Pie (Texas A&M University Press, 2011)
· Dr. Wesley E Donahue, Building Leadership Competence (Independently published, 2022)
· Michael Z. Newman, Atari Age (The MIT Press, 2018)

Epilogus : 망설이는 우리에게 보내온 르네상스인의 답안지

· Jon Pessah, Yogi (Little, Brown and Company, 2020)
· Eben Harrell, Maybe Failure Isn't the Best Teacher (Harvard Business Publishing, 2020)